よくわかる
剛性マトリクス法

Excelによる構造解析入門

吉田競人 著

森北出版

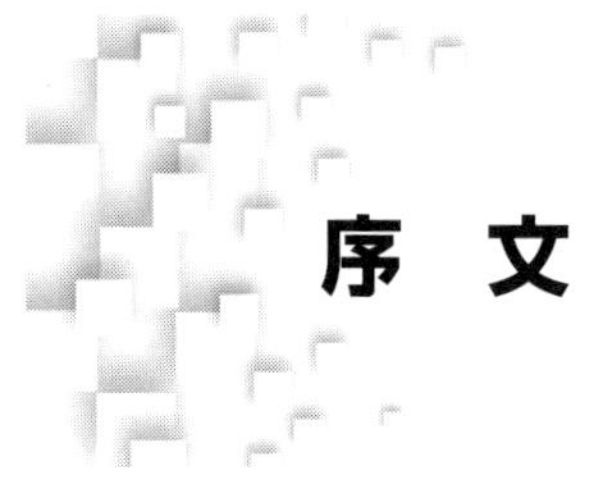

序　文

構造設計に携わる方は，剛性マトリクス法という言葉は耳にしたことがあるかと思います．本書は，剛性マトリクス法をはじめて学ぶ学生や実務者を対象とした解説書です．剛性マトリクス法は，構造物を線材の組み合わせとして考え，行列を利用して複雑な構造物の解析を行う手法であり，コンピュータによる一貫計算プログラムの多くはこの解析手法を使用しています．計算プログラムでは，簡単に答えが得られますが，得られた結果の妥当性を検証するためには，解析手法についての理論を知っている必要があります．

そこで，本書では剛性マトリクス法の解析手法を習得することを主眼とし，煩雑な行列演算はExcelを利用し，初歩的な構造力学の知識さえあれば理解することが可能なように，トラスやラーメンの解析方法を説明することとしました．

このほか，本書の解説に準じて作成した，Excel VBA を利用したトラスやラーメンの解析プログラムを以下の URL からダウンロードできます．

https://www.morikita.co.jp/books/mid/052631

これを利用して多くの構造力学の問題を解くことにより，力学的感覚を養うことができます．

本書は剛性マトリクス法の入門書ですが，剛性マトリクス法が対象とする線材要素の代わりに面要素を利用して解析を行うと，さらに複雑な形状の解析が可能な有限要素法となります．そのほかにも，振動における固有値問題や弾性体の座屈などでも，行列を利用した解析が扱われます．本書を理解すると，このようなさらに高度な解析の学習もスムーズに進むことでしょう．

なお，本書のプログラムは，当時著者の研究室の卒論生であった斎藤魁利君が卒研の合間に作成してくれたものです．ここに記して感謝します．

また，本書出版に際しては，森北出版（株）第 1 出版部の佐藤令菜氏や宮地亮介氏から多くの助言をいただき，大変お世話になりました．厚く御礼申し上げます．

2022 年 2 月

吉田　競人

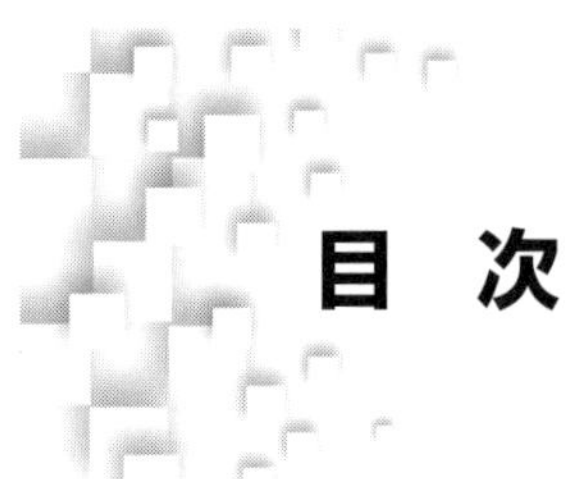

目　次

第 0 章　準備：Excel による行列の計算

剛性マトリクス法では，構造物の応力を求めるために行列（マトリクス）演算を利用します．本書ではその演算の多くを Excel で行います．そのための基本的な Excel 操作を本章で確認しておきましょう．基本的な事柄の説明なので，すでに行列の操作に習熟している方は第 1 章から読み始めてかまいません．

0.1 行列演算の基礎知識

行列は，剛性マトリクス法や有限要素法に必要な数学的言語です．そのため，これらの計算においては行列の演算に関する知識は欠かせません．しかしながら，実際に行列の演算を手で行うことはとても煩雑な作業で，行列演算に労力を費やすと計算過程の理解を失いがちです．そこで，本書においては，演算自体は Excel により行い，さらに具体的に演算過程と結果を明示することにより，剛性マトリクス法の理解が容易に進むような構成としました．したがって，詳細な行列演算方法の理解は不要ですが，基本的な内容は必要となるので，以下に列挙します．例として主に 2 行 2 列の行列の場合について説明していますが，行や列の数が増えても同様です．

0.1.1 加法と減法

行列 $[\boldsymbol{A}] = \begin{bmatrix} a_{11} & a_{12} \\ a_{21} & a_{22} \end{bmatrix}$ と行列 $[\boldsymbol{B}] = \begin{bmatrix} b_{11} & b_{12} \\ b_{21} & b_{22} \end{bmatrix}$ の加法は $[\boldsymbol{A}] + [\boldsymbol{B}]$ と表記し，

$$[\boldsymbol{A}] + [\boldsymbol{B}] = \begin{bmatrix} a_{11} + b_{11} & a_{12} + b_{12} \\ a_{21} + b_{21} & a_{22} + b_{22} \end{bmatrix}$$

となります．同様に，減法は

$$[\boldsymbol{A}] - [\boldsymbol{B}] = \begin{bmatrix} a_{11} - b_{11} & a_{12} - b_{12} \\ a_{21} - b_{21} & a_{22} - b_{22} \end{bmatrix}$$

となります．

0.1.2 スカラー積

行列 $[\boldsymbol{A}] = \begin{bmatrix} a_{11} & a_{12} \\ a_{21} & a_{22} \end{bmatrix}$ と一つの数 λ（スカラー）の積は

$$\lambda[\boldsymbol{A}] = \begin{bmatrix} \lambda a_{11} & \lambda a_{12} \\ \lambda a_{21} & \lambda a_{22} \end{bmatrix}$$

と定義されます．

0.1.3 かけ算

行列 $[\boldsymbol{A}] = [a_{ij}]$ と行列 $[\boldsymbol{B}] = [b_{ij}]$ との積は，$[\boldsymbol{A}][\boldsymbol{B}]$ と表記し，$[\boldsymbol{C}] = [\boldsymbol{A}][\boldsymbol{B}] = \sum_{k=1}^{n} a_{ik}b_{kj}$ となります（n は $[\boldsymbol{A}]$ の列数かつ $[\boldsymbol{B}]$ の行数）．ここで注意すべき点は以下のとおりです．

- 積 $[\boldsymbol{A}][\boldsymbol{B}]$ は $[\boldsymbol{A}]$ の列数と $[\boldsymbol{B}]$ の行数が一致しなければ定義できない．
  $[\boldsymbol{A}] = [3 \times 4]$, $[\boldsymbol{B}] = [4 \times 5]$ の場合，$[\boldsymbol{A}][\boldsymbol{B}] = [3 \times \underbrace{4][4}_{\text{同じ次数}} \times 5] = [3 \times 5]$
- 積 $[\boldsymbol{A}][\boldsymbol{B}](= [\boldsymbol{C}])$ は，行列 $[\boldsymbol{A}]$ と同じ行数で，行列 $[\boldsymbol{B}]$ と同じ列数の行列となる．
- 多くの場合，積 $[\boldsymbol{A}][\boldsymbol{B}] \neq [\boldsymbol{B}][\boldsymbol{A}]$ であるため，積の順序には注意が必要．

0.2 転置行列と逆行列

0.2.1 転置行列

行列 $[\boldsymbol{A}] = \begin{bmatrix} a_{11} & a_{12} \\ a_{21} & a_{22} \end{bmatrix}$ の各要素 a_{ij} を a_{ji} と置換したものを転置行列とよび，$[\boldsymbol{A}]^T$ と表します．すなわちその行列は，$[\boldsymbol{A}]^T = \begin{bmatrix} a_{11} & a_{21} \\ a_{12} & a_{22} \end{bmatrix}$ となります．

0.2.2 逆行列

行数と列数が等しい正方行列 $[\boldsymbol{D}]$ に対し，

$$[\boldsymbol{D}][\boldsymbol{D}]^{-1} = [\boldsymbol{D}]^{-1}[\boldsymbol{D}] = [\boldsymbol{I}]$$

となる $[\boldsymbol{D}]^{-1}$ を，$[\boldsymbol{D}]$ の逆行列といいます．ここで，$[\boldsymbol{I}]$ は対角要素のみが 1 で，他要素が 0 である行列です（単位行列という）．逆行列の求め方の説明は割愛します．気になる方は線形代数の教科書を見てみてください．解法で逆行列が必要な場合は Excel の関数を利用します．

例題 0.1

次の問題を解いてください（不可能なものはその旨指摘してください）．

ただし，$[\boldsymbol{A}] = \begin{bmatrix} 2 & 0 & 1 \\ 1 & 1 & 3 \end{bmatrix}$, $[\boldsymbol{B}] = \begin{bmatrix} 3 & 2 \\ 2 & 4 \end{bmatrix}$, $[\boldsymbol{C}] = \begin{bmatrix} 3 & -1 & 0 \\ 1 & 0 & 4 \end{bmatrix}$ とします．

(1) $[\boldsymbol{A}][\boldsymbol{B}]$　　(2) $[\boldsymbol{A}]^T[\boldsymbol{B}]$

(3) $[\boldsymbol{A}]^T[\boldsymbol{B}][\boldsymbol{A}]$　　(4) $[\boldsymbol{A}][\boldsymbol{B}]^T[\boldsymbol{A}]^T$

(5) $[\boldsymbol{B}]([\boldsymbol{A}]+[\boldsymbol{C}])$　　(6) $[\boldsymbol{B}][\boldsymbol{A}]+[\boldsymbol{B}][\boldsymbol{C}]$

解　答

(1) $[\boldsymbol{A}][\boldsymbol{B}]$：$[\boldsymbol{A}]$ の列数 3 と $[\boldsymbol{B}]$ の行数 2 が一致しないため演算不可．

(2) $$[\boldsymbol{A}]^T[\boldsymbol{B}] = \begin{bmatrix} 2 & 1 \\ 0 & 1 \\ 1 & 3 \end{bmatrix} \begin{bmatrix} 3 & 2 \\ 2 & 4 \end{bmatrix} = \begin{bmatrix} 6+2 & 4+4 \\ 0+2 & 0+4 \\ 3+6 & 2+12 \end{bmatrix} = \begin{bmatrix} 8 & 8 \\ 2 & 4 \\ 9 & 14 \end{bmatrix}$$

(3) $$[\boldsymbol{A}]^T[\boldsymbol{B}][\boldsymbol{A}] = \begin{bmatrix} 8 & 8 \\ 2 & 4 \\ 9 & 14 \end{bmatrix} \begin{bmatrix} 2 & 0 & 1 \\ 1 & 1 & 3 \end{bmatrix} = \begin{bmatrix} 16+8 & 0+8 & 8+24 \\ 4+4 & 0+4 & 2+12 \\ 18+14 & 0+14 & 9+42 \end{bmatrix} = \begin{bmatrix} 24 & 8 & 32 \\ 8 & 4 & 14 \\ 32 & 14 & 51 \end{bmatrix}$$

(4) $[\boldsymbol{A}][\boldsymbol{B}]^T[\boldsymbol{A}]^T$：$[\boldsymbol{A}]$ の列数 3 と $[\boldsymbol{B}]^T$ の行数 2 が一致しないため演算不可．

(5) $$[\boldsymbol{B}]([\boldsymbol{A}]+[\boldsymbol{C}]) = \begin{bmatrix} 3 & 2 \\ 2 & 4 \end{bmatrix} \begin{bmatrix} 2+3 & 0-1 & 1+0 \\ 1+1 & 1+9 & 3+4 \end{bmatrix} = \begin{bmatrix} 19 & -1 & 17 \\ 18 & 2 & 30 \end{bmatrix}$$

(6) $[\boldsymbol{B}][\boldsymbol{A}]+[\boldsymbol{B}][\boldsymbol{C}] = [\boldsymbol{B}]([\boldsymbol{A}]+[\boldsymbol{C}])$ より (5) と同じ．

例題 0.2

Excel を使用し，次の行列の積を求めましょう．

$$[\boldsymbol{A}] = \begin{bmatrix} 2 & 8 & 3 \\ 8 & 4 & 1 \\ 3 & 1 & 5 \end{bmatrix}, \qquad [\boldsymbol{B}] = \begin{bmatrix} 8 & 8 \\ 2 & 4 \\ 9 & 14 \end{bmatrix}$$

解　答

① $[\boldsymbol{A}]$ と $[\boldsymbol{B}]$ の行列数はそれぞれ $[3 \times 3]$ と $[3 \times 2]$ なので，かけ算の結果の行・列数は $[3 \times 2]$ となります．答えを記入する範囲 $[3 \times 2]$ を指定します．

	A	B	C	D	E	F	G	H	I	J	K
1											
2		2	8	3		8	8				
3		8	4	1		2	4				
4		3	1	5		9	14				
5											
6											
7		行列 [**A**]				行列 [**B**]			記入範囲		
8											
9											
10											
11											
12											

② Excel 右上の「∑ **オート SUM**」横の ▼ ボタンを押し，「**その他の関数**」を選択します．

③ 行列の積を求めるコマンドは [MMULT] です．「**関数の分類 (C)**」から「**数学/三角**」を選択し，「**関数名 (N)**」から「**MMULT**」を選択します．

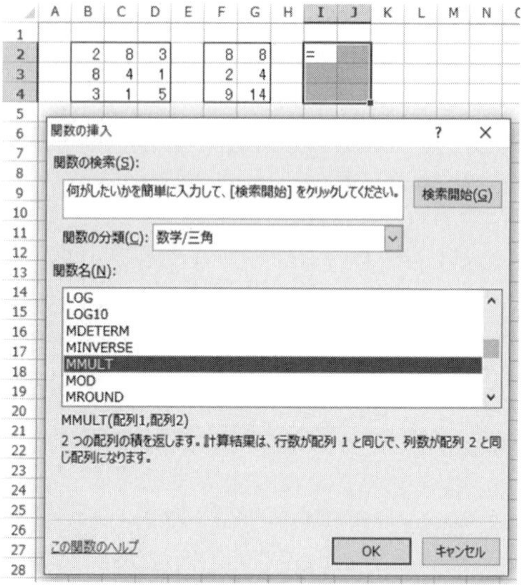

④ 対象とする行列 $[\boldsymbol{A}]$ と $[\boldsymbol{B}]$ の範囲を指定します．

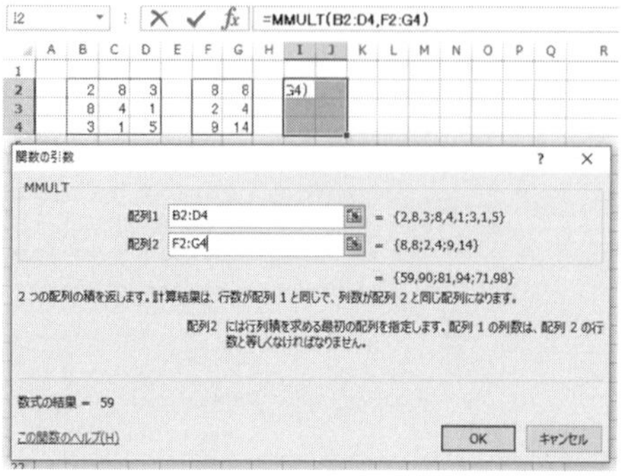

⑤ **[Shift]** + **[Ctrl]** + **[Enter]** を同時に押すと答えが求められます．

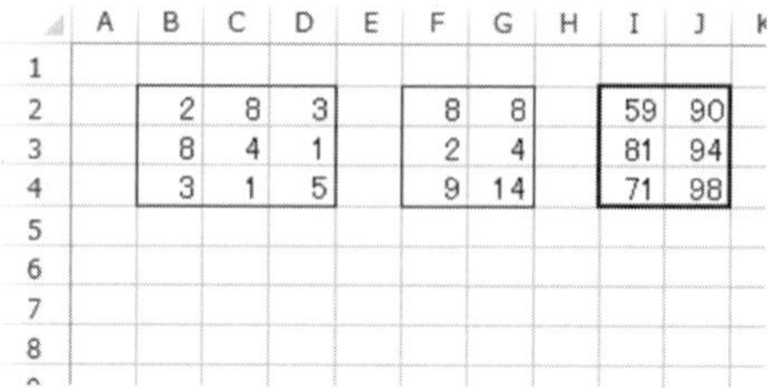

例題 0.3

Excel を使用し，次の行列の転置行列を求めてみましょう．

$$[\boldsymbol{A}] = \begin{bmatrix} 8 & 8 \\ 2 & 4 \\ 9 & 14 \end{bmatrix}, \qquad [\boldsymbol{B}] = \begin{bmatrix} 2 & 8 & 3 \\ 8 & 4 & 1 \\ 2 & 0 & 5 \end{bmatrix}$$

解　答

① $[\boldsymbol{A}]$ の行・列数は $[3 \times 2]$ なので転置行列は $[2 \times 3]$ となります．答えを記入する範囲を指定します．

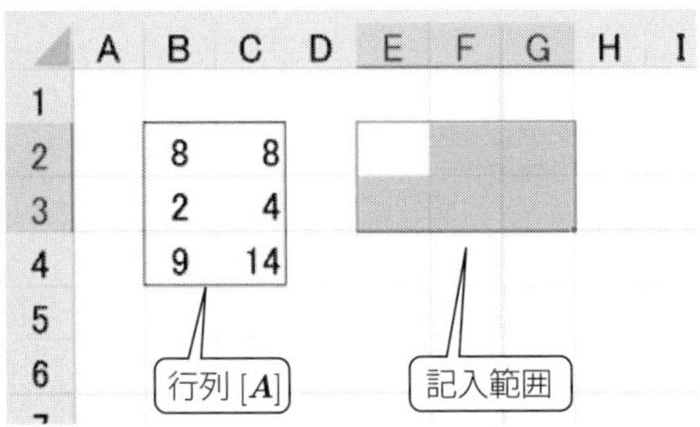

② Excel 右上の「∑ オート SUM」横の ▼ ボタンを押し，「**その他の関数**」を選択します．

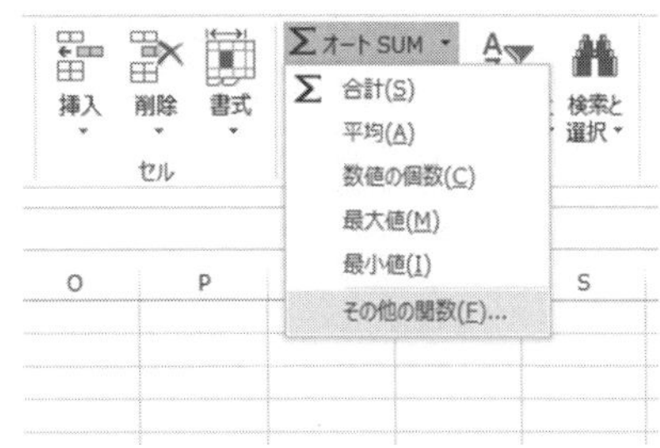

---

③転置行列を求めるコマンドは [TRANSPOSE] です．「**関数の分類（C）**」から「**検索・行列**」を選択し，「**関数名（N）**」から「**TRANSPOSE**」を選択します．

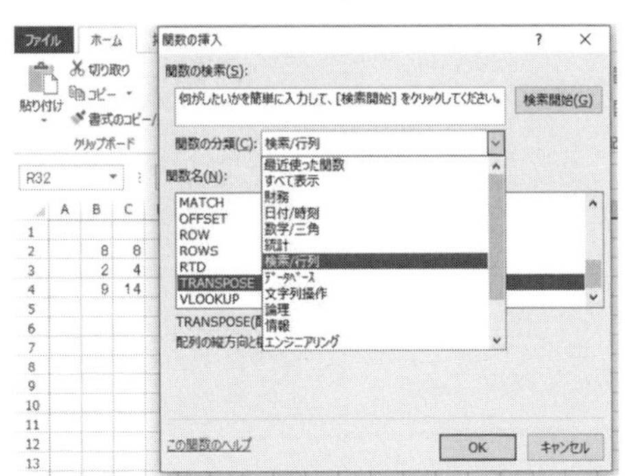

④ 対象とする行列 $[\boldsymbol{A}]$ の範囲を指定します．答えを求めるときは，**[Shift]**＋**[Ctrl]**＋**[Enter]** を同時に押します．

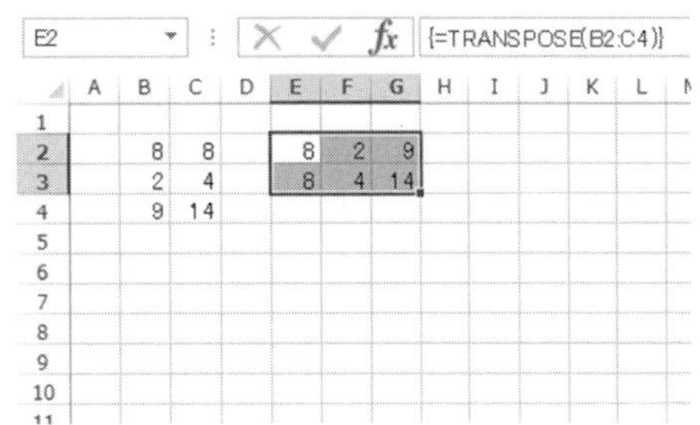

---

⑤ 同様に，行列 $[\boldsymbol{B}]^T$ は以下のように求められます．

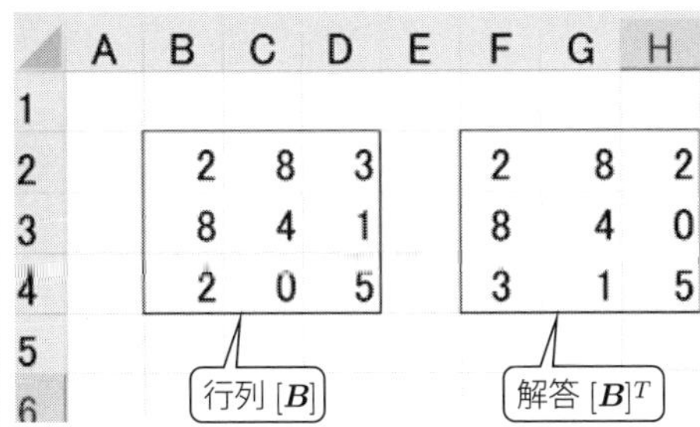

例題 0.4

Excel を使用し，次の行列の逆行列を求めてみましょう．

$$[\boldsymbol{D}] = \begin{bmatrix} 2 & 1 & -1 \\ 0 & 4 & 1 \\ 3 & 1 & 5 \end{bmatrix}$$

解　答

逆行列の場合も手順は同じです．①結果を書き込む範囲を指定し，②対象とする行列を指示して，③結果は [Shift] + [Ctrl] + [Enter] を同時に押して求めます．なお，逆行列を求めるコマンドは [MINVERSE] です．

① $[\boldsymbol{D}]$ の逆行列を記入する範囲 $[3 \times 3]$ を指定します．

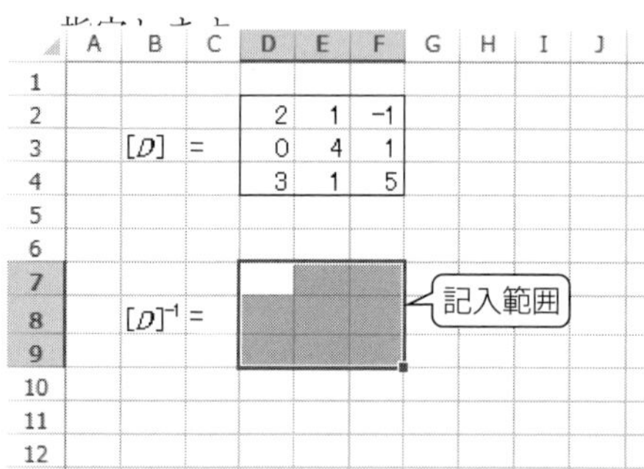

② Excel 右上の「∑ オート SUM」横のボタンを押し，「**その他の関数**」を選択します．

③「**関数の分類 (C)**」から「**数学/三角**」を選択し,「**関数名 (N)**」から「**MINVERSE**」を選択します.

	A	B	C	D	E	F
1						
2				2	1	−1
3		[D] =		0	4	1
4				3	1	5
5						
6						
7				=		
8		$[D]^{-1}$ =				
9						

関数の挿入

関数の検索(S):

何がしたいかを簡単に入力して、[検索開始] をクリックしてください。　検索開始(G)

関数の分類(C): 数学/三角

関数名(N):

LOG
LOG10
MDETERM
MINVERSE
MMULT
MOD
MROUND

MINVERSE(配列)

配列の逆行列を返します。

この関数のヘルプ　OK　キャンセル

④ 対象とする行列 $[\boldsymbol{D}]$ の範囲を指定します.答えを求めるときは,[**Shift**]+[**Ctrl**] + [**Enter**] を同時に押します.

D7　{=MINVERSE(D2:F4)}

	A	B	C	D	E	F
1						
2				2	1	−1
3		[D]	=	0	4	1
4				3	1	5
5						
6						
7				0.358	−0.11	0.094
8		$[D]^{-1}$	=	0.057	0.245	−0.04
9				−0.23	0.019	0.151

⑤ 例題 0.2 と同様にかけ算をして,$[\boldsymbol{D}][\boldsymbol{D}]^{-1} = [\boldsymbol{D}]^{-1}[\boldsymbol{D}] = [\boldsymbol{I}]$ となることを確認してください.$[\boldsymbol{D}][\boldsymbol{D}]^{-1}$ の場合の計算は以下のようになります.

D12　{=MMULT(D2:F4,D7:F9)}

	A	B	C	D	E	F
1						
2				2	1	−1
3		[D]	=	0	4	1
4				3	1	5
5						
6						
7				0.358	−0.11	0.094
8		$[D]^{-1}$	=	0.057	0.245	−0.04
9				−0.23	0.019	0.151
10						
11						
12				1	−0	−0
13		$[D][D]^{-1}$	=	0	1	0
14				0	0	1

第1章　剛性マトリクス法の概要

不静定構造物の応力解析方法としては，応力法と変位法があります．両者の解法の違いは，未知数の設定の違いです．応力法は未知数が少なくなるため手計算に向いていますが，複雑な構造物の解析には向いていません．一方，変位法は，計算量は増えるものの未知数の多さにかかわらず系統的に解析可能なため，コンピュータの利用を前提として使用されます．

剛性マトリクス法は変位法を拡張した解析方法です．ここでは，剛性マトリクス法で使用される基本用語と解法手順の概説を行います．

1.1 はじめに

構造設計を行うためには，建物に外力が作用した場合に発生する曲げモーメント，せん断力，軸力などの応力や，部材の伸び縮み，たわみなどの変形数値的に把握する必要があります．静定構造物に発生する応力は，つり合い条件（平衡条件）式を使用することにより求められます．たとえば，**図 1.1** に示すような単純ばりに集中荷重 P が作用した場合を考えます．荷重が作用すると，支点 1 には V_1，支点 2 には V_2 と H_2 の合計三つの反力が発生します．すなわち，未知数が三つあることになります．これらはつり合い条件式，すなわち

$$\text{水平方向のつり合い}\ \sum V_X = 0 : V_1 + V_2 - P\sin\theta = 0 \tag{1.1}$$

$$\text{鉛直方向のつり合い}\ \sum V_Y = 0 : H_2 - P\cos\theta = 0 \tag{1.2}$$

$$\text{モーメントのつり合い}\ \sum M_1 = 0 : L_1(P\sin\theta) - V_2 L = 0 \tag{1.3}$$

の 3 式から，

$$H_2 = P\cos\theta, \qquad V_2 = \frac{L_1}{L}P\sin\theta, \qquad V_1 = \frac{L_2}{L}P\sin\theta$$

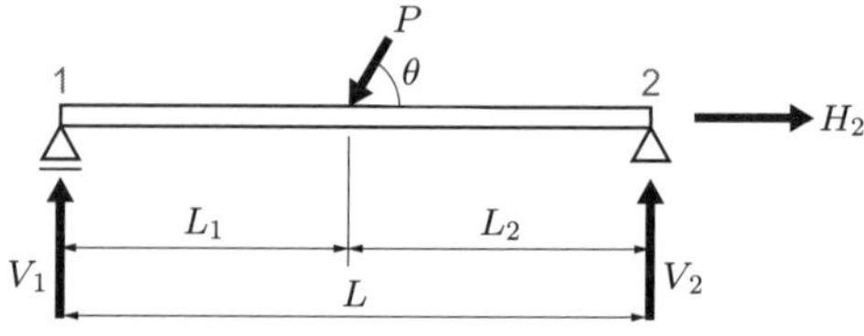

図 1.1　単純ばり

と，簡単に求められます．このように，未知数が三つ以下で，つり合い式を用いて反力を求められる構造物が静定構造物です．

これに対し，**図 1.2** のように，図 1.1 の右側の支点がピンから固定になる場合を考えてみましょう．この場合の反力は，V_1 と V_2, H_2 の合計三つの反力に加え，あらたな未知数である曲げモーメント M_2 が発生します．すると，さきほどのつり合い条件式の数よりも未知数が多くなるため，方程式を解くことができず，反力を求められなくなってしまいます．このような構造物を不静定構造物といいます．

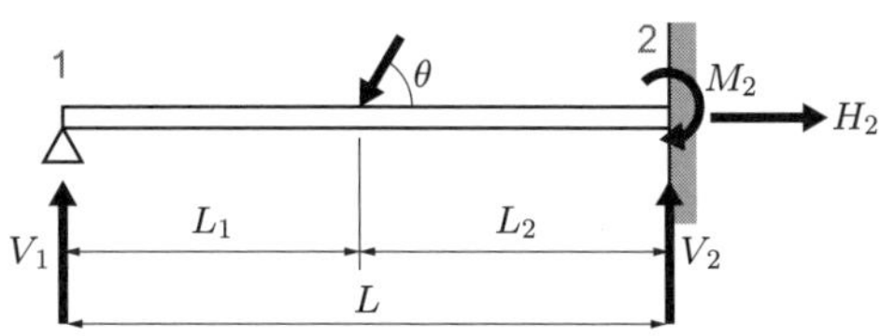

図 1.2　一次不静定ばり

不静定構造物の応力を求める方法として，剛性マトリクス法のほかにも次節で説明するたわみ角法や固定モーメント法などがあります．しかし，これらの方法を不静定次数[†]が非常に高い実際の建物に利用すると，計算が膨大になり，手計算では非常に困難になります．そこで，剛性マトリクス法 (Stiffness Matrix Method) のアルゴリズムを利用したコンピュータ構造計算プログラムが，実際の構造計算に利用されています．

1.2 応力法と変位法

不静定構造物の部材に生じる応力や変位を求める解析方法を分類すると，**図 1.3** のようになります．応力法は，不静定力を未知数としてそれらを除いた静定構造の変位を求め，求めた変位に対し変形条件を満足するように未知数である不静定力を決定し，応力を求める方法です．これに対し，変位法は変位や回転を未知数として応力を計算し，その応力がつり合い条件を満たすように未知数を決定する方法です．これには，たわみ角法や固定モーメント法があります．

応力法と変位法は，ともに多元連立一次方程式を解くことに帰することになります．しかし，同じ問題を解く場合でも，応力法は不静定力（未知の反力）を未知数とするため不静定次数と未知数の数が一致するのに対し，変位法は構造物の自由度（部材端部の回転角や部材移動による部材角）を未知数とするため，不静定次数とは一致せず，未知数のほうが多くなります．連立方程式を解くには未知数が少ないほうが容易ですが，コンピュータを利用する場合にはこれは問題になりません．それよりも方程式作成の容易さから，現在では，コンピュータを使った変位法が多く

[†] 静定・不静定を判別する式により求められる数値 m．$m = 0$ のときが静定．$m > 0$ の場合を不静定という．不静定の場合はつり合い条件式だけでは応力が求められないため，変形適合条件式などを用いる必要がある．

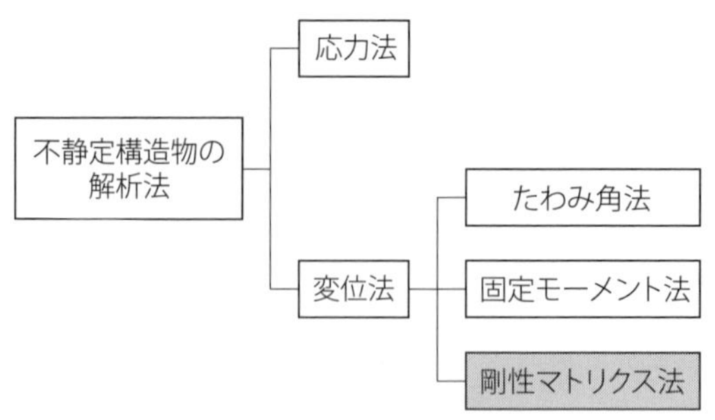

図 1.3　不静定構造物の解析法

用いられています.

理解を深めるために，**図 1.4** の連続体を例にとり変位法の利点を説明します．図 (a) の平面板の応力解析を行う場合，図 (b) のように細かい三角形要素に分解します．これは，周辺の不規則な境界に容易に対応ができるためです．このモデルの応力解析を応力法によるアプローチで行う場合を考えます．そのためには，余剰力による変位を求めるために静定なシステムに分解し，それらを計算する必要があります．不静定次数の高い構造物では，問題ごとに不静定力をどこに作用させるべきか考えなければならず，系統的な解法を行うことが困難です．これに対し，変位法のアプローチでは，個々の要素の剛性は決定され，構造物のつり合い条件を満たす変位が計算されます．つまり，応力法と変位法を比較した場合，応力法では構造を静定にするには難しい判断が必要となるのに対し，変位法は自動処理に適しているため，有限要素法には変位法が好ましいといえるのです．以下の例で具体的な計算をみてみましょう．

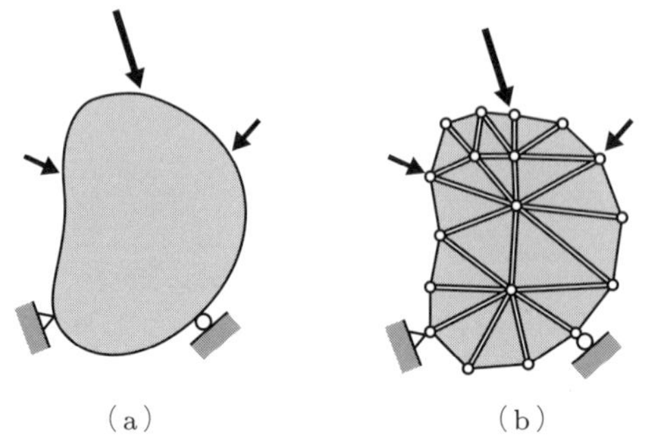

図 1.4　応力解析モデル

例題 1.1　一次不静定のはり

図 1.5(a) に示すはりに等分布荷重 w が作用しているときに生じる曲げモーメントを求めてください.

解　答

(1) 応力法による一次不静定ばりの解法

図 (a) のはりは，一次不静定ばりのため，つり合い条件だけでは解けません．そこで，不静定力（求めたい未知力）を設定します．不静定力としては，支点 A の垂直反力のほか，支点 B の固

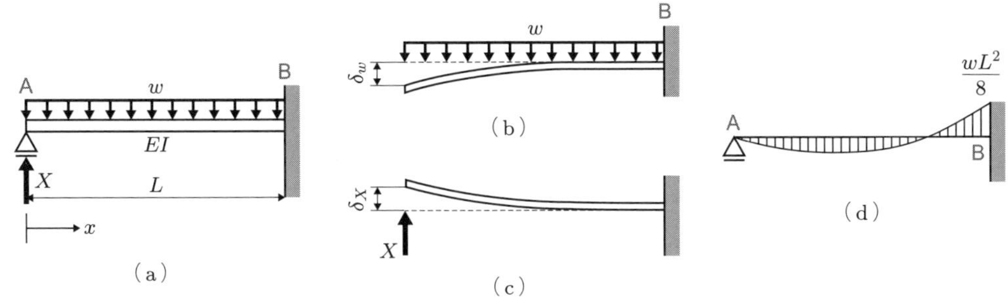

図 1.5　等分布荷重が作用する一次不静定ばり

定端モーメントなどが考えられますが，ここでは不静定力として反力 X を作用させ，支点 A をなくした静定構造の片持ちばりとして考えます（図 (c)）.

支点 A を取り除いた静定構造状態での等分布荷重 w による先端のたわみ δ_w（図 (b)）と，反力 X によるたわみ δ_X を求めると，それぞれ以下のようになります．なお，E, I はそれぞれヤング係数と断面二次モーメントです.

$$\delta_w = \frac{wL^4}{8EI} \tag{1.4}$$

$$\delta_X = \frac{XL^3}{3EI} \tag{1.5}$$

実構造の支点 A の変位はローラー支持のため 0 にならなければなりません（適合条件）．重ね合わせの原理より，$\delta_w = \delta_X$ だから

$$\frac{wL^4}{8EI} = \frac{XL^3}{3EI} \qquad \therefore X = \frac{3}{8}wL \tag{1.6}$$

となります．不静定力が求められたので，このはりは静定構造物と同様に解くことができ，断面のつり合い条件から，支点 A から任意の距離 x におけるモーメント M_x を求めることができます.

$$M_x = \frac{3}{8}wL \cdot x - w\frac{x^2}{2} \tag{1.7}$$

これより $x = L$ のときのモーメントは,

$$M_L = \frac{3}{8}wL \cdot L - w\frac{L^2}{2} = -\frac{1}{8}wL^2$$

となり，モーメント図は図 (d) に示すようになります.

(2) 変位法による一次不静定ばりの解法

図 1.5 と同じ問題をたわみ角法で解いてみます．たわみ角法は変位法の一つであり，変位を未知数としてつり合い方程式を立てて応力を求めます．すなわち，架構を構成する各部材に対し，部材の材端モーメントとの関係からたわみ角を求めたあと，応力を求める解法です．応力法と異なり，両節点に生じる二つの回転角 θ_A, θ_B を未知数とし，たわみ角の基本式を使います．一般に，たわみ角で求められるモーメント M_{AB} は，**図 1.6** のようなはりを想定し，以下

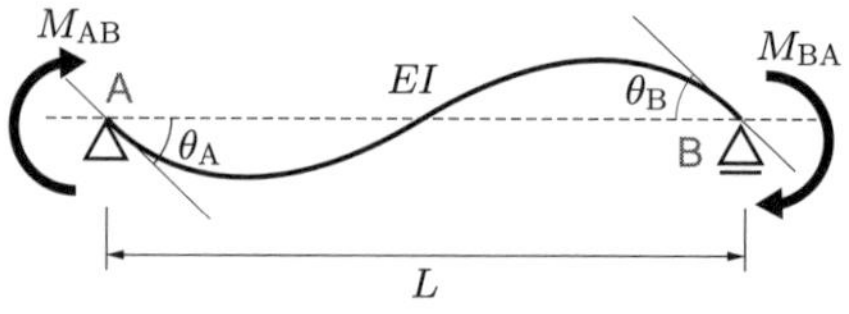

図 1.6　はり端部モーメントと回転角
（節点（材端）が移動しない場合）

の式で表されます．

$$M_{AB} = k(2\varphi_A + \varphi_B) + C_{AB} \tag{1.8}$$

ここで，

$\varphi_A = 2EK_0\theta_A$,　　$\varphi_B = 2EK_0\theta_B$,　　E ：ヤング係数,　　$k = \dfrac{I}{L} \cdot \dfrac{1}{K_0}$ ：剛比

$K_0 = \dfrac{I_0}{L_0}$ ：標準部材の剛度,　　I ：断面二次モーメント,　　L ：部材長

C_{AB}, C_{BA} ：両端の固定端モーメント †

$\left(\text{等分布荷重 } w \text{ が作用した場合 } C_{AB} = -\dfrac{wL^2}{12},\quad C_{BA} = \dfrac{wL^2}{12}\right)$

です．この式を使って，同じ問題を解いてみます．

① この基本式を各節点に適用します．

$$M_{AB} = k(2\varphi_A + \varphi_B) + C_{AB} \tag{1.9}$$

$$M_{BA} = k(2\varphi_B + \varphi_A) + C_{BA} \tag{1.10}$$

② これらをマトリクス表示して変形します．

$$\begin{Bmatrix} M_{AB} \\ M_{BA} \end{Bmatrix} = k \begin{bmatrix} 2 & 1 \\ 1 & 2 \end{bmatrix} \begin{Bmatrix} \varphi_A \\ \varphi_B \end{Bmatrix} + \begin{Bmatrix} C_{AB} \\ C_{BA} \end{Bmatrix} \tag{1.11}$$

$$\begin{Bmatrix} M_{AB} - C_{AB} \\ M_{BA} - C_{BA} \end{Bmatrix} = k \begin{bmatrix} 2 & 1 \\ 1 & 2 \end{bmatrix} \begin{Bmatrix} \varphi_A \\ \varphi_B \end{Bmatrix}$$

$$\begin{Bmatrix} M_{AB} + \dfrac{wL^2}{12} \\ M_{BA} - \dfrac{wL^2}{12} \end{Bmatrix} = k \begin{bmatrix} 2 & 1 \\ 1 & 2 \end{bmatrix} \begin{Bmatrix} \varphi_A \\ \varphi_B \end{Bmatrix} \tag{1.12}$$

あるいは，式 (1.12) を

$$\{\boldsymbol{F}\} = [\boldsymbol{K}]\{\boldsymbol{\delta}\} \tag{1.13}$$

と書きます．

† 両端が固定された部材に荷重が作用したことにより，固定状態の材端に発生する曲げモーメントのことです．

③ 次に，式 (1.12) に支点の拘束状態 $\varphi_{\mathrm{B}} = 0$（支点 B が固定：$\theta_{\mathrm{B}} = 0$）と荷重条件 $M_{\mathrm{AB}} = 0$（支点 A がローラー接合）を代入します．

$$\begin{Bmatrix} \dfrac{wL^2}{12} \\ M_{\mathrm{BA}} - \dfrac{wL^2}{12} \end{Bmatrix} = k \begin{bmatrix} 2 & 1 \\ 1 & 2 \end{bmatrix} \begin{Bmatrix} \varphi_{\mathrm{A}} \\ 0 \end{Bmatrix} \tag{1.14}$$

④ 式 (1.14) を展開すると，未知数 φ_{A} が求められます．

$$\frac{wL^2}{12} = 2k\varphi_{\mathrm{A}} \qquad \therefore \varphi_{\mathrm{A}} = \frac{1}{2k} \cdot \frac{wL^2}{12} \tag{1.15}$$

未知数が求められたので，節点 B の曲げモーメント M_{BA} は，式 (1.14) の 2 行目から

$$M_{\mathrm{BA}} - \frac{wL^2}{12} = k\varphi_{\mathrm{A}} = k\left(\frac{1}{2k} \cdot \frac{wL^2}{12}\right) = \frac{wL^2}{24} \qquad \therefore M_{\mathrm{BA}} = \frac{wL^2}{8} = M_L$$

となり，(1) と同じ結果が得られます．

1.3 剛性マトリクス法の特徴

例題 1.1 は一次不静定のため，どちらの方法でも簡単に答えが得られましたが，不静定次数が高くなると，応力法を利用して応力を求めることは煩雑になり，プログラムの作成も変位法に比べ難しくなります．これに対し，たわみ角法は，建物の自由度により未知数が決定され未知数は応力法と比べ多くなるものの，応力を求めるための手順は容易であり，よりコンピュータに適した解法といえます．

しかし，たわみ角法はさきほどの例から明らかなように，両端の回転しか未知数としていません．そのため，節点の移動がある場合は部材角を考慮することによりその影響を反映できますが，軸力は考慮していないため，トラスなどの取り扱いはできません．これに対し，剛性マトリクス法では，曲げモーメントによる回転の影響，せん断力による軸の直交方向変位のほか，軸力による軸方向の変位などすべてが考慮されています．このため，トラスや節点移動をするラーメンに対しても解析が可能な汎用的な解法となっています．

1.4 剛性マトリクス法による構造物の解析

1.4.1 有限要素法と剛性マトリクス法

剛性マトリクス法は，広義において有限要素法の一種といえる解法です．有限要素法 (Finite Element Method) は，解析的に応力を求めることが困難な構造物に発生する応力を近似的に得ることができる，行列を使用した数値解析法です．解析対象構造物を有限 (Finite) で単純な要素

(Element) に分割し，各要素の変位を未知数としてつり合い方程式を作成し，それらを組み立てて構造全体の方程式を解き，近似解を得ます．有限要素法を用いた構造計算ソフトは一般的に利用されています．その利点は，複雑な形状の応力が簡単に得られるという点です．一方で，計算内容がブラックボックスとなっているため，入力に不具合があって不適切な計算結果が得られたとしても，気がつきにくいという危険もあります．そのため，つねに結果の妥当性を検証する必要があります．有限要素法による解析法については，本書の第5章で簡単に説明します．

有限要素法には，ばねやはりのような1次元要素，三角形や四角形の2次元要素のほか，厚さを考慮した3次元要素が解析対象に応じて使用されます（**図1.7**）．このうちのばねやはりのような1次元要素を使用する有限要素法解析を，とくに剛性マトリクス法とよびます．本書を通して剛性マトリクス法を理解すれば，2次元，3次元の有限要素法もすぐに理解できると思います．

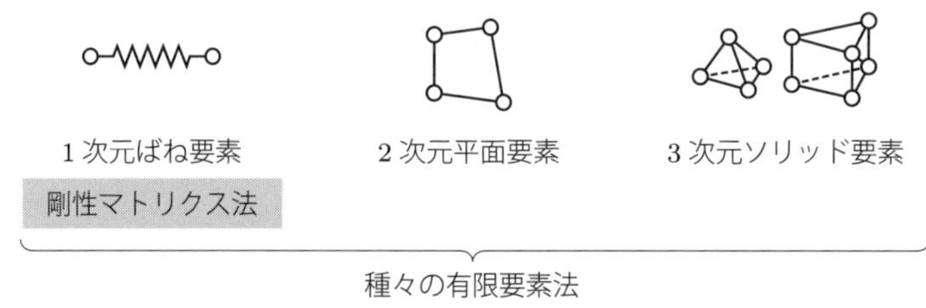

図1.7　有限要素法で用いる要素の種類

1.4.2 剛性マトリクス法の用語

ここで，剛性マトリクス法を学ぶ際に必要な用語について整理しておきましょう．

a）自由度

剛性マトリクス法は変位法であり，柱梁などを線材に置換し，それらの部材節点に生じる変位や回転角を求めたあと，各部材の応力を求める方法です．線材に置換された部材の両節点には，軸力，せん断力，曲げモーメントが作用することが可能であり，それらの力に応じて節点に変位や回転角が生じます．その節点が変位可能な方向を自由度といいます．たとえば，**図1.8**に示すように，節点iに軸力が作用すると変位u_iが生じ，せん断力と曲げモーメントが生じるとそれぞれ変位v_iとたわみ角θ_iが生じることから，それぞれの節点は3自由度を有しているといえます．これは，節点jも同様です．

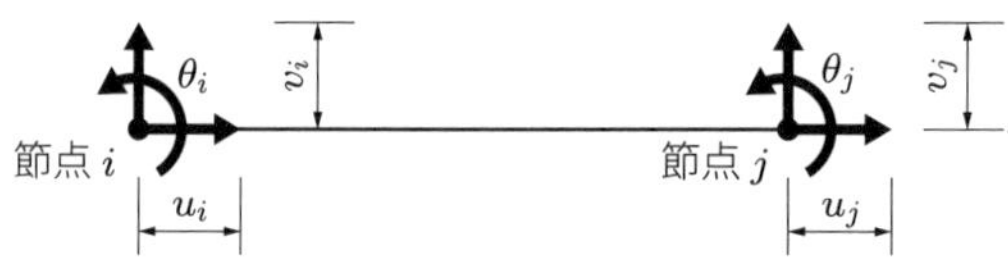

図1.8　節点の自由度

b）座標系

座標系には，基準座標系（全体座標系）と局所座標系（部材座標系）の二つがあります．基準座標系とは，**図 1.9** の X–Y で示す座標系のように，建物全体の位置を決定する座標系のことをいいます．これに対し，局所座標系とは，部材ごとに設定する座標系で，x 軸が部材軸と一致するように設定します．その際，数字の小さい端部を原点とします．たとえば，図は 2 本の部材から構成される構造物を示しています．節点番号の設定は自由であり，ここでは図に示すように設定します．このとき，部材 1–3 の局所座標系は，節点 1 から節点 3 に向かう方向を x 軸，そこから**反時計回り**に 90 度回転した方向を y 軸と定めます．部材 2–3 の局所座標系の設定も同様に考えて，図に示すようになります．

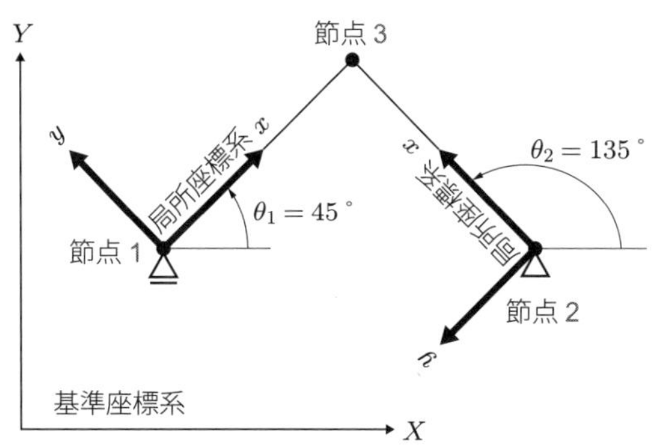

図 1.9　基準座標系と局所座標系

c）部材傾きの起点

部材の傾きを決定する場合，局所座標系の原点，すなわち小さい番号が左にあるものとして，基準座標における傾きを考えます．たとえば，図における部材 1–3 の傾きは 45°，部材 2–3 の傾きは 135° となります．

d）境界条件

境界条件とは，支点の拘束条件（支持条件）と荷重条件の二つをいいます．たとえば，固定支点の場合の拘束条件は，3 方向の変位が拘束されているため，$(u_i, v_i, \theta_i) = (0, 0, 0)$ となります．

e）内部応力と材端力

材端力とは部材端部に作用する力です．剛性マトリクス法の表示では，**図 1.10**(a) に示す F_i, F_j のように右向きの力をつねに + とします．一方，部材内部に引張応力が生じたとき部材に生じる内部応力である引張力 N は，図 (b) に示すように + と表記します．この場合，j 端においては材端力と内部応力の力の向きは一致します．しかし，i 端においては材端力と内部応力の力の向きが異なることになります．つまり，引張力が作用する場合，j 端における材端力 F_j は + となりますが，i 端における材端力 F_i は – と表示されるということです．逆に，圧縮力が作用した場合は，F_i は +，F_j は – となります．この点がこれまでの応力表示と異なるので注意してください．

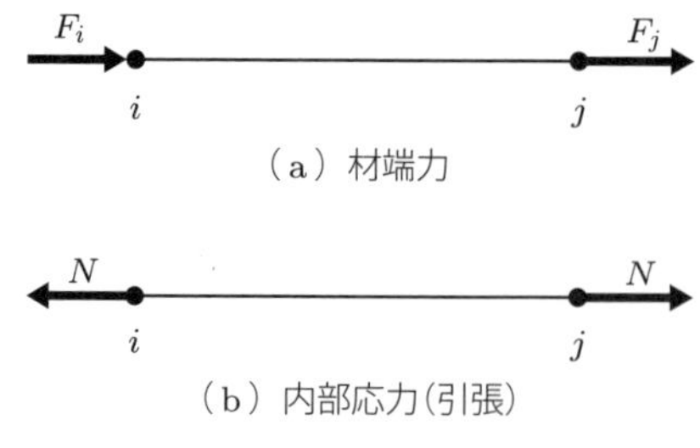

図 1.10　材端力と内部応力

1.4.3 解法の概略

剛性マトリクス法もたわみ角法と同様に変位法なので，例題 1.1 で示したたわみ角法の解法と同じような手順に従い解析を進めます．つまり，構造物全体の方程式（剛性方程式）

$$\{\boldsymbol{F}\} = [\boldsymbol{K}]\{\boldsymbol{\delta}\} \tag{1.16}$$

を作成し，未知数 $\{\boldsymbol{\delta}\}$ を求めることになります．そのためには，部材ごとの剛性マトリクス（要素剛性マトリクス）を作成し，それを合成して全体剛性マトリクス $[\boldsymbol{K}]$ を作成します．この全体剛性マトリクスを作成することが，解法のポイントとなります．そのあとは，境界条件を式 (1.16) に代入して変位を求め，その結果を利用して部材の応力や反力を求めます．その手順をまとめると，以下のようになります．

解法手順

①節点番号と部材番号を適当に設定する
②その力学特性である荷重と変位の関係を求める（要素剛性マトリクスの作成）
③それらを合成し全体剛性マトリクスを作成する
④支持条件を考慮する（変位や回転が生じない箇所を 0 とする）
⑤部材端部の変形（変位や回転角）を求める
⑥その結果を利用し部材の応力を求める

本書ではこの順序に従い，第 3 章ではトラスの解法を，第 4 章ではラーメンの解法を説明します．まずは第 2 章で，上記の手順について一つずつ解説します．

第 2 章　剛性マトリクス法の解法

本章では，水平方向のみに変位する 1 次元トラス要素構造物を対象とし，剛性マトリクス法において重要な剛性マトリクスの作成方法を概説します．そのあとに応力解法の説明を行います．ここで説明する解法手順は，トラスやラーメンなどの構造形式を問わず，すべての構造物に適用可能なので，その手順をしっかり理解してください．

2.1 ばねの剛性方程式

2.1.1 要素剛性マトリクス

トラスに軸力のみが作用するとき，それに伴う変位は軸変位のみです．ここでは，軸力のみが作用する 1 部材を例にとり，1.4.3 項の【解法手順 ②】の説明をします．

この項ではまず，要素剛性マトリクスを求めてみましょう．要素剛性マトリクスとは，構造物のなかの一つの部材について，外力と変位の関係をマトリクス形式で表したものです．マトリクス構造解析では，各部材の要素剛性マトリクスを求め，それらを重ね合わせることにより構造物全体の剛性方程式を得ます．要素剛性マトリクスの意味について，ここでしっかり理解しておきましょう．

a） 1 部材の一端が拘束された場合の荷重－変位関係

はじめに準備として，図 2.1 に示すように，節点 1 が固定端，節点 2 は自由端の一本ばねを考えます．部材は断面積 A，長さ L，ヤング係数 E とします．この部材の節点 2 に荷重 P_2 が作用したとします．このときの荷重 P_2 と節点 2 の変位 u_2 の関係を式で表すことを考えます．応力 σ とひずみ ε はそれぞれ，

$$\sigma = \frac{P_2}{A}, \qquad \varepsilon = \frac{u_2}{L} \tag{2.1}$$

です．一方，応力は，ひずみに比例定数であるヤング係数をかけることにより求められるので，

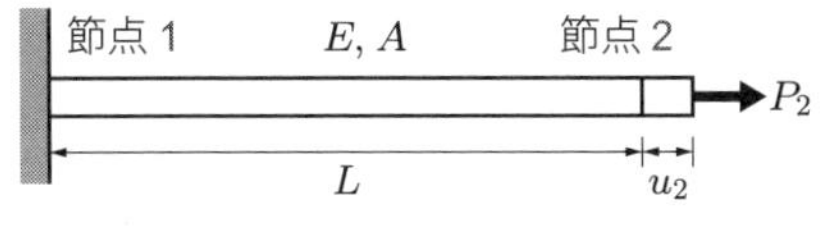

図 2.1　1 本ばね

$$\sigma = E \cdot \varepsilon \tag{2.2}$$

となります．式 (2.2) に式 (2.1) を代入し，変位の関数として外力 P_2 を表すと，

$$\frac{P_2}{A} = E \cdot \frac{u_2}{L} \quad \rightarrow \quad P_2 = \frac{EA}{L} \cdot u_2 = k \cdot u_2 \qquad \left(k = \frac{EA}{L}\right) \tag{2.3}$$

となり，節点 2 の変位 u_2 と力 P_2 の関係が求められます．これは，一端のみに荷重が作用した場合の，その点の力と変位の関係を示しているだけです．節点 1 が固定されており，変位が u_2 の一つのみなので，一つの式で簡単に表すことができます．

b）1 部材両端の荷重－変位関係（要素剛性マトリクスの導出）

次に，この関係を拡張し，**図 2.2** に示すように両端 1 と 2 に外力が作用した場合の両端の外力と変位の関係を考えてみます．

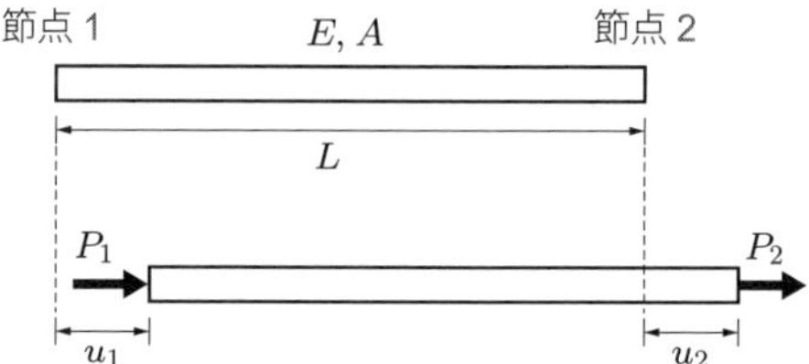

図 2.2　部材両端に外力が作用した場合

荷重 P_1 と P_2 が両端に右方向に作用し，それぞれ u_1 と u_2 の変位を生じているとします．このときの力と変位の関係を求めます．

はじめに，部材全体がどれだけ伸びたか，あるいは縮んだかを考えます．これは，両端部の変位の差 $u_2 - u_1$ により求められます．これが部材の絶対変位です．このとき，部材に作用している力のつり合いを考えると，水平方向のつり合いは $P_1 + P_2 = 0$ ですから，

$$P_1 = -P_2 \tag{2.4}$$

となります．さらに，P_2 と変位の関係は，

$$P_2 = k(u_2 - u_1) \qquad \left(k = \frac{EA}{L}\right) \tag{2.5}$$ †

です．

P_1 も同様に，式 (2.4) より

$$P_1 = -P_2 = -k(u_2 - u_1) = k(u_1 - u_2) \tag{2.6}$$

† 式 (2.5) は以下の関係から求められます．

$$\varepsilon = \frac{u_2 - u_1}{L}, \qquad \sigma = E\varepsilon$$

$$P_2 = \sigma A = (E\varepsilon)A = \left\{E\left(\frac{u_2 - u_1}{L}\right)\right\}A = \frac{EA}{L}(u_2 - u_1) = k(u_2 - u_1)$$

です．この結果，両端に軸力が作用し両節点に変位を生じる場合の力と変位の関係を，式 (2.5) と式 (2.6) からマトリクス表示すると，

$$\begin{Bmatrix} P_1 \\ P_2 \end{Bmatrix} = k \begin{bmatrix} 1 & -1 \\ -1 & 1 \end{bmatrix} \begin{Bmatrix} u_1 \\ u_2 \end{Bmatrix} = \frac{EA}{L} \begin{bmatrix} 1 & -1 \\ -1 & 1 \end{bmatrix} \begin{Bmatrix} u_1 \\ u_2 \end{Bmatrix} \tag{2.7}$$

となります．または簡単に，

$$\{\boldsymbol{P}\} = [\boldsymbol{K}]\{\boldsymbol{u}\} \tag{2.8}$$

とも表せます．ここで，

$$\{\boldsymbol{P}\} = \begin{Bmatrix} P_1 \\ P_2 \end{Bmatrix}, \qquad [\boldsymbol{K}] = \frac{EA}{L} \begin{bmatrix} 1 & -1 \\ -1 & 1 \end{bmatrix}, \qquad \{\boldsymbol{u}\} = \begin{Bmatrix} u_1 \\ u_2 \end{Bmatrix} \tag{2.9}$$

と表示します．なお，

$\{\boldsymbol{P}\}$：外力ベクトル

$[\boldsymbol{K}]$：要素剛性マトリクス

$\{\boldsymbol{u}\}$：変位ベクトル

とよびます．また，EA/L を軸剛性，式 (2.8) を剛性方程式といいます．これは，部材両端に力が作用し変形が生じた場合の，ばね両端の力と変位の関係をマトリクス表示したものです．以上が【解法手順 ②】の求め方です．

発 展

以上は，力のつり合いから算出した要素剛性マトリクスです．要素剛性マトリクスの求め方としては，このほかに，エネルギー法がよく使われます．同じ問題を例にとり簡単に紹介します．

はりのひずみポテンシャルエネルギー（内部ひずみエネルギー）式は，（ひずみ × 応力度）を全体積にわたり足し合わせたものですから，

$$U = \frac{1}{2}\int_V \sigma_x \varepsilon_x dv \tag{2.10}$$

と求められます．ひずみと応力度はそれぞれ

$$\varepsilon = \frac{u_2 - u_1}{L}, \qquad \sigma = \varepsilon E = \frac{u_2 - u_1}{L} E \tag{2.11}$$

です．両節点の変位を使ってポテンシャルエネルギーを書き直すために，式 (2.10) に式 (2.11) を代入すると，

$$U = \frac{1}{2}\int_V \sigma_x \varepsilon_x dv = \frac{1}{2}\int_V \frac{u_2 - u_1}{L} E \frac{u_2 - u_1}{L} dv = \frac{E}{2L^2}\int_V (u_2 - u_1)^2 dv \tag{2.12}$$

となります．さらに，断面積 A，長さ L を代入すると，最終的に，はりのひずみポテンシャルエネルギー U は

$$U = \frac{E}{2L^2}\int_V (u_2 - u_1)^2 dv = \frac{EAL}{2L^2}(u_2 - u_1)^2 = \frac{EA}{2L}(u_2 - u_1)^2 \tag{2.13}$$

となります．一方，外力によるポテンシャルエネルギー W は（力 × 変位）なので

$$W = -P_1 u_1 - P_2 u_2 \tag{2.14}$$

となり，外力が作用した場合のはりの全ポテンシャルエネルギー Π は

$$\Pi = U + W = \frac{EA}{2L}(u_2 - u_1)^2 - P_1 u_1 - P_2 u_2 \tag{2.15}$$

です．つり合い状態においては第一変分 $\delta\Pi = 0$ なので，

$$\frac{\partial \Pi}{\partial u_1} = \frac{EA}{L}(u_2 - u_1)(-1) - P_1 = 0 \tag{2.16}$$

$$\frac{\partial \Pi}{\partial u_2} = \frac{EA}{L}(u_2 - u_1)(1) - P_2 = 0 \tag{2.17}$$

となり，式 (2.16), (2.17) を整理しマトリクス表示すると，

$$\left\{ \begin{matrix} P_1 \\ P_2 \end{matrix} \right\} = \frac{EA}{L} \begin{bmatrix} 1 & -1 \\ -1 & 1 \end{bmatrix} \left\{ \begin{matrix} u_1 \\ u_2 \end{matrix} \right\} \tag{2.18}$$

となります．したがって，要素剛性マトリクスはやはり，

$$\frac{EA}{L} \begin{bmatrix} 1 & -1 \\ -1 & 1 \end{bmatrix} \tag{2.19}$$

と求められます．

2.1.2　2 部材の全体剛性マトリクス

次に，【解法手順 ③】の複数部材の全体剛性マトリクスの作成を，2 本の部材がピン接合された図 2.3 に示す構造物を例にとり考えます．各部材の断面積とヤング係数は図 (a) に掲げるとおりです．前項同様，各部材端部には荷重と変位が右方向に作用しているとします．

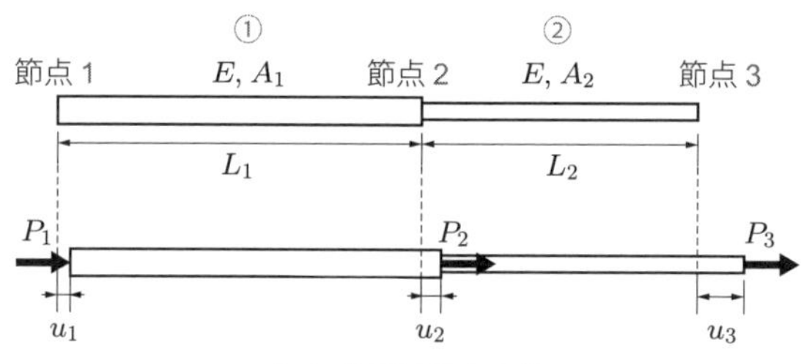

（a）荷重状態と変位

P_1　$k_1(u_2 - u_1)$　　$k_1(u_2 - u_1)$　P_2　　$k_2(u_3 - u_2)$　P_3

$k_2(u_3 - u_2)$

（b）各節点のつり合い状態

図 2.3　ピン接合された 2 本の部材

全体剛性マトリクスを求めるために，それぞれの要素剛性マトリクスを作成します．部材 ① と部材 ② の絶対変位を考えると，それぞれ，

$$\text{部材 ①}：u_2-u_1,\qquad \text{部材 ②}：u_3-u_2 \tag{2.20}$$

となります．この変位に伴い内部応力 ku が生じます．このときの力と変位の関係を，節点に作用する力のつり合いから考えます．節点に作用する力は，図 (b) に示すようになり，つり合いを考えると以下のような式が得られます．

$$\begin{aligned}
&\text{節点 1}：P_1+k_1(u_2-u_1)=0 &&\therefore P_1=k_1(u_1-u_2)\\
&\text{節点 2}：P_2-k_1(u_2-u_1)+k_2(u_3-u_2)=0 &&\\
& &&\therefore P_2=-k_1u_1+(k_1+k_2)u_2-k_2u_3\\
&\text{節点 3}：P_3-k_2(u_3-u_2)=0 &&\therefore P_3=-k_2(u_2-u_3)\\
&\qquad k_1=\frac{EA_1}{L_1},\qquad k_2=\frac{EA_2}{L_2} &&
\end{aligned} \tag{2.21}$$

P_1, P_2, P_3 についての三つの式が得られました．これらをマトリクス表示すると，

$$\begin{Bmatrix} P_1\\ P_2\\ P_3 \end{Bmatrix}=\begin{bmatrix} k_1 & -k_1 & 0\\ -k_1 & k_1+k_2 & -k_2\\ 0 & -k_2 & k_2 \end{bmatrix}\begin{Bmatrix} u_1\\ u_2\\ u_3 \end{Bmatrix} \tag{2.22}$$

です．これが，2 本の部材から構成された場合の全体剛性方程式となり，$\begin{bmatrix} k_1 & -k_1 & 0\\ -k_1 & k_1+k_2 & -k_2\\ 0 & -k_2 & k_2 \end{bmatrix}$ が全体剛性マトリクスです．

発　展

前項同様，エネルギー法を利用して全体剛性マトリクスを求めてみます．

部材 ① のはりのひずみエネルギー式は，軸剛性を EA_1，長さを L_1 とすると，

$$U_1=\frac{EA_1}{2L_1}(u_2-u_1)^2 \tag{2.23}$$

となり，部材 ② のひずみエネルギーは同様に，

$$U_2=\frac{EA_2}{2L_2}(u_3-u_2)^2 \tag{2.24}$$

となります．外力によるポテンシャルエネルギーは，

$$W=-P_1u_1-P_2u_2-P_3u_3 \tag{2.25}$$

で，全ポテンシャルエネルギーは，

$$\Pi=\frac{EA_1}{2L_1}(u_2-u_1)^2+\frac{EA_2}{2L_2}(u_3-u_2)^2-P_1u_1-P_2u_2-P_3u_3 \tag{2.26}$$

となります．つり合い状態においては第一変分 $\delta\Pi = 0$ なので，以下のように表せます．

$$\frac{\partial \Pi}{\partial u_1} = \frac{EA_1}{L_1}(u_2 - u_1)(-1) - P_1 = 0 \tag{2.27}$$

$$\frac{\partial \Pi}{\partial u_2} = \frac{EA_1}{L_1}(u_2 - u_1) + \frac{EA_2}{L_2}(u_3 - u_2)(-1) - P_2 = 0 \tag{2.28}$$

$$\frac{\partial \Pi}{\partial u_3} = \frac{EA_2}{L_2}(u_3 - u_2) - P_3 = 0 \tag{2.29}$$

ここで，

$$\frac{EA_1}{L_1} = k_1, \qquad \frac{EA_2}{L_2} = k_2 \tag{2.30}$$

とし，式 (2.27)〜(2.29) を整理すると，

$$\begin{Bmatrix} P_1 \\ P_2 \\ P_3 \end{Bmatrix} = \begin{bmatrix} k_1 & -k_1 & 0 \\ -k_1 & k_1 + k_2 & -k_2 \\ 0 & -k_2 & k_2 \end{bmatrix} \begin{Bmatrix} u_1 \\ u_2 \\ u_3 \end{Bmatrix} \tag{2.31}$$

となり，全体剛性マトリクスは，

$$\begin{bmatrix} k_1 & -k_1 & 0 \\ -k_1 & k_1 + k_2 & -k_2 \\ 0 & -k_2 & k_2 \end{bmatrix} \tag{2.32}$$

と同様に求められます．

2.1.3 剛性マトリクスの性質

剛性マトリクス［$\boldsymbol{K}$］には特徴的な性質があり，その性質を利用すると，算出した剛性マトリクスが正しいか，モデルが不安定かなどが判定できるため有用です．ここで，式 (2.22) で示される剛性マトリクスを例に，その性質をいくつか以下に列挙します．

・各行および各列の要素の和は 0 となる

　たとえば 2 行目の要素の和を求めると，$-k_1 + (k_1 + k_2) - k_2 = 0$ となります．

・剛性マトリクスは対称行列である

　つまり，$[\boldsymbol{K}] = [\boldsymbol{K}]^T$ であり，転置行列と元の行列は等しくなります．

・剛性マトリクスの行列式の値は 0 となり，逆行列は存在しない

　$|\boldsymbol{K}| = 0$ となります．モデルが不安定かどうかは，これをもとに判断ができます．

・主対角要素[†]は正となる

　確認すると，$k_1 > 0, (k_1 + k_2) > 0, k_2 > 0$ となっており，すべて正です．

[†] 主対角要素とは，行列 $[\boldsymbol{C}] = \begin{bmatrix} c_{11} & c_{12} & c_{13} \\ c_{21} & c_{22} & c_{23} \\ c_{31} & c_{32} & c_{33} \end{bmatrix}$ の対角に位置する要素，すなわち c_{11}, c_{22}, c_{33} のことです．

2.1.4 重ね合わせによる全体剛性マトリクスの作成

2.1.2 項において，直列に連結された 2 本の部材の全体剛性マトリクスを求めました．多数の部材が直列に連結された場合も同様に求めることが可能ですが，節点と同じ数のつり合い式を考える必要があるため，複雑な構造物の場合，非常に煩雑になります．そこで，ここでは機械的に全体剛性マトリクスを作成する手順を示します．

作成手順

① 部材両端に節点番号を記入する（ex. ：1, 2, ..., n）
② それぞれの部材に部材番号を記入する（ex. ：①, ②, ..., ⓝ）
③ 各部材ごとの要素剛性マトリクスを求める
④ 全体剛性マトリクスの大きさを決定する
（大きさは 最大節点番号と等しくなる ので，$n \times n$ の行列となります）
⑤ 全体剛性マトリクスの欄外に番地としての番号を記入する（作業を容易にするため）
⑥ 全体剛性マトリクスの番地に従って各要素剛性マトリクスを足し合わせる

それでは，**図 2.4** に示す 3 部材を例にとり，全体剛性マトリクスを作成してみましょう．それぞれの材料特性は図に示すとおりです．

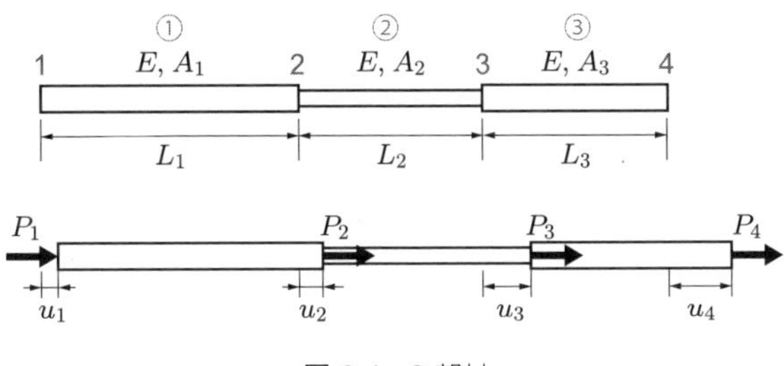

図 2.4　3 部材

① 節点番号の設定は基本的に自由です．ここでは左側から順に 1, 2, 3, 4 とします．
② 部材番号の設定も自由です．ここでは左側から順に ①, ②, ③ とします．
③ 全体剛性マトリクスを作成するために，式 (2.9) より各部材の要素剛性マトリクスを求めます．マトリクスの欄外に節点番号を記入すると，要素の重ね合わせが容易となります．

$$\text{部材 ①：} [\boldsymbol{K_1}] = \frac{EA_1}{L_1}\begin{bmatrix} 1 & -1 \\ 1 & 1 \end{bmatrix} = \overset{\begin{matrix} 1 & \quad 2 \end{matrix}}{\begin{bmatrix} k_1 & -k_1 \\ k_1 & k_1 \end{bmatrix}} \begin{matrix} 1 \\ 2 \end{matrix}$$

$$\text{部材 ②：} [\boldsymbol{K_2}] = \frac{EA_2}{L_2}\begin{bmatrix} 1 & -1 \\ -1 & 1 \end{bmatrix} = \overset{\begin{matrix} 2 & \quad 3 \end{matrix}}{\begin{bmatrix} k_2 & -k_2 \\ -k_2 & k_2 \end{bmatrix}} \begin{matrix} 2 \\ 3 \end{matrix}$$

$$\text{部材 ③：} [\boldsymbol{K_3}] = \frac{EA_3}{L_3}\begin{bmatrix} 1 & -1 \\ -1 & 1 \end{bmatrix} = \overset{\begin{matrix} 3 & \quad 4 \end{matrix}}{\begin{bmatrix} k_3 & -k_3 \\ -k_3 & k_3 \end{bmatrix}} \begin{matrix} 3 \\ 4 \end{matrix}$$

④ 全体剛性マトリクスの大きさは，最大節点番号が 4 なので，4×4 となります．

⑤ 全体剛性マトリクスの欄外に節点番号を記入します（行列内の 2 桁の番号は行列の番地を示しています）．

$$[\boldsymbol{K}] = \begin{array}{c} \begin{array}{cccc} 1 & 2 & 3 & 4 \end{array} \\ \begin{bmatrix} 11 & 12 & 13 & 14 \\ 21 & 22 & 23 & 24 \\ 31 & 32 & 33 & 34 \\ 41 & 42 & 43 & 44 \end{bmatrix} \end{array} \begin{array}{c} \\ 1 \\ 2 \\ 3 \\ 4 \end{array} \tag{2.33}$$

⑥ ⑤ のマトリクスに，③ で求めた各部材の要素剛性マトリクスの要素を番地が一致するように当てはめ，同じ番地にある要素を足し合わせます．完成後，前項で述べた剛性マトリクスの性質を満たしていることを確認し，正しく求められていることを確かめましょう．

$$[\boldsymbol{K}] = \begin{array}{c} \begin{array}{cccc} 1 & 2 & 3 & 4 \end{array} \\ \begin{bmatrix} k_1 & -k_1 & 0 & 0 \\ k_1 & k_1 + k_2 & -k_2 & 0 \\ 0 & -k_2 & k_2 + k_3 & -k_3 \\ 0 & 0 & -k_3 & k_3 \end{bmatrix} \end{array} \begin{array}{c} \\ 1 \\ 2 \\ 3 \\ 4 \end{array} \tag{2.34}$$

このようにして，全体剛性マトリクスを求めることができます．以上が【解法手順 ③】の説明です．

例題 2.1

図 2.5 と図 2.6 に掲げる 3 本ばねと 5 本ばね（部材）からなる構造の全体剛性マトリクスを作成してください．

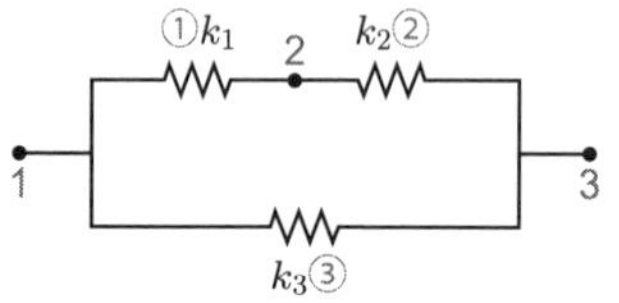

図 2.5　3 本ばね

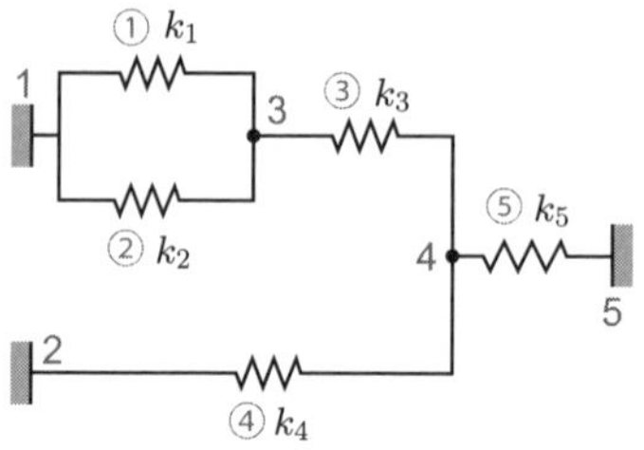

図 2.6　5 本ばね

解　答

1) 図 2.5 の 3 本ばねについて，節点番号を左から 1, 2, 3 とします．また，部材番号および剛性は図示のとおりとします．

i) 各部材の要素剛性マトリクスを作成します．結果は以下のようになります．

$$[\boldsymbol{K_1}] = \begin{array}{c} \begin{array}{cc} 1 & 2 \end{array} \\ \begin{bmatrix} k_1 & -k_1 \\ -k_1 & k_1 \end{bmatrix} \end{array} \begin{array}{c} \\ 1 \\ 2 \end{array}, \quad [\boldsymbol{K_2}] = \begin{array}{c} \begin{array}{cc} 2 & 3 \end{array} \\ \begin{bmatrix} k_2 & -k_2 \\ -k_2 & k_2 \end{bmatrix} \end{array} \begin{array}{c} \\ 2 \\ 3 \end{array}, \quad [\boldsymbol{K_3}] = \begin{array}{c} \begin{array}{cc} 1 & 3 \end{array} \\ \begin{bmatrix} k_3 & -k_3 \\ -k_3 & k_3 \end{bmatrix} \end{array} \begin{array}{c} \\ 1 \\ 3 \end{array}$$

ii) 次に，各要素剛性マトリクスを全体剛性マトリクス（3×3）の適切な番地に割り当て重ね合わせると，以下のように容易に求められます．

$$[\boldsymbol{K}] = \begin{array}{c} \begin{array}{ccc} 1 & 2 & 3 \end{array} \\ \left[\begin{array}{ccc} k_1+k_3 & -k_1 & -k_3 \\ -k_1 & k_1+k_2 & -k_2 \\ -k_3 & -k_2 & k_2+-k_3 \end{array}\right] \begin{array}{c} 1 \\ 2 \\ 3 \end{array} \end{array}$$

2) 1) と同様に，図 2.6 に示す構造物の剛性マトリクスを求めてみます．

i) 少し複雑に見えますが，これまでと同様，機械的な作業により全体剛性マトリクスは容易に作成できます．はじめに，各部材の要素剛性マトリクスを以下のように作成します．

$$[\boldsymbol{K_1}] = \begin{array}{c} \begin{array}{cc} 1 & 3 \end{array} \\ \left[\begin{array}{cc} k_1 & -k_1 \\ -k_1 & k_1 \end{array}\right] \begin{array}{c} 1 \\ 3 \end{array} \end{array}, \quad [\boldsymbol{K_2}] = \begin{array}{c} \begin{array}{cc} 1 & 3 \end{array} \\ \left[\begin{array}{cc} k_2 & -k_2 \\ -k_2 & k_2 \end{array}\right] \begin{array}{c} 1 \\ 3 \end{array} \end{array}, \quad [\boldsymbol{K_3}] = \begin{array}{c} \begin{array}{cc} 3 & 4 \end{array} \\ \left[\begin{array}{cc} k_3 & -k_3 \\ -k_3 & k_3 \end{array}\right] \begin{array}{c} 3 \\ 4 \end{array} \end{array},$$

$$[\boldsymbol{K_4}] = \begin{array}{c} \begin{array}{cc} 2 & 4 \end{array} \\ \left[\begin{array}{cc} k_4 & -k_4 \\ -k_4 & k_4 \end{array}\right] \begin{array}{c} 2 \\ 4 \end{array} \end{array}, \quad [\boldsymbol{K_5}] = \begin{array}{c} \begin{array}{cc} 4 & 5 \end{array} \\ \left[\begin{array}{cc} k_5 & -k_5 \\ -k_5 & k_5 \end{array}\right] \begin{array}{c} 4 \\ 5 \end{array} \end{array}$$

ii) 次に，各要素剛性マトリクスの要素を全体剛性マトリクス (5×5) の適切な番地に重ね合わせることにより，以下のように機械的に求められます．

$$[\boldsymbol{K}] = \begin{array}{c} \begin{array}{ccccc} 1 & 2 & 3 & 4 & 5 \end{array} \\ \left[\begin{array}{ccccc} k_1+k_2 & 0 & -k_1-k_2 & 0 & 0 \\ 0 & k_4 & 0 & -k_4 & 0 \\ -k_1-k_2 & 0 & k_1+k_2+k_3 & -k_3 & 0 \\ 0 & -k_4 & -k_3 & k_3+k_4+k_5 & -k_5 \\ 0 & 0 & 0 & -k_5 & k_5 \end{array}\right] \begin{array}{c} 1 \\ 2 \\ 3 \\ 4 \\ 5 \end{array} \end{array}$$

2.2 剛性方程式の解法

ここまでで複合ばねの剛性マトリクスの作成が可能になりました．次はマトリクス解析の目的である，構造モデルに外力が作用した場合に各部材や支点に生じる，

- 節点変位
- 反力
- 部材応力

の算出方法を説明します．これは【解法手順 ④】と【解法手順 ⑤】【解法手順 ⑥】の説明となります．

例として図 2.7 に示す 2 部材のばねモデルを取り上げ，解法の概説をします．そのあとに一般的な解法についての説明を行います．問題を整理すると以下のようになります．

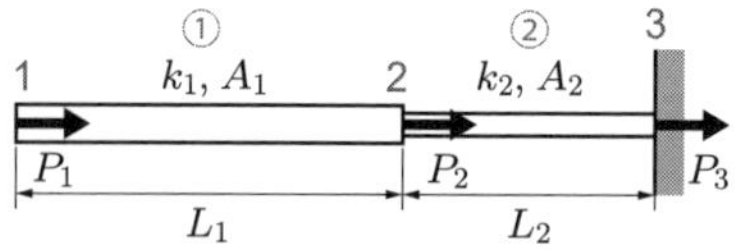

図 2.7　2 部材のばねモデル

【与条件】

- ・部材剛性：部材 ① と ② の剛性はそれぞれ k_1 と k_2
- ・荷重：節点 1 と 2 に対しそれぞれ P_1, P_2 が作用
- ・拘束条件：節点 3 の右方向変位が 0

【目的】

- ・節点 1 と 2 の変位を求める
- ・支点 3 の反力 P_3 を求める
- ・部材 ① と ② の応力を求める

【解法】

これまで行ってきた【解法手順】に従って進めます．

(1)【解法手順 ②】各要素剛性マトリクスを作成します．

$$[\boldsymbol{K_1}] = \begin{array}{c} \begin{matrix} 1 & \quad 2 \end{matrix} \\ \begin{bmatrix} k_1 & -k_1 \\ -k_1 & k_1 \end{bmatrix} \end{array} \begin{matrix} \\ 1 \\ 2 \end{matrix}, \qquad [\boldsymbol{K_2}] = \begin{array}{c} \begin{matrix} 2 & \quad 3 \end{matrix} \\ \begin{bmatrix} k_2 & -k_2 \\ -k_2 & k_2 \end{bmatrix} \end{array} \begin{matrix} \\ 2 \\ 3 \end{matrix}$$

(2)【解法手順 ③】重ね合わせにより全体剛性マトリクスを作成します．ここまでは，2.1 節と同じ手順です．

$$[\boldsymbol{K}] = \begin{array}{c} \begin{matrix} 1 & \qquad 2 & \qquad 3 \end{matrix} \\ \begin{bmatrix} k_1 & -k_1 & 0 \\ -k_1 & k_1 + k_2 & -k_2 \\ 0 & -k_2 & k_2 \end{bmatrix} \end{array} \begin{matrix} \\ 1 \\ 2 \\ 3 \end{matrix}$$

(3)【解法手順 ④】(2) で求めた全体剛性マトリクスを使って剛性方程式を立てます．剛性方程式とは，2.1.1 項で見たように，

$$\{\boldsymbol{P}\} = [\boldsymbol{K}]\{\boldsymbol{u}\} \tag{2.35}$$

のことです．

変位の拘束条件（節点 3 の変位 $u_3 = 0$）と荷重条件をそれぞれのベクトルに入力します．なお，この問題では，P_1 と P_2 は既知の値で，P_3 が未知の値です．

$$\begin{Bmatrix} P_1 \\ P_2 \\ P_3 \end{Bmatrix} = \begin{array}{c} \begin{matrix} 1 & \qquad 2 & \qquad 3 \end{matrix} \\ \begin{bmatrix} k_1 & -k_1 & 0 \\ -k_1 & k_1 + k_2 & -k_2 \\ 0 & -k_2 & k_2 \end{bmatrix} \end{array} \begin{Bmatrix} u_1 \\ u_2 \\ 0 \end{Bmatrix} \begin{matrix} 1 \\ 2 \\ 3 \end{matrix}$$

次に，未知数である変位 u_1 と u_2（**図 2.8**）を求めるために，変位ベクトルに 0 を含む行列と含まない行列にグループ分けをします．それに伴い，拘束以外の節点の要素が左上に来るように，外力ベクトルと全体剛性マトリクスを並べ替えます．そのあと，変位ベクトルが 0 と 0 でない部分を，次式のように分割します．なお，ここでは，拘束点が節点 3 であるため並べ替える必要はありません．

$$\begin{array}{c} \\ \begin{Bmatrix} P_1 \\ P_2 \\ \hdashline P_3 \end{Bmatrix} \end{array} = \begin{array}{c} \begin{array}{ccc} 1 & 2 & 3 \end{array} \\ \left[\begin{array}{cc:c} k_1 & -k_1 & 0 \\ -k_1 & k_1+k_2 & -k_2 \\ \hdashline 0 & -k_2 & k_2 \end{array}\right] \end{array} \begin{array}{c} \\ \begin{Bmatrix} u_1 \\ u_2 \\ \hdashline 0 \end{Bmatrix} \begin{array}{c} 1 \\ 2 \\ 3 \end{array} \end{array} \tag{2.36}$$

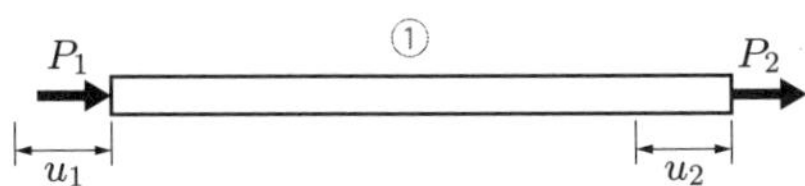

図 2.8　変位 u_1 と u_2

(4) 変位の拘束条件を考慮した行列の展開

上の行列の破線で分割された部分をひとかたまりと考え，以下の 2 式に展開します．

$$\begin{Bmatrix} P_1 \\ P_2 \end{Bmatrix} = \begin{bmatrix} k_1 & -k_1 \\ -k_1 & k_1+k_2 \end{bmatrix} \begin{Bmatrix} u_1 \\ u_2 \end{Bmatrix} + \cancel{\begin{Bmatrix} 0 \\ -k_2 \end{Bmatrix} \{0\}} \tag{2.37}$$

$$\{P_3\} = \{\, 0 \;\; -k_2 \,\} \begin{Bmatrix} u_1 \\ u_2 \end{Bmatrix} + \cancel{\{k_2\}\{0\}} \tag{2.38}$$

上式右辺の第 2 項は変位 0 がかけられるのでかけ算の結果は 0 となり，以下の 2 式が得られます．

$$\underbrace{\begin{Bmatrix} P_1 \\ P_2 \end{Bmatrix} = \begin{bmatrix} k_1 & -k_1 \\ -k_1 & k_1+k_2 \end{bmatrix}}_{\text{既知}} \underbrace{\begin{Bmatrix} u_1 \\ u_2 \end{Bmatrix}}_{\text{未知}} \tag{2.39}$$

$$\{P_3\} = \{\, 0 \;\; -k_2 \,\} \begin{Bmatrix} u_1 \\ u_2 \end{Bmatrix} \tag{2.40}$$

式 (2.39) の左辺の外力ベクトルと右辺の剛性マトリクスは既知であり，変位ベクトルのみが未知です．そこで変位を求めるためには，この式の両辺に剛性マトリクスの逆行列をかけます．

$$\begin{bmatrix} k_1 & -k_1 \\ -k_1 & k_1+k_2 \end{bmatrix}^{-1} \begin{Bmatrix} P_1 \\ P_2 \end{Bmatrix} = \underbrace{\begin{bmatrix} k_1 & -k_1 \\ -k_1 & k_1+k_2 \end{bmatrix}^{-1} \begin{bmatrix} k_1 & -k_1 \\ -k_1 & k_1+k_2 \end{bmatrix}}_{\begin{bmatrix} 1 & 0 \\ 0 & 1 \end{bmatrix}} \begin{Bmatrix} u_1 \\ u_2 \end{Bmatrix} = \begin{Bmatrix} u_1 \\ u_2 \end{Bmatrix} \tag{2.41}$$

$$\begin{Bmatrix} u_1 \\ u_2 \end{Bmatrix} = \begin{bmatrix} k_1 & -k_1 \\ -k_1 & k_1+k_2 \end{bmatrix}^{-1} \begin{Bmatrix} P_1 \\ P_2 \end{Bmatrix} \tag{2.42}$$

これより，未知の節点変位 u_1 と u_2 は，剛性マトリクスの逆行列を求め，式 (2.42) に代入することにより，以下のように求められます．

$$\begin{Bmatrix} u_1 \\ u_2 \end{Bmatrix} = \begin{bmatrix} k_1 & -k_1 \\ -k_1 & k_1+k_2 \end{bmatrix}^{-1} \begin{Bmatrix} P_1 \\ P_2 \end{Bmatrix} = \begin{bmatrix} \dfrac{1}{k_1}+\dfrac{1}{k_2} & \dfrac{1}{k_2} \\ \dfrac{1}{k_2} & \dfrac{1}{k_2} \end{bmatrix} \begin{Bmatrix} P_1 \\ P_2 \end{Bmatrix} = \begin{Bmatrix} \dfrac{P_1}{k_1}+\dfrac{P_1}{k_2}+\dfrac{P_2}{k_2} \\ \dfrac{P_1+P_2}{k_2} \end{Bmatrix}$$

> 本書において逆行列は Excel を利用して求めますが，上式は数値ではないので，Excel に入力して計算することができません．このような場合，掃き出し法や余因子行列を利用して求める方法があります．その方法を利用すると，2×2 の行列の逆行列は次式で与えられます．
>
> $$\begin{bmatrix} a & b \\ c & d \end{bmatrix}^{-1} = \frac{1}{ad-bc}\begin{bmatrix} d & -b \\ -c & a \end{bmatrix}$$

(5) 変位が求められたので，この結果を式 (2.40) に代入すると，未知数である P_3 が求められます．

$$\{P_3\} = \{0\ \ -k_2\}\begin{Bmatrix} u_1 \\ u_2 \end{Bmatrix} = \{0\ \ -k_2\}\begin{Bmatrix} \dfrac{P_1}{k_1}+\dfrac{P_1+P_2}{k_2} \\ \dfrac{P_1+P_2}{k_2} \end{Bmatrix} = \{-P_1-P_2\}$$

求められた P_3 は支点位置の値であることから，これが反力となります．その結果が負となっているので，反力の向きが左向きであることを意味します．また，反力は外力の総和である $-P_1-P_2$ とつり合っています．

(6) 部材応力の算定

1 部材の変位と応力の関係を示す剛性方程式 (2.7) を部材 1–2 に適用すると，下式が得られます．

$$\begin{Bmatrix} P_1 \\ P_2 \end{Bmatrix} = k_1\begin{bmatrix} 1 & -1 \\ -1 & 1 \end{bmatrix}\begin{Bmatrix} u_1 \\ u_2 \end{Bmatrix} = \frac{EA_1}{L_1}\begin{bmatrix} 1 & -1 \\ -1 & 1 \end{bmatrix}\begin{Bmatrix} u_1 \\ u_2 \end{Bmatrix} \tag{2.43}$$

変位 u_1 と u_2 は手順 ④ においてすでに求められているので，その値をこの式に代入することにより部材応力が求められます．

ここで材端力を F とすると，**図 2.9** に示すように部材 1–2 の両端に作用する応力は F_1 と F_2 となり，それらは以下のようになります．

$$\begin{Bmatrix} F_1 \\ F_2 \end{Bmatrix} = k_1\begin{bmatrix} 1 & -1 \\ -1 & 1 \end{bmatrix}\begin{Bmatrix} u_1 \\ u_2 \end{Bmatrix} = k_1\begin{bmatrix} 1 & -1 \\ -1 & 1 \end{bmatrix}\begin{Bmatrix} \dfrac{P_1}{k_1}+\dfrac{P_1+P_2}{k_2} \\ \dfrac{P_1+P_2}{k_2} \end{Bmatrix} = \begin{Bmatrix} P_1 \\ -P_1 \end{Bmatrix}$$

当然ながら，F_1 と F_2 は大きさが等しく向きが反対となっています．また，F_2 は当初仮定した向きと反対であることから，圧縮力として大きさ F_1 の力が作用していることを示してい

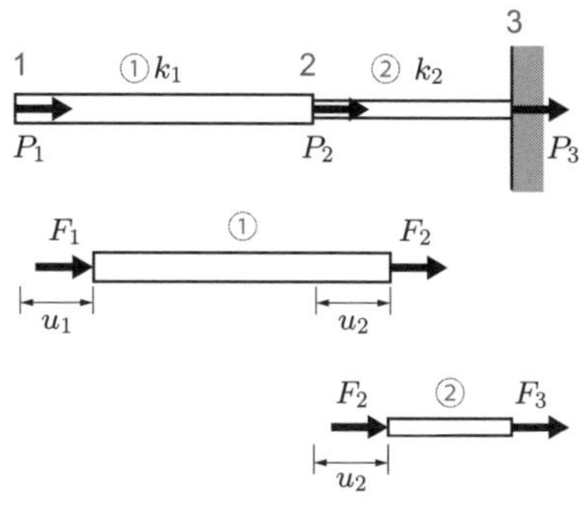

図 2.9　材端力

ます．

同様に，節点 2 と 3 からなる部材 ② の応力も以下のように求められます．

$$\begin{Bmatrix} F_2 \\ F_3 \end{Bmatrix} = k_2 \begin{bmatrix} 1 & -1 \\ -1 & 1 \end{bmatrix} \begin{Bmatrix} u_1 \\ u_2 \end{Bmatrix} = k_2 \begin{bmatrix} 1 & -1 \\ -1 & 1 \end{bmatrix} \begin{Bmatrix} \dfrac{P_1}{k_1} + \dfrac{P_1 + P_2}{k_2} \\ \dfrac{P_1 + P_2}{k_2} \end{Bmatrix} = \begin{Bmatrix} P_1 + P_2 \\ -P_1 - P_2 \end{Bmatrix}$$

2.3 剛性方程式の一般解法

前節では，具体的な例をもとに構造物の変位と反力の求め方を説明しました．それをふまえて，部材応力の算出を含む一般的な解法手順を以下にまとめます．

解法手順

① 各部材の要素剛性マトリクスの作成

$$\begin{Bmatrix} P_i \\ P_j \end{Bmatrix} = k \begin{bmatrix} 1 & -1 \\ -1 & 1 \end{bmatrix} \begin{Bmatrix} u_i \\ u_j \end{Bmatrix} = \frac{EA}{L} \begin{bmatrix} 1 & -1 \\ -1 & 1 \end{bmatrix} \begin{Bmatrix} u_i \\ u_j \end{Bmatrix}$$

② 構造全体の剛性方程式の作成

求めた各要素剛性マトリクスを重ね合わせることにより全体剛性マトリクスを作成し，全体剛性方程式を作成します．

$$\{\boldsymbol{P}\} = [\boldsymbol{K}]\{\boldsymbol{u}\}$$

なお，$\{\boldsymbol{P}\}$：外力ベクトル，$[\boldsymbol{K}]$：全体剛性マトリクス，$\{\boldsymbol{u}\}$：変位ベクトルです．

③ 境界条件の考慮（変位が 0 となる節点）

変位が 0 である節点とそうでない節点をグループ分けします．節点変位が 0 である節点は変位ベクトルの下側に移動し，そのグループを $\{\boldsymbol{u_\beta}\}$ とします．また，変位が未知である節点は変位ベクトルの上側に移動し，そのグループを $\{\boldsymbol{u_\alpha}\}$ とします．

$\{\boldsymbol{u_\alpha}\}$：未知の変位ベクトル

$\{\boldsymbol{u}_\beta\}$：既知の変位ベクトル $(=0)$

④ 全体剛性マトリクスと外力マトリクスも同様に入れ替えます．
行列の入れ替えが終わったあとは以下のようになります．

$$\left\{\begin{array}{c}\boldsymbol{P}_\alpha \\ \hdashline \boldsymbol{P}_\beta\end{array}\right\} = \left[\begin{array}{c:c}\boldsymbol{K}_{\alpha\alpha} & \boldsymbol{K}_{\alpha\beta} \\ \hdashline \boldsymbol{K}_{\beta\alpha} & \boldsymbol{K}_{\beta\beta}\end{array}\right]\left\{\begin{array}{c}\boldsymbol{u}_\alpha \\ \hdashline \boldsymbol{u}_\beta\end{array}\right\}$$

また，上記ベクトルに対応する外力ベクトルは

$\{\boldsymbol{P}_\alpha\}$ ：節点に作用している外力ベクトル（既知）

$\{\boldsymbol{P}_\beta\}$ ：支点反力ベクトル（未知）

となります．

⑤ 変位の拘束条件を考慮した行列の分割
上式を展開し下に示す 2 式に分割します． $\{\boldsymbol{u}_\beta\}$ が 0 であることを考慮すると，

$$\{\boldsymbol{P}_\alpha\} = [\boldsymbol{K}_{\alpha\alpha}]\{\boldsymbol{u}_\alpha\} + \cancel{[\boldsymbol{K}_{\alpha\beta}]\{\boldsymbol{u}_\beta\}} = [\boldsymbol{K}_{\alpha\alpha}]\{\boldsymbol{u}_\alpha\} \tag{2.44}$$

$$\{\boldsymbol{P}_\beta\} = [\boldsymbol{K}_{\beta\alpha}]\{\boldsymbol{u}_\alpha\} + \cancel{[\boldsymbol{K}_{\beta\beta}]\{\boldsymbol{u}_\beta\}} = [\boldsymbol{K}_{\beta\alpha}]\{\boldsymbol{u}_\alpha\} \tag{2.45}$$

となります．未知の変位 $\{\boldsymbol{u}_\alpha\}$ は，式 (2.44) の両式の左側に $[\boldsymbol{K}_{\alpha\alpha}]^{-1}$ を左からかけることにより，以下のように求められます．

$$[\boldsymbol{K}_{\alpha\alpha}]^{-1}\{\boldsymbol{P}_\alpha\} = [\boldsymbol{K}_{\alpha\alpha}]^{-1}[\boldsymbol{K}_{\alpha\alpha}]\{\boldsymbol{u}_\alpha\} = \{\boldsymbol{u}_\alpha\}$$
$$\therefore \{\boldsymbol{u}_\alpha\} = [\boldsymbol{K}_{\alpha\alpha}]^{-1}\{\boldsymbol{P}_\alpha\} \tag{2.46}$$

⑥ 反力の計算
未知変位 $\{\boldsymbol{u}_\alpha\}$ が求められたので，反力 $\{\boldsymbol{P}_\beta\}$ は，この結果を式 (2.45) に代入することにより求められます．

$$\{\boldsymbol{P}_\beta\} = [\boldsymbol{K}_{\beta\alpha}]\{\boldsymbol{u}_\alpha\} = [\boldsymbol{K}_{\beta\alpha}][\boldsymbol{K}_{\alpha\alpha}]^{-1}\{\boldsymbol{P}_\alpha\} \tag{2.47}$$

⑦ 部材応力の算定
節点 i, j からなる剛性 k の部材に生じた変位と作用している材端力 F は，次式で表されます．

$$\begin{Bmatrix} F_i \\ F_j \end{Bmatrix} = k\begin{bmatrix} 1 & -1 \\ -1 & 1 \end{bmatrix}\begin{Bmatrix} u_i \\ u_j \end{Bmatrix} \tag{2.48}$$

この式を展開すると，

$$F_i = k(u_i - u_j) \tag{2.49}$$

$$F_j = k(-u_i + u_j) = -F_i \tag{2.50}$$

となり， F_i と F_j は大きさが等しく向きが反対となります．圧縮と引張の区別は図 2.10 より， F_j が正のとき引張， F_j が負のとき圧縮となります．したがって，部材の 符号を含む 部材応力 S_{ij} は F_j を求めることと同値となり，

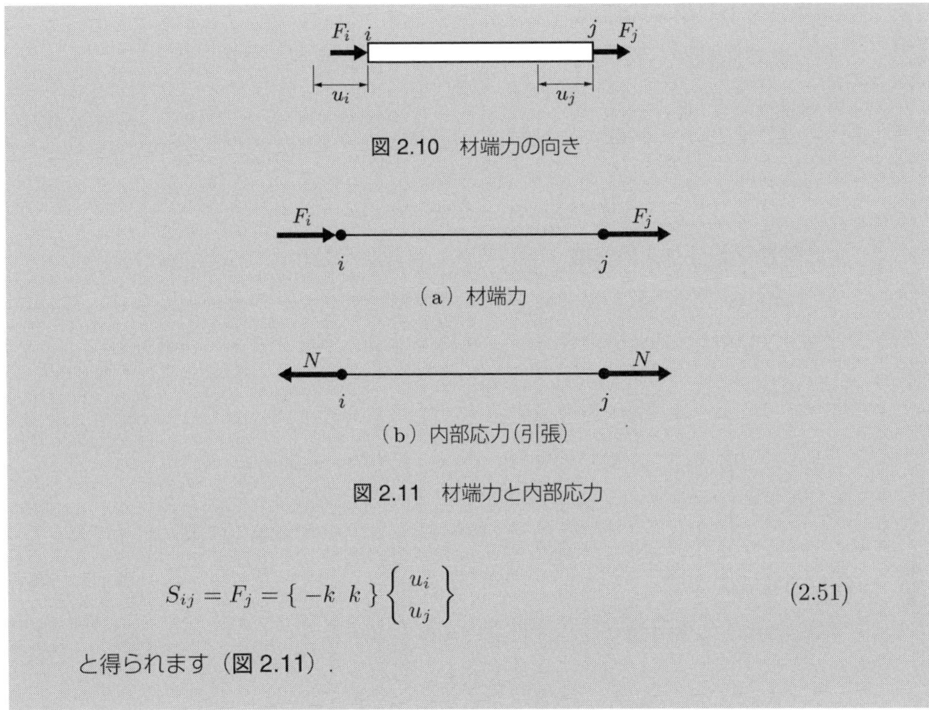

図 2.10 材端力の向き

（a）材端力

（b）内部応力（引張）

図 2.11 材端力と内部応力

$$S_{ij} = F_j = \{\,-k \;\; k\,\}\begin{Bmatrix} u_i \\ u_j \end{Bmatrix} \tag{2.51}$$

と得られます（図 2.11）.

例題 2.2

図 2.12 に示す構造物の節点 3 に荷重 $P_3 = 10.0$ kN が作用しています．このときの

(1) 節点 2 と 3 の変位

(2) 支点反力

(3) 部材応力

を求めてください．なお，ヤング係数 E は 205 kN/mm^2 です．

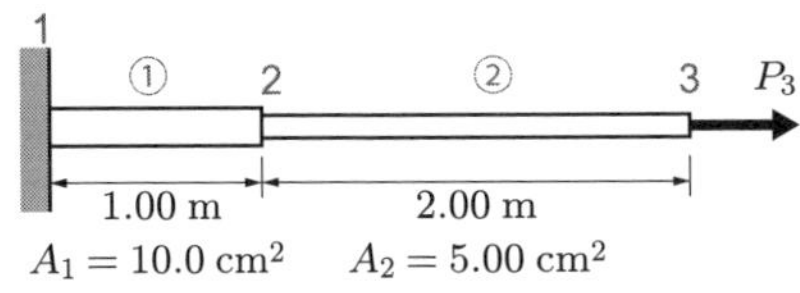

図 2.12 節点 3 に荷重が作用する 2 本部材

解 答

1) 要素剛性の計算

部材 ① と部材 ② の各部材の要素剛性を求めます．

$$\text{部材 ①}: k_1 = \frac{EA_1}{L_1} = \frac{205 \times 10.0 \times 10^2}{1.00 \times 10^3} = 205 \text{ kN/mm}$$

$$\text{部材 ②}: k_2 = \frac{EA_2}{L_2} = \frac{205 \times 5.00 \times 10^2}{2.00 \times 10^3} = 51.25 \text{ kN/mm}$$

2)要素剛性マトリクスの作成

得られた剛性から要素剛性マトリクスを作成します．

部材 ①：$[\boldsymbol{K_1}] = \begin{bmatrix} k_1 & -k_1 \\ -k_1 & k_1 \end{bmatrix}$

部材 ②：$[\boldsymbol{K_2}] = \begin{bmatrix} k_2 & -k_2 \\ -k_2 & k_2 \end{bmatrix}$

3) 全体剛性マトリクスの作成

要素剛性マトリクスを足し合わせて全体剛性マトリクスを作成します．全体剛性マトリクスの大きさは，最大節点番号が3なので 3×3 となります．全体剛性マトリクスは以下のようになります．

$$[\boldsymbol{K}] = \begin{array}{c} \begin{matrix} 1 & 2 & 3 \end{matrix} \\ \begin{bmatrix} k_1 & -k_1 & 0 \\ -k_1 & k_1+k_2 & -k_2 \\ 0 & -k_2 & k_2 \end{bmatrix} \end{array} \begin{matrix} 1 \\ 2 \\ 3 \end{matrix} = \begin{array}{c} \begin{matrix} 1 & 2 & 3 \end{matrix} \\ \begin{bmatrix} 205 & -205 & 0 \\ -205 & 256.25 & -51.25 \\ 0 & -51.25 & 51.25 \end{bmatrix} \end{array} \begin{matrix} 1 \\ 2 \\ 3 \end{matrix}$$

4) 剛性方程式の作成

以上から，全体剛性方程式は以下のようになります．

$$\begin{Bmatrix} P_1 \\ P_2 \\ P_3 \end{Bmatrix} = \begin{array}{c} \begin{matrix} 1 & 2 & 3 \end{matrix} \\ \begin{bmatrix} 205 & -205 & 0 \\ -205 & 256.25 & -51.25 \\ 0 & -51.25 & 51.25 \end{bmatrix} \end{array} \begin{Bmatrix} u_1 \\ u_2 \\ u_3 \end{Bmatrix} \begin{matrix} 1 \\ 2 \\ 3 \end{matrix}$$

5) 境界条件の代入

変位が拘束されている節点1の変位は0，また，節点2，節点3に作用する荷重はそれぞれ $P_2 = 0\,\mathrm{kN}$, $P_3 = 10\,\mathrm{kN}$ であることを反映すると，剛性方程式は以下のようにグループ分けできます．

$$\begin{Bmatrix} P_1 \\ \hline 0 \\ 10 \end{Bmatrix} = \begin{array}{c} \begin{matrix} 1 & 2 & 3 \end{matrix} \\ \left[\begin{array}{cc:c} 205 & -205 & 0 \\ \hdashline -205 & 256.25 & -51.25 \\ 0 & -51.25 & 51.25 \end{array}\right] \end{array} \begin{Bmatrix} 0 \\ \hline u_2 \\ u_3 \end{Bmatrix} \begin{matrix} 1 \\ 2 \\ 3 \end{matrix}$$

6) 変位0の節点の入れ替え

変位0の節点1を変位ベクトルの下に移動し，それに伴い剛性マトリクスは行と列を，荷重ベクトルは行を入れ替えます．次式のグレーのアミの部分が移動した部分です．

$$\begin{Bmatrix} 10 \\ 0 \\ \hline P_1 \end{Bmatrix} = \begin{array}{c} \begin{matrix} 3 & 2 & 1 \end{matrix} \\ \left[\begin{array}{cc:c} 51.25 & -51.25 & 0 \\ -51.25 & 256.25 & -205 \\ \hdashline 0 & -205 & 205 \end{array}\right] \end{array} \begin{Bmatrix} u_3 \\ u_2 \\ \hline 0 \end{Bmatrix} \begin{matrix} 3 \\ 2 \\ 1 \end{matrix}$$

7) 式の分割

未知変位を求めるために上式を展開し，2式に分割します．

$$\begin{Bmatrix} 10 \\ 0 \end{Bmatrix} = \underbrace{\begin{bmatrix} 51.25 & -51.25 \\ -51.25 & 256.25 \end{bmatrix}}_{[\boldsymbol{K_{\alpha\alpha}}]} \begin{Bmatrix} u_3 \\ u_2 \end{Bmatrix} \tag{2.52}$$

$$\{P_1\} = \{\, 0 \ \ -205 \,\} \begin{Bmatrix} u_3 \\ u_2 \end{Bmatrix} \tag{2.53}$$

以上より，節点 2 と節点 3 の変位は，式 (2.52) の両側に剛性マトリクスの一部である $[\boldsymbol{K_{\alpha\alpha}}]^{-1}$ を左からかけることにより求められます．変位 u_2 と u_3 がわかると，式 (2.53) より支点反力 P_1 が求められます．それでは，変位 u_2 と u_3 を実際に求めてみましょう．逆行列の計算やかけ算はもちろん Excel で行います（以降の例題も同様）．なお，本文中の計算結果は適宜四捨五入していますが，計算は Excel 上で四捨五入せずに行っているため，以降で本文中の数値と Excel の計算結果がずれる可能性があることに注意してください．

$$\begin{aligned}\begin{Bmatrix} u_3 \\ u_2 \end{Bmatrix} &= \begin{bmatrix} 51.25 & -51.25 \\ -51.25 & 256.25 \end{bmatrix}^{-1} \begin{Bmatrix} 10 \\ 0 \end{Bmatrix} = \begin{bmatrix} 243.9 & 48.78 \\ 48.78 & 48.78 \end{bmatrix} \times 10^{-4} \times \begin{Bmatrix} 10 \\ 0 \end{Bmatrix} \\ &= \begin{Bmatrix} 243.9 \\ 48.78 \end{Bmatrix} \times 10^{-3} \fallingdotseq \begin{Bmatrix} 244 \\ 48.8 \end{Bmatrix} \times 10^{-3}\,\mathrm{mm}\end{aligned} \tag{2.54}$$

変位が求められたので，次に支点 1 の反力 P_1 を求めます．式 (2.54) で求められた変位を式 (2.53) に代入し，

$$\{P_1\} = \{\, 0 \ \ -205 \,\} \begin{Bmatrix} u_3 \\ u_2 \end{Bmatrix} = \{\, 0 \ \ -205 \,\} \begin{Bmatrix} 243.9 \\ 48.78 \end{Bmatrix} \times 10^{-3} = -10.0\,\mathrm{kN} \tag{2.55}$$

と得られます．

8) **部材応力**

最後に，部材 ① と ② の応力 S_{ij} は式 (2.51) を用いて，

$$S_{12} = F_2 = \{\, -k_1 \ \ k_1 \,\} \begin{Bmatrix} u_1 \\ u_2 \end{Bmatrix} = \{\, -205 \ \ 205 \,\} \begin{Bmatrix} 0 \\ 48.78 \end{Bmatrix} \times 10^{-3} = 10.0\,\mathrm{kN}$$

$$S_{23} = F_3 = \{\, -k_2 \ \ k_2 \,\} \begin{Bmatrix} u_2 \\ u_3 \end{Bmatrix} = \{\, -51.25 \ \ 51.25 \,\} \begin{Bmatrix} 48.78 \\ 243.9 \end{Bmatrix} \times 10^{-3} = 10.0\,\mathrm{kN}$$

となります．両部材とも，部材応力の大きさは 10.0 kN で，符号が + なので引張であることがわかります．

例題 2.3

図 2.13 に示す 3 本の棒からなる構造物について，次の問いに答えてください．

(1) 節点 2 に水平変位 $u_2 = 1.0 \times 10^{-3} L$ を生じさせるための水平力 F_2 を求め，そのときの節点 3 の変位をあわせて求めてください．なお，節点 3 に荷重は作用していません．

(2) このとき節点 1 と 4 に生じる反力を求めてください．

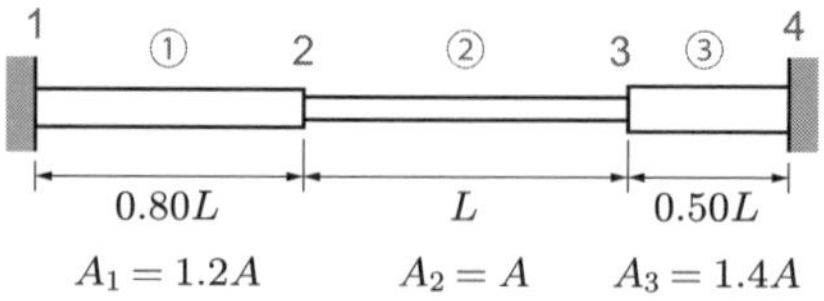

図 2.13　両端固定の 3 部材

解　答

1) 要素剛性の計算

はじめに部材のセング係数を E として，3 部材それぞれの剛性を求めます．

$$\text{部材 ①}: k_1 = \frac{EA_1}{L_1} = \frac{1.2EA}{0.80L} = \frac{1.5EA}{L}\ [\mathrm{kN/mm}]$$

$$\text{部材 ②}: k_2 = \frac{EA_2}{L_2} = \frac{EA}{L} = \frac{EA}{L}\ [\mathrm{kN/mm}]$$

$$\text{部材 ③}: k_3 = \frac{EA_3}{L_3} = \frac{1.4EA}{0.50L} = \frac{2.8EA}{L}\ [\mathrm{kN/mm}]$$

2) 要素剛性マトリクスの作成

$$\text{部材 ①}: [\boldsymbol{K_1}] = \begin{bmatrix} k_1 & -k_1 \\ -k_1 & k_1 \end{bmatrix} = \frac{EA}{L}\begin{bmatrix} 1.5 & -1.5 \\ -1.5 & 1.5 \end{bmatrix}$$

$$\text{部材 ②}: [\boldsymbol{K_2}] = \begin{bmatrix} k_2 & -k_2 \\ -k_2 & k_2 \end{bmatrix} = \frac{EA}{L}\begin{bmatrix} 1 & -1 \\ -1 & 1 \end{bmatrix}$$

$$\text{部材 ③}: [\boldsymbol{K_3}] = \begin{bmatrix} k_3 & -k_3 \\ -k_3 & k_3 \end{bmatrix} = \frac{EA}{L}\begin{bmatrix} 2.8 & -2.8 \\ -2.8 & 2.8 \end{bmatrix}$$

3) 全体剛性マトリクスの作成

最大節点番号が 4 であるため，全体剛性マトリクスの大きさは 4×4 となります．要素剛性マトリクスを足し合わせて全体剛性マトリクスを作成します．

$$[\boldsymbol{K}] = \frac{EA}{L}\begin{array}{c} \begin{array}{cccc} 1 & 2 & 3 & 4 \end{array} \\ \left[\begin{array}{cccc} 1.5 & -1.5 & 0 & 0 \\ -1.5 & 1.5+1 & -1 & 0 \\ 0 & -1 & 1+2.8 & -2.8 \\ 0 & 0 & -2.8 & 2.8 \end{array}\right] \begin{array}{c} 1 \\ 2 \\ 3 \\ 4 \end{array} \end{array}$$

4) 境界条件の代入

変位が拘束されている節点 1 と 4 の変位は 0，問題文より節点 2 の変位は $1.0 \times 10^{-3}L$，荷重条件は $P_3 = 0$ です．以上が境界条件となるので，これらを剛性方程式の変位ベクトルと荷重ベクトルに代入します．

$$
\begin{array}{c}
\\ \\
\end{array}
\begin{Bmatrix} P_1 \\ P_2 \\ 0 \\ P_4 \end{Bmatrix} = \frac{EA}{L}
\begin{array}{c}
\begin{array}{cccc} 1 & 2 & 3 & 4 \end{array} \\
\begin{bmatrix} 1.5 & -1.5 & 0 & 0 \\ -1.5 & 2.5 & -1 & 0 \\ 0 & -1 & 3.8 & -2.8 \\ 0 & 0 & -2.8 & 2.8 \end{bmatrix}
\end{array}
\begin{Bmatrix} 0 \\ 1.0 \times 10^{-3} L \\ u_3 \\ 0 \end{Bmatrix}
\begin{array}{c} 1 \\ 2 \\ 3 \\ 4 \end{array}
$$

5) **変位 0 の節点の入れ替え**

節点変位 0 の節点 1 と 4 を変位ベクトルの下に移動します．それに伴い剛性マトリクスの行と列，荷重ベクトルの行も入れ替えます．結果は次のようになります．

$$
\begin{Bmatrix} P_2 \\ 0 \\ \hline P_1 \\ P_4 \end{Bmatrix} = \frac{EA}{L}
\begin{array}{c}
\begin{array}{cccc} 2 & 3 & 1 & 4 \end{array} \\
\left[\begin{array}{cc:cc} 2.5 & -1 & -1.5 & 0 \\ -1 & 3.8 & 0 & -2.8 \\ \hdashline -1.5 & 0 & 1.5 & 0 \\ 0 & -2.8 & 0 & 2.8 \end{array}\right]
\end{array}
\begin{Bmatrix} 1.0 \times 10^{-3} L \\ u_3 \\ \hline 0 \\ 0 \end{Bmatrix}
\begin{array}{c} 2 \\ 3 \\ 1 \\ 4 \end{array}
$$

6) **式の分割**

未知変位を求めるために上式を以下の 2 式に展開します．

$$
\begin{Bmatrix} P_2 \\ 0 \end{Bmatrix} = \frac{EA}{L} \begin{bmatrix} 2.5 & -1 \\ -1 & 3.8 \end{bmatrix} \begin{Bmatrix} 1.0 \times 10^{-3} L \\ u_3 \end{Bmatrix} \tag{2.56}
$$

$$
\begin{Bmatrix} P_1 \\ P_4 \end{Bmatrix} = \frac{EA}{L} \begin{bmatrix} -1.5 & 0 \\ 0 & -2.8 \end{bmatrix} \begin{Bmatrix} 1.0 \times 10^{-3} L \\ u_3 \end{Bmatrix} \tag{2.57}
$$

7) **変位・作用力・反力**

式 (2.56) をさらに展開すると，

$$
P_2 = \frac{EA}{L}(2.5 \times 1.0 \times 10^{-3} L - u_3) \tag{2.58}
$$

$$
0 = \frac{EA}{L}(-1.0 \times 10^{-3} L + 3.8 u_3) \tag{2.59}
$$

となり，未知変位 u_3 は式 (2.59) より，

$$
u_3 = \frac{1.0}{3.8} \times 10^{-3}\, L \fallingdotseq 2.63 \times 10^{-4}\, L \fallingdotseq 2.6 \times 10^{-4}\, L
$$

と求められます．

水平変位を生じさせるための外力 P_2 は，式 (2.58) に求めた u_3 を代入し $2.2 \times 10^{-3}\, EA$ と得られます．

節点 1 と 4 に生じる反力 P_1 と P_2 は，式 (2.57) に $u_3 = 2.63 \times 10^{-4} L$ を代入することにより，次のように得られます．

$$
\begin{Bmatrix} P_1 \\ P_4 \end{Bmatrix} = \frac{EA}{L} \begin{bmatrix} -1.5 & 0 \\ 0 & -2.8 \end{bmatrix} \begin{Bmatrix} 1.0 \times 10^{-3} L \\ 2.63 \times 10^{-4} \end{Bmatrix} \fallingdotseq \begin{Bmatrix} -1.5 \times 10^{-3} \\ -7.4 \times 10^{-4} \end{Bmatrix} EA
$$

例題 2.4

図 2.14 に示す 5 本のばねから構成される構造物の節点 3 と 4 に，それぞれ荷重 $P_3 = 10\,\mathrm{kN}$, $P_4 = 5.0\,\mathrm{kN}$ が作用しています．ばね剛性は， $k_1 = k_2 = k_3 = k_4 = k_5 = 1.0\,\mathrm{kN/mm}$ とします．このときの節点 3 と 4 の変位と各部材応力，および支点 1, 2, 5 の反力を求めてください．なお，この構造物は並行移動するものとします．

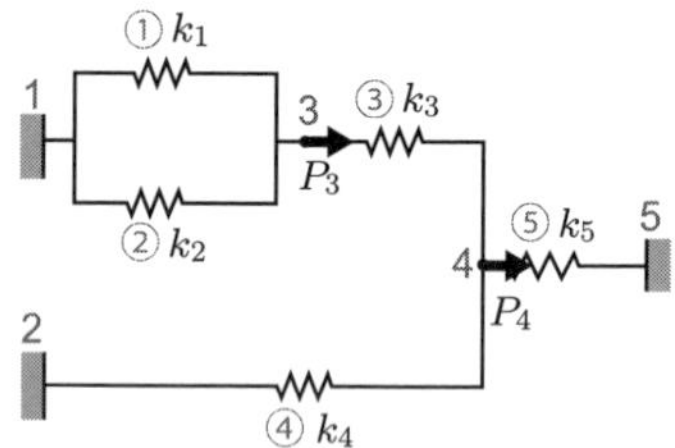

図 2.14　節点 3, 4 に荷重が作用する 5 本ばね構造物

解　答

1) 節点変位

この構造物の剛性マトリクスは，例題 2.1 で以下のように求められています．

$$
\begin{array}{c}
\quad\quad\; 1 \quad\quad\quad 2 \quad\quad\quad 3 \quad\quad\quad\quad 4 \quad\quad\quad 5 \\
[\boldsymbol{K}] = \begin{bmatrix}
k_1+k_2 & 0 & -k_1-k_2 & 0 & 0 \\
0 & k_4 & 0 & -k_4 & 0 \\
-k_1-k_2 & 0 & k_1+k_2+k_3 & -k_3 & 0 \\
0 & -k_4 & -k_3 & k_3+k_4+k_5 & -k_5 \\
0 & 0 & 0 & -k_5 & k_5
\end{bmatrix}
\begin{array}{c} 1 \\ 2 \\ 3 \\ 4 \\ 5 \end{array}
\end{array}
$$

この式に剛性 $k_1 \sim k_5 = 1.0\,\mathrm{kN/mm}$ を代入し，拘束条件 $u_1 = u_2 = u_5 = 0$ と荷重条件 $P_3 = 10\,\mathrm{kN}$, $P_4 = 5.0\,\mathrm{kN}$ を反映して剛性方程式を完成させると，以下のようになります．

$$
\begin{Bmatrix} P_1 \\ P_2 \\ 10 \\ 5.0 \\ P_5 \end{Bmatrix}
=
\overset{\begin{matrix}1 & 2 & 3 & 4 & 5\end{matrix}}{
\begin{bmatrix}
2.0 & 0 & -2.0 & 0 & 0 \\
0 & 1.0 & 0 & -1.0 & 0 \\
-2.0 & 0 & 3.0 & -1.0 & 0 \\
0 & -1.0 & -1.0 & 3.0 & -1.0 \\
0 & 0 & 0 & -1.0 & 1.0
\end{bmatrix}}
\begin{Bmatrix} 0 \\ 0 \\ u_3 \\ u_4 \\ 0 \end{Bmatrix}
\begin{array}{c} 1 \\ 2 \\ 3 \\ 4 \\ 5 \end{array}
$$

次に，変位 0 の節点 u_1, u_2, u_5 を下に移動し，対応して荷重ベクトルと剛性マトリクスも移動すると以下のようになります．

$$
\begin{Bmatrix} 10 \\ 5.0 \\ \hline P_1 \\ P_2 \\ P_5 \end{Bmatrix}
\overset{\begin{matrix}3 & 4 & 1 & 2 & 5\end{matrix}}{
\left[\begin{array}{cc:ccc}
3.0 & -1.0 & -2.0 & 0 & 0 \\
-1.0 & 3.0 & 0 & -1.0 & -1.0 \\
\hdashline
-2.0 & 0 & 2.0 & 0 & 0 \\
0 & -1.0 & 0 & 1.0 & 0 \\
0 & -1.0 & 0 & 0 & 1.0
\end{array}\right]}
\begin{Bmatrix} u_3 \\ u_4 \\ \hline 0 \\ 0 \\ 0 \end{Bmatrix}
\begin{array}{c} 3 \\ 4 \\ 1 \\ 2 \\ 5 \end{array}
$$

未知変位を求めるために上式を以下の 2 式に展開します．

$$\begin{Bmatrix} 10 \\ 5.0 \end{Bmatrix} = \begin{bmatrix} 3.0 & -1.0 \\ -1.0 & 3.0 \end{bmatrix} \begin{Bmatrix} u_3 \\ u_4 \end{Bmatrix} \tag{2.60}$$

$$\begin{Bmatrix} P_1 \\ P_2 \\ P_5 \end{Bmatrix} = \begin{bmatrix} -2.0 & 0 \\ 0 & -1.0 \\ 0 & -1.0 \end{bmatrix} \begin{Bmatrix} u_3 \\ u_4 \end{Bmatrix} \tag{2.61}$$

未知の変位 u_3, u_4 は，式 (2.60) の両辺に剛性マトリクスの逆行列を左からかけることにより以下のように求められます．演算は Excel で行ってください．

$$\begin{Bmatrix} u_3 \\ u_4 \end{Bmatrix} = \begin{bmatrix} 3.0 & -1.0 \\ -1.0 & 3.0 \end{bmatrix}^{-1} \begin{Bmatrix} 10 \\ 5.0 \end{Bmatrix} = \begin{bmatrix} 0.375 & 0.125 \\ 0.125 & 0.375 \end{bmatrix} \begin{Bmatrix} 10 \\ 5.0 \end{Bmatrix}$$
$$= \begin{Bmatrix} 4.375 \\ 3.125 \end{Bmatrix} \fallingdotseq \begin{Bmatrix} 4.4 \\ 3.1 \end{Bmatrix} \text{mm}$$

反力は，求められた変位を式 (2.61) に代入することにより以下のように求められます．

$$\begin{Bmatrix} P_1 \\ P_2 \\ P_5 \end{Bmatrix} = \begin{bmatrix} -2.0 & 0 \\ 0 & -1.0 \\ 0 & -1.0 \end{bmatrix} \begin{Bmatrix} u_3 \\ u_4 \end{Bmatrix} = \begin{bmatrix} -2.0 & 0 \\ 0 & -1.0 \\ 0 & -1.0 \end{bmatrix} \begin{Bmatrix} 4.375 \\ 3.125 \end{Bmatrix} \fallingdotseq \begin{Bmatrix} -8.8 \\ -3.1 \\ -3.1 \end{Bmatrix} \text{kN}$$

2) 部材応力

部材応力は，求められた変位を式 (2.51) に代入することにより，以下のように求められます．正の符号が引張を，負の符号が圧縮を示しています．

部材 ①：$S_{13} = F_3 = \{\, -k_1 \;\; k_1 \,\} \begin{Bmatrix} u_1 \\ u_3 \end{Bmatrix} = \{\, -1.0 \;\; 1.0 \,\} \begin{Bmatrix} 0 \\ 4.375 \end{Bmatrix} \fallingdotseq 4.4 \text{ kN}$

部材 ②：$k_1 = k_2$ のため，$S_{23} = S_{12} \fallingdotseq 4.4 \text{ kN}$

部材 ③：$S_{34} = F_4 = \{\, -k_3 \;\; k_3 \,\} \begin{Bmatrix} u_3 \\ u_4 \end{Bmatrix} = \{\, -1.0 \;\; 1.0 \,\} \begin{Bmatrix} 4.375 \\ 3.125 \end{Bmatrix} \fallingdotseq -1.3 \text{ kN}$

部材 ④：$S_{24} = F_4 = \{\, -k_4 \;\; k_4 \,\} \begin{Bmatrix} u_2 \\ u_4 \end{Bmatrix} = \{\, -1.0 \;\; 1.0 \,\} \begin{Bmatrix} 0 \\ 3.125 \end{Bmatrix} \fallingdotseq 3.1 \text{ kN}$

部材 ⑤：$S_{45} = F_5 = \{\, -k_5 \;\; k_5 \,\} \begin{Bmatrix} u_4 \\ u_5 \end{Bmatrix} = \{\, -1.0 \;\; 1.0 \,\} \begin{Bmatrix} 3.125 \\ 0 \end{Bmatrix} \fallingdotseq -3.1 \text{ kN}$

第 3 章 トラスの解法

本章では，トラス構造を例にとり，剛性マトリクス法による解析方法を説明します．前章では部材が 1 次元（水平方向）に変位する場合を考えましたが，トラスなどの部材は，X – Y の 2 次元空間で変位します．そのため，解法手順は前章と同じですが，部材の傾きに応じて剛性マトリクスを座標変換する必要が生じます．

3.1 座標変換マトリクス

これまでは，材が水平方向に位置する構造物を対象として剛性マトリクスを算出し，部材応力を求めてきました．しかし，一般的な構造物は鉛直の柱と水平のはりの 2 方向の部材から構成されます．また，トラスなどでは，斜め部材も用いられます．このような場合には，一部の部材には基準座標系に対して傾き（角度）が生じるため，その影響を考慮する必要があります．それには，いったん局所座標において要素剛性マトリクスを作成（角度を考慮しない）したあと，基準座標系に変換（角度を考慮する）して，全体剛性マトリクスを作成するという操作が生じます．本節では，その変換方法を，トラス（軸力のみ考慮）を例にとり説明します．

3.1.1 変形量の変換

図 3.1 に示す節点 1 と 2 からなる材が，基準座標系に対し角度 θ を有して位置しています．はじめに，この部材の局所座標系における節点変位を基準座標系においてどのように記述するのか，すなわち変形量を局所座標系から基準座標系に変換する方法を考えます．

1.4.2 項において説明したように，局所座標系とは部材軸方向と x 軸を一致させた x – y 座標系です．これに対し基準座標系は，図 3.1 に示すように構造物全体を俯瞰できる X – Y 座標系です．

材の両節点に生じた変形量 $\overline{\varDelta}_1$ と $\overline{\varDelta}_2$ は局所座標で記述されています．この変位を基準座標系における u と v で表記することを考えます．

局所座標系（x – y 座標系）で記述した変位量 $\overline{\varDelta}_1$, $\overline{\varDelta}_2$ と，基準座標系（X – Y 座標系）における変位量 u, v の幾何学的関係から，局所座標での変位量は，以下のように，基準座標での変位に変換マトリクス $[\boldsymbol{T_1}]$ を左からかけることにより変換されます．なお，今後，上バー付きの表記は局所座標を示すものとします．

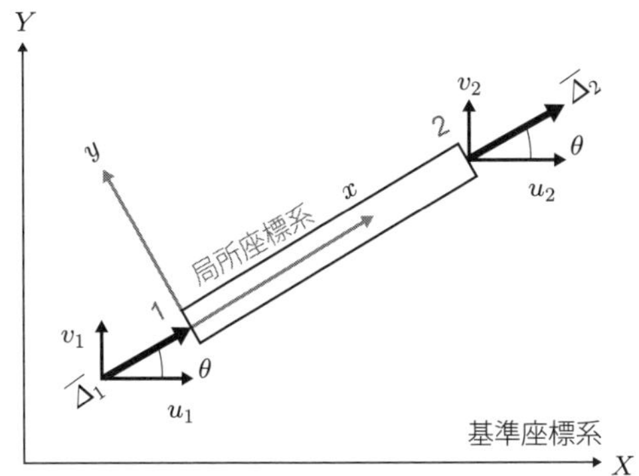

図 3.1 トラス要素の基準座標系と局所座標系における変位の関係

$$\overline{\Delta}_1 = u_1 \cos\theta + v_1 \sin\theta = \{\cos\theta \ \ \sin\theta\} \left\{ \begin{array}{c} u_1 \\ v_1 \end{array} \right\} \tag{3.1}$$

$$\overline{\Delta}_2 = u_2 \cos\theta + v_2 \sin\theta = \{\cos\theta \ \ \sin\theta\} \left\{ \begin{array}{c} u_2 \\ v_2 \end{array} \right\} \tag{3.2}$$

$$\left\{ \begin{array}{c} \overline{\Delta}_1 \\ \overline{\Delta}_2 \end{array} \right\} = \left[\begin{array}{cccc} \cos\theta & \sin\theta & 0 & 0 \\ 0 & 0 & \cos\theta & \sin\theta \end{array} \right] \left\{ \begin{array}{c} u_1 \\ v_1 \\ u_2 \\ v_2 \end{array} \right\} \tag{3.3}$$

$$\{\boldsymbol{u}_{\mathbf{L}}\} = [\boldsymbol{T}_{\mathbf{1}}]\{\boldsymbol{u}_{\mathbf{G}}\} \tag{3.4}$$

ここで，添え字 L と G はそれぞれ局所座標系 (Local) と基準座標系 (Global) を示します．

3.1.2 力の変換

前項と同様に，**図 3.2** を参照し，両節点に作用する力 $\overline{P}_1$, $\overline{P}_2$ と基準座標系における力 P_X, P_Y の関係を幾何学的に考えると，以下のようになります．

$$\left. \begin{array}{l} P_{X1} = \overline{P}_1 \cos\theta \\ P_{Y1} = \overline{P}_1 \sin\theta \end{array} \right\} \quad \rightarrow \quad \left\{ \begin{array}{c} P_{X1} \\ P_{Y1} \end{array} \right\} = \left\{ \begin{array}{c} \cos\theta \\ \sin\theta \end{array} \right\} \overline{P}_1 \tag{3.5}$$

$$\left. \begin{array}{l} P_{X2} = \overline{P}_2 \cos\theta \\ P_{Y2} = \overline{P}_2 \sin\theta \end{array} \right\} \quad \rightarrow \quad \left\{ \begin{array}{c} P_{X2} \\ P_{Y2} \end{array} \right\} = \left\{ \begin{array}{c} \cos\theta \\ \sin\theta \end{array} \right\} \overline{P}_2 \tag{3.6}$$

この関係をマトリクス表示すると，次式のようになります．

$$\left\{ \begin{array}{c} P_{X1} \\ P_{Y1} \\ P_{X2} \\ P_{Y2} \end{array} \right\} = \left[\begin{array}{cc} \cos\theta & 0 \\ \sin\theta & 0 \\ 0 & \cos\theta \\ 0 & \sin\theta \end{array} \right] \left\{ \begin{array}{c} \overline{P}_1 \\ \overline{P}_2 \end{array} \right\} \tag{3.7}$$

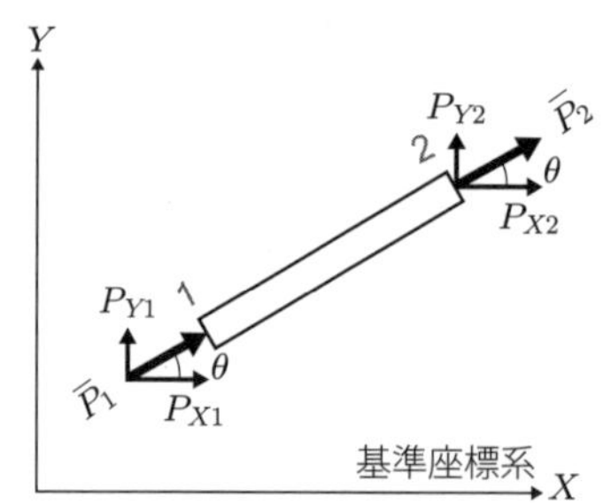

図 3.2　トラス要素の基準座標系と局所座標系における力の関係

$$\{\boldsymbol{P}_\mathbf{G}\} = [\boldsymbol{T}_\mathbf{2}]\{\boldsymbol{P}_\mathbf{L}\} \tag{3.8}$$

すなわち，力の変換マトリクス $[\boldsymbol{T}_\mathbf{2}]$ が得られます．以上をまとめると，

- 基準座標系における**変位**を局所座標系に変換するためには，$[\boldsymbol{T}_\mathbf{1}]$ をかける
- 局所座標系における**力**を基準座標系に変換するためには $[\boldsymbol{T}_\mathbf{2}]$ をかける

となります．

ここで，$\cos\theta = \lambda, \sin\theta = \mu$ とし，それぞれの変換マトリクスを表記すると，以下のとおりとなります．

$$[\boldsymbol{T}_\mathbf{1}] = \begin{bmatrix} \lambda & \mu & 0 & 0 \\ 0 & 0 & \lambda & \mu \end{bmatrix}, \qquad [\boldsymbol{T}_\mathbf{2}] = \begin{bmatrix} \lambda & 0 \\ \mu & 0 \\ 0 & \lambda \\ 0 & \mu \end{bmatrix} \tag{3.9}$$

また，$[\boldsymbol{T}_\mathbf{1}]$ と $[\boldsymbol{T}_\mathbf{2}]$ は，式 (3.9) より明らかに

$$[\boldsymbol{T}_\mathbf{1}]^T = [\boldsymbol{T}_\mathbf{2}] \tag{3.10}$$

という関係を有していることがわかります．

3.1.3 局所座標系における剛性マトリクスの変換

上記の関係を利用して，局所座標系における剛性マトリクス $[\boldsymbol{K}_\mathbf{L}]$ を基準座標系 $[\boldsymbol{K}_\mathbf{G}]$ に変換する方法を考えます．局所座標系における荷重と変形の関係は，

$$\{\boldsymbol{P}_\mathbf{L}\} = [\boldsymbol{K}_\mathbf{L}]\{\boldsymbol{u}_\mathbf{L}\} \tag{3.11}$$

と表記されます．一方，基準座標系においては

$$\{\boldsymbol{P}_\mathbf{G}\} = [\boldsymbol{K}_\mathbf{G}]\{\boldsymbol{u}_\mathbf{G}\} \tag{3.12}$$

として表記されます．式 (3.4), (3.8), (3.10) を再掲すると，

$$\{\boldsymbol{u}_\mathbf{L}\} = [\boldsymbol{T}_\mathbf{1}]\{\boldsymbol{u}_\mathbf{G}\} \qquad \text{(3.4) 再掲}$$

$$\{\boldsymbol{P}_{\mathbf{G}}\} = [\boldsymbol{T}_{\mathbf{2}}]\{\boldsymbol{P}_{\mathbf{L}}\} \tag{3.8 再掲}$$

$$[\boldsymbol{T}_{\mathbf{1}}] = [\boldsymbol{T}_{\mathbf{2}}]^T \tag{3.10 再掲}$$

です．まず，式 (3.4) を式 (3.11) に代入すると，

$$\{\boldsymbol{P}_{\mathbf{L}}\} = [\boldsymbol{K}_{\mathbf{L}}]\{\boldsymbol{u}_{\mathbf{L}}\} = [\boldsymbol{K}_{\mathbf{L}}]([\boldsymbol{T}_{\mathbf{1}}]\{\boldsymbol{u}_{\mathbf{G}}\}) \tag{3.13}$$

という関係が得られます．ここで，式 (3.12) と式 (3.8) を比較すると，左辺が同じなので，次式の関係が得られます．

$$[\boldsymbol{K}_{\mathbf{G}}]\{\boldsymbol{u}_{\mathbf{G}}\} = [\boldsymbol{T}_{\mathbf{2}}]\{\boldsymbol{P}_{\mathbf{L}}\} \tag{3.14}$$

この式の右辺 $\{\boldsymbol{P}_{\mathbf{L}}\}$ に式 (3.13) を代入し，

$$[\boldsymbol{K}_{\mathbf{G}}]\{\boldsymbol{u}_{\mathbf{G}}\} = [\boldsymbol{T}_{\mathbf{2}}]\{\boldsymbol{P}_{\mathbf{L}}\} = [\boldsymbol{T}_{\mathbf{2}}]\{[\boldsymbol{K}_{\mathbf{L}}]([\boldsymbol{T}_{\mathbf{1}}]\{\boldsymbol{u}_{\mathbf{G}}\})\}$$

となります．左辺と右辺を比較すると，次の関係が得られます．

$$[\boldsymbol{K}_{\mathbf{G}}] = [\boldsymbol{T}_{\mathbf{2}}][\boldsymbol{K}_{\mathbf{L}}][\boldsymbol{T}_{\mathbf{1}}] \tag{3.15}$$

さらに，$[\boldsymbol{T}_{\mathbf{1}}]^T = [\boldsymbol{T}_{\mathbf{2}}]$ であることから，上式は

$$[\boldsymbol{K}_{\mathbf{G}}] = [\boldsymbol{T}_{\mathbf{1}}]^T[\boldsymbol{K}_{\mathbf{L}}][\boldsymbol{T}_{\mathbf{1}}] \tag{3.16}$$

となり，**局所座標系における剛性マトリクスは，変換マトリクスを左右からかけることにより変換される**ということがわかりました．

3.1.4 座標変換剛性マトリクス

これで，基準座標系において角度を有する材の局所座標系における剛性マトリクスを，基準座標系に変換する方法が得られました．それでは具体的に，角度 θ，剛性 k を有する材について，局所要素剛性マトリクスを基準要素剛性マトリクスに変換してみましょう．$[\boldsymbol{K}_{\mathbf{L}}] = \begin{bmatrix} 1 & -1 \\ -1 & 1 \end{bmatrix}$，$\lambda = \cos\theta, \mu = \sin\theta$ とすると，式 (3.9) より，

$$[\boldsymbol{K}_{\mathbf{G}}] = [\boldsymbol{T}_{\mathbf{1}}]^T[\boldsymbol{K}_{\mathbf{L}}][\boldsymbol{T}_{\mathbf{1}}] = \begin{bmatrix} \lambda & 0 \\ \mu & 0 \\ 0 & \lambda \\ 0 & \mu \end{bmatrix} k \begin{bmatrix} 1 & -1 \\ -1 & 1 \end{bmatrix} \begin{bmatrix} \lambda & \mu & 0 & 0 \\ 0 & 0 & \lambda & \mu \end{bmatrix}$$

$$= k \begin{bmatrix} \lambda^2 & \lambda\mu & -\lambda^2 & -\lambda\mu \\ \lambda\mu & \mu^2 & -\lambda\mu & -\mu^2 \\ -\lambda^2 & -\lambda\mu & \lambda^2 & \lambda\mu \\ -\lambda\mu & -\mu^2 & \lambda\mu & \mu^2 \end{bmatrix} \tag{3.17}$$

となります．

以上より，基準座標系において角度を有する部材の剛性方程式は以下のように記述されます．

$$\begin{Bmatrix} P_{X1} \\ P_{Y1} \\ P_{X2} \\ P_{Y2} \end{Bmatrix} = k \begin{bmatrix} \lambda^2 & \lambda\mu & -\lambda^2 & -\lambda\mu \\ \lambda\mu & \mu^2 & -\lambda\mu & -\mu^2 \\ -\lambda^2 & -\lambda\mu & \lambda^2 & \lambda\mu \\ -\lambda\mu & -\mu^2 & \lambda\mu & \mu^2 \end{bmatrix} \begin{Bmatrix} u_1 \\ v_1 \\ u_2 \\ v_2 \end{Bmatrix} \tag{3.18}$$

例題 3.1

図 3.3 に示す角度 25° の傾斜を有する材の基準座標系における要素剛性マトリクスを求めてください．諸材料特性は図に示すとおりです．また，各節点に示す 1 から 4 の数字はそれぞれの X, Y 方向自由度です．

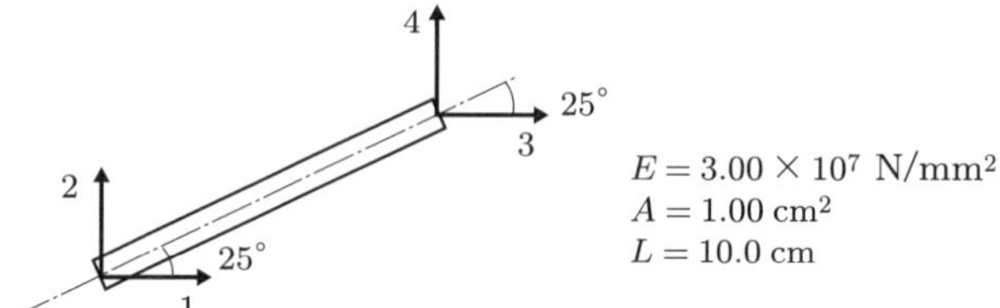

図 3.3　25° の傾斜を有する部材

解　答

① はじめに局所座標系での要素剛性マトリクスの作成を行います．

$$k = \frac{EA}{L} = \frac{3.00 \times 10^7 \times 1.00 \times 10^2}{10.0 \times 10} = 3.00 \times 10^7 \ \mathrm{N/mm^2} \tag{3.19}$$

$$[\boldsymbol{K_\mathrm{L}}] = 3.00 \times 10^7 \begin{bmatrix} 1 & -1 \\ -1 & 1 \end{bmatrix}$$

② λ と μ を求め，式 (3.17) に代入し，局所座標から基準座標に変換します．

$$\lambda = \cos 25^\circ \fallingdotseq 0.9063, \qquad \mu = \sin 25^\circ \fallingdotseq 0.4226$$

$$\lambda^2 \fallingdotseq 0.8214, \qquad \mu^2 \fallingdotseq 0.1786, \qquad \lambda\mu \fallingdotseq 0.3830$$

$$[\boldsymbol{K_\mathrm{G}}] = [\boldsymbol{T_1}]^T [\boldsymbol{K_\mathrm{L}}][\boldsymbol{T_1}] = \begin{bmatrix} \lambda & 0 \\ \mu & 0 \\ 0 & \lambda \\ 0 & \mu \end{bmatrix} k \begin{bmatrix} 1 & -1 \\ -1 & 1 \end{bmatrix} \begin{bmatrix} \lambda & \mu & 0 & 0 \\ 0 & 0 & \lambda & \mu \end{bmatrix}$$

$$= k \begin{bmatrix} \lambda^2 & \lambda\mu & -\lambda^2 & -\lambda\mu \\ \lambda\mu & \mu^2 & -\lambda\mu & -\mu^2 \\ -\lambda^2 & -\lambda\mu & \lambda^2 & \lambda\mu \\ -\lambda\mu & -\mu^2 & \lambda\mu & \mu^2 \end{bmatrix}$$

$$= 3.00 \times 10^7 \begin{bmatrix} 0.8214 & 0.3830 & -0.8214 & -0.3830 \\ 0.3830 & 0.1786 & -0.3830 & -0.1786 \\ -0.8214 & -0.3830 & 0.8214 & 0.3830 \\ -0.3830 & -0.1786 & 0.3830 & 0.1786 \end{bmatrix}$$

$$
\fallingdotseq \begin{bmatrix} 2.46 & 1.15 & -2.46 & -1.15 \\ 1.15 & 0.536 & -1.15 & -0.536 \\ -2.46 & -1.15 & 2.46 & 1.15 \\ -1.15 & -0.536 & 1.15 & 0.536 \end{bmatrix} \times 10^7 \tag{3.20}
$$

3.2 部材応力マトリクス

部材に作用する応力は，基準座標系における変位によって計算されます．しかし，部材応力を求めるには部材軸方向の力，すなわち局所座標系における変位から求めた値が必要です．そのため，基準座標系で得られた部材応力を局所座標系に変換する必要があります．ここでは，その変換方法を説明します．

第 2 章で説明したように，部材応力は，部材両端の変位差から式 (2.51) を使い，以下のように求められました．

$$
S_{12} = F_2 = \left\{ -k \ \ k \right\} \left\{ \begin{matrix} \overline{\Delta}_1 \\ \overline{\Delta}_2 \end{matrix} \right\} = k\left(\overline{\Delta}_2 - \overline{\Delta}_1\right)
$$

ここで用いている **変位差 $\overline{\Delta}_2 - \overline{\Delta}_1$ は局所座標系**における値です．そのため，この式を使用するためには，基準座標系で得られた変位 (u_1, u_2, v_1, v_2) を局所座標系に変換してから代入しなければなりません．そこで，基準座標系における変位差を局所座標系における変位差 $\overline{\Delta}_2 - \overline{\Delta}_1$ に変換する方法を考えます．

節点 1 の変位を考えてみましょう．節点 1 が基準座標系において (u_1, v_1) 変化したとします．この変位を局所座標系で表すと，式 (3.1) となります．同様に，節点 2 の変位は式 (3.2) となります．したがって，局所座標系における変位差 $\overline{\Delta}_2 - \overline{\Delta}_1$ を基準座標系における変位を用いて表すと式 (3.20) となります．

$$
\overline{\Delta}_1 = u_1 \cos\theta + v_1 \sin\theta = \{\cos\theta \ \ \sin\theta\} \left\{ \begin{matrix} u_1 \\ v_1 \end{matrix} \right\} \tag*{(3.1) 再掲}
$$

$$
\overline{\Delta}_2 = u_2 \cos\theta + v_2 \sin\theta = \{\cos\theta \ \ \sin\theta\} \left\{ \begin{matrix} u_2 \\ v_2 \end{matrix} \right\} \tag*{(3.2) 再掲}
$$

$$
\overline{\Delta}_2 - \overline{\Delta}_1 = (u_2 - u_1)\cos\theta + (v_2 - v_1)\sin\theta \tag{3.21}
$$

$$
= \{\cos\theta \ \ \sin\theta\} \left\{ \begin{matrix} u_2 - u_1 \\ v_2 - v_1 \end{matrix} \right\} \tag{3.22}
$$

以上より，部材応力を求める式 (2.51) を基準座標系における変位を用いて表現すると，次式になります．

$$
S_{12} = k\{\cos\theta \ \ \sin\theta\} \left\{ \begin{matrix} u_2 - u_1 \\ v_2 - v_1 \end{matrix} \right\} \tag{3.23}
$$

3.3 トラスの剛性方程式

前節において，局所座標系から基準座標系に変換する方法について説明しました．ここでは，実際に簡単なトラス構造物を例にとり，全体剛性マトリクスの作成を行います．

例題 3.2

図 3.4 に示すトラスの全体剛性方程式を求めてください．諸材料特性は図に掲げるとおりです．各節点に示す 1 から 6 の数字はそれぞれの X, Y 方向自由度です．なお，節点番号，部材番号は図のように定め，諸材料特性は図に示すとおりとします．

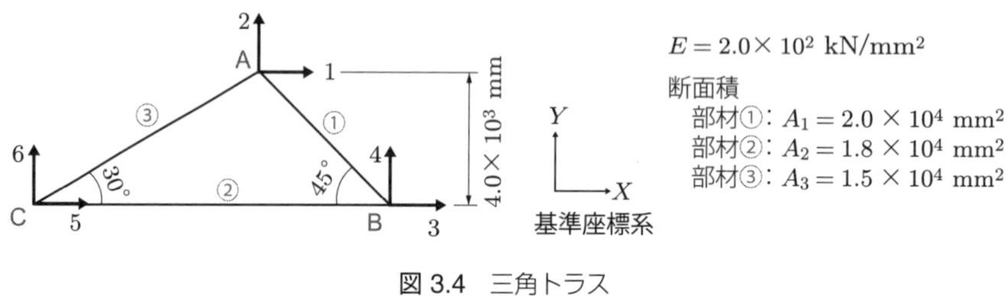

図 3.4　三角トラス

解　答

① 基準座標系における部材ごとの要素剛性マトリクスの作成

1) 部材 ①（部材 A–B）

$$k_1 = \frac{EA_1}{L_1} = \frac{2.0 \times 10^2 \times 2.0 \times 10^4}{4.0 \times 10^3 \div \sin 45^\circ} = 707\,\mathrm{kN/mm^2}$$

次に，部材の勾配から λ と μ の計算を行います．その際の注意点を以下に記します．

- 角度の原点は **節点の若い番号とします**．
- 角度の大きさは **反時計回りに** 測定します．

部材 ① では，節点が A と B なので，**原点は A となり，角度は基準座標系 X から反時計回りに測定するため 315°** となります（**図 3.5**）．変換マトリクスの要素 λ, μ を求め，式 (3.18) に代入すると，要素剛性方程式は次のようになります．

$$\lambda = \cos 315^\circ \fallingdotseq 0.707, \qquad \mu = \sin 315^\circ \fallingdotseq -0.707$$

$$\lambda^2 = 0.5, \qquad \mu^2 = 0.5, \qquad \lambda\mu = -0.5$$

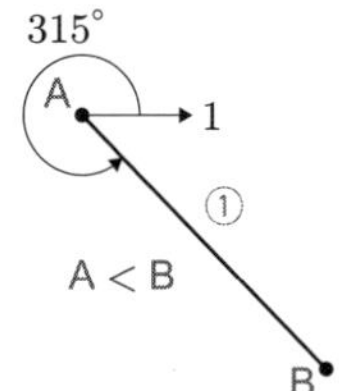

図 3.5　部材 ① の角度

$$\begin{array}{c} \\ \left\{\begin{array}{c} P_{XA} \\ P_{YA} \\ P_{XB} \\ P_{YB} \end{array}\right\} \end{array} \begin{array}{c} \\ = 707 \end{array} \begin{array}{c} \begin{array}{cccc} 1 & 2 & 3 & 4 \end{array} \\ \left[\begin{array}{cccc} 0.5 & -0.5 & -0.5 & 0.5 \\ -0.5 & 0.5 & 0.5 & -0.5 \\ -0.5 & 0.5 & 0.5 & -0.5 \\ 0.5 & -0.5 & -0.5 & 0.5 \end{array}\right] \end{array} \begin{array}{c} \\ \left\{\begin{array}{c} u_A \\ v_A \\ u_B \\ v_B \end{array}\right\} \end{array} \begin{array}{c} \\ \begin{array}{c} 1 \\ 2 \\ 3 \\ 4 \end{array} \end{array}$$

2) 部材 ②（部材 B–C）

$$k_2 = \frac{EA_2}{L_2} = \frac{2.0 \times 10^2 \times 1.8 \times 10^4}{4.0 \times 10^3 \div \tan 30^\circ + 4.0 \times 10^3 \div \tan 45^\circ} \fallingdotseq 329\,\mathrm{kN/mm^2}$$

部材 ② は，**若い節点番号が右端にある**ため，角度の原点が B 端となります（**図 3.6**）．したがって，部材 ② は水平ですが，角度は 180° となることに注意しましょう．剛性マトリクスの作成を行うと以下のようになります．

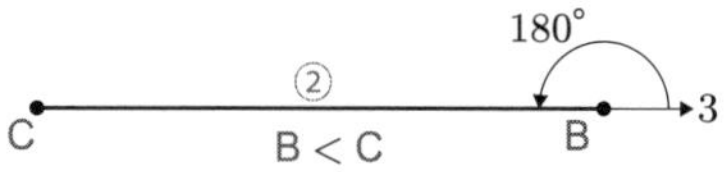

図 3.6　部材 ② の角度

$$\lambda = \cos 180^\circ = -1, \qquad \mu = \sin 180^\circ = 0, \qquad \lambda^2 = 1, \qquad \mu^2 = 0, \qquad \lambda\mu = 0$$

$$\begin{array}{c} \\ \left\{\begin{array}{c} P_{XB} \\ P_{YB} \\ P_{XC} \\ P_{YC} \end{array}\right\} \end{array} \begin{array}{c} \\ = 329 \end{array} \begin{array}{c} \begin{array}{cccc} 3 & 4 & 5 & 6 \end{array} \\ \left[\begin{array}{cccc} 1 & 0 & -1 & 0 \\ 0 & 0 & 0 & 0 \\ -1 & 0 & 1 & 0 \\ 0 & 0 & 0 & 0 \end{array}\right] \end{array} \begin{array}{c} \\ \left\{\begin{array}{c} u_B \\ v_B \\ u_C \\ v_C \end{array}\right\} \end{array} \begin{array}{c} \\ \begin{array}{c} 3 \\ 4 \\ 5 \\ 6 \end{array} \end{array}$$

3) 部材 ③（部材 A–C）

$$k_3 = \frac{EA_3}{L_3} = \frac{2.0 \times 10^2 \times 1.5 \times 10^4}{4.0 \times 10^3 \div \sin 30^\circ} = 375\,\mathrm{kN/mm^2}$$

図 3.7 より，部材 ③ の角度は 210° なので，以下のようになります．

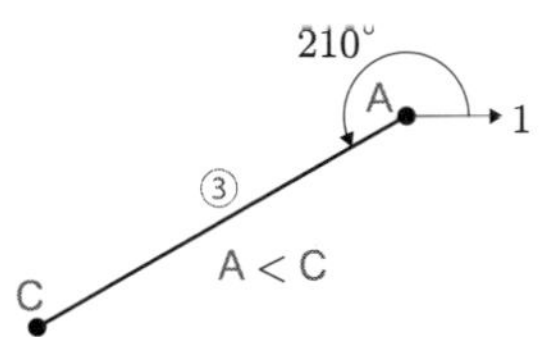

図 3.7　部材 ③ の角度

$\lambda = \cos 210° \fallingdotseq -0.866, \qquad \mu = \sin 210° = -0.5, \qquad \lambda^2 = 0.75,$

$\mu^2 = 0.25, \qquad \lambda\mu \fallingdotseq 0.433$

$$
\begin{array}{c}
\\
\begin{Bmatrix} P_{XA} \\ P_{YA} \\ P_{XC} \\ P_{YC} \end{Bmatrix}
\end{array}
= 375
\begin{array}{c}
\begin{matrix} \quad 1 & \quad 2 & \quad 5 & \quad 6 \end{matrix} \\
\begin{bmatrix} 0.75 & 0.433 & -0.75 & -0.433 \\ 0.433 & 0.25 & -0.433 & -0.25 \\ -0.75 & -0.433 & 0.75 & 0.433 \\ -0.433 & -0.25 & 0.433 & 0.25 \end{bmatrix}
\end{array}
\begin{array}{c}
\\
\begin{Bmatrix} u_A \\ v_A \\ u_C \\ v_C \end{Bmatrix}
\end{array}
\begin{array}{c} \\ 1 \\ 2 \\ 5 \\ 6 \end{array}
$$

② 全体剛性方程式の作成

各部材の要素剛性マトリクスが完成したので，次に全体剛性方程式を作成します．剛性マトリクスの大きさは，節点数が 3 で各節点が X と Y 方向の 2 自由度を有しているので，6×6 となります．全体剛性マトリクスは，それぞれの位置に各要素剛性マトリクスを足し合わせることにより得られ，全体剛性方程式は以下のようになります．

$$
\begin{array}{c}
\\
\begin{Bmatrix} P_{XA} \\ P_{YA} \\ P_{XB} \\ P_{YB} \\ P_{XC} \\ P_{YC} \end{Bmatrix}
\end{array}
= 10^2 \times
\begin{array}{c}
\begin{matrix} \quad 1 & \quad 2 & \quad 3 & \quad 4 & \quad 5 & \quad 6 \end{matrix} \\
\begin{bmatrix} 6.4 & -1.9 & -3.5 & 3.5 & -2.8 & -1.6 \\ & 4.5 & 3.5 & -3.5 & -1.6 & -0.9 \\ & & 6.8 & -3.5 & -3.3 & 0 \\ & & & 3.5 & 0 & 0 \\ & \text{対　称} & & & 6.1 & 1.6 \\ & & & & & 0.9 \end{bmatrix}
\end{array}
\begin{array}{c}
\\
\begin{Bmatrix} u_A \\ v_A \\ u_B \\ v_B \\ u_C \\ v_C \end{Bmatrix}
\end{array}
\begin{array}{c} \\ 1 \\ 2 \\ 3 \\ 4 \\ 5 \\ 6 \end{array}
$$

3.4 トラス剛性方程式の解法

全体剛性マトリクスが得られたので，応力解析の方法を説明します．

これは，2.3 節の剛性方程式の一般解法で説明した方法と同じです．例題 3.2 のように剛性方程式を求めたあと，以下の手順で応力を求めます．

解法手順

① 境界条件を考慮し，変位 0 の節点の入れ替えを行います．

② 剛性方程式の分割

未知変位を求めるために入れ替えを行った剛性方程式を分割し，以下のような 2 式に展開します．

$$\{\boldsymbol{P_\alpha}\} = [\boldsymbol{K_{\alpha\alpha}}]\{\boldsymbol{u_\alpha}\} + \cancel{[\boldsymbol{K_{\alpha\beta}}]\{\boldsymbol{u_\beta}\}} = [\boldsymbol{K_{\alpha\alpha}}]\{\boldsymbol{u_\alpha}\} \qquad \text{(2.44) 再掲}$$

$$\{\boldsymbol{P_\beta}\} = [\boldsymbol{K_{\beta\alpha}}]\{\boldsymbol{u_\alpha}\} + \cancel{[\boldsymbol{K_{\beta\beta}}]\{\boldsymbol{u_\beta}\}} = [\boldsymbol{K_{\beta\alpha}}]\{\boldsymbol{u_\alpha}\} \qquad \text{(2.45) 再掲}$$

③ 変位の算定

変位は，式 (2.44) の両辺に $[\boldsymbol{K_{\alpha\alpha}}]^{-1}$ を左からかけることにより，以下のように求められます．

$$[\boldsymbol{K}_{\alpha\alpha}]^{-1}\{\boldsymbol{P}_\alpha\} = [\boldsymbol{K}_{\alpha\alpha}]^{-1}[\boldsymbol{K}_{\alpha\alpha}]\{\boldsymbol{u}_\alpha\} = \{\boldsymbol{u}_\alpha\}$$

$$\therefore \{\boldsymbol{u}_\alpha\} = [\boldsymbol{K}_{\alpha\alpha}]^{-1}\{\boldsymbol{P}_\alpha\} \qquad (2.46)\ 再掲$$

④ 反力の算定

反力は，式 (2.46) より得られた変位 $\{\boldsymbol{u}_\alpha\}$ を式 (2.47) に代入することにより求められます．

$$\{\boldsymbol{P}_\beta\} = [\boldsymbol{K}_{\beta\alpha}]\{\boldsymbol{u}_\alpha\} = [\boldsymbol{K}_{\beta\alpha}][\boldsymbol{K}_{\alpha\alpha}]^{-1}\{\boldsymbol{P}_\alpha\} \qquad (2.47)\ 再掲$$

⑤ 部材応力の算出

最後に，下の式を利用して応力を求めます．

$$S_{ij} = k\{\cos\theta\ \sin\theta\}\begin{Bmatrix} u_j - u_i \\ v_j - v_i \end{Bmatrix} \qquad (3.21)\ 再掲$$

例題 3.3

図 3.8 に示すように，例題 3.2 と同じトラスの節点 A に荷重 $P = 5.0 \times 10^2$ kN が作用しています．このときの

(1) 節点 A, B の変位
(2) 支点 B, C の反力
(3) 各部材応力

を求めてください．

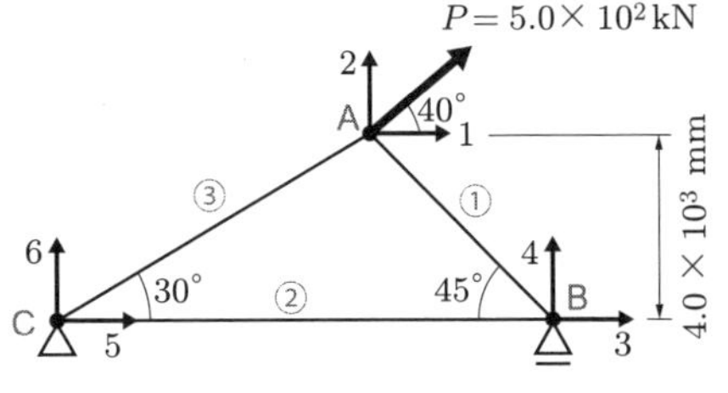

図 3.8　節点 A に荷重が作用する三角トラス

解　答

① 境界条件

節点 B の鉛直方向変位，節点 C の鉛直・水平方向変位が拘束されているため $v_B = u_C = v_C = 0$，節点 A には 40° の方向に $P = 5.0 \times 10^2$ kN が作用しているため外力 $P_{XA} = 5.0 \times 10^2 \cos 40° = 383$ kN, $P_{YA} = 5.0 \times 10^2 \sin 40° = 321$ kN です．

全体剛性方程式は，例題 3.2 で求めたものを使います．たまたま拘束点がマトリクスの下に位置しているため，マトリクスの入れ替えは必要ありません．

$$\begin{array}{c} \\ \left\{\begin{array}{c} P_{XA}=383 \\ P_{YA}=321 \\ P_{XB}=0 \\ \hdashline P_{YB} \\ P_{XC} \\ P_{YC} \end{array}\right\} \end{array} = 10^2 \times \begin{array}{c} \begin{array}{cccccc} 1 & 2 & 3 & 4 & 5 & 6 \end{array} \\ \left[\begin{array}{ccc:ccc} 6.35 & -1.91 & -3.54 & 3.54 & -2.81 & -1.62 \\ -1.91 & 4.47 & 3.54 & -3.54 & -1.62 & -0.94 \\ -3.54 & 3.54 & 6.83 & -3.54 & -3.29 & 0 \\ \hdashline 3.54 & -3.54 & -3.54 & 3.54 & 0 & 0 \\ -2.81 & -1.62 & -3.29 & 0 & 6.10 & 1.62 \\ -1.62 & -0.94 & 0 & 0 & 1.62 & 0.94 \end{array}\right] \end{array} \left\{\begin{array}{c} u_A \\ v_A \\ u_B \\ \hdashline v_B=0 \\ u_C=0 \\ v_C=0 \end{array}\right\} \begin{array}{c} 1 \\ 2 \\ 3 \\ 4 \\ 5 \\ 6 \end{array} \tag{3.24}$$

② 剛性方程式の分割

未知の変位 u_A, v_A, u_B を求めるために，上式を式 (2.44), (2.45) の 2 式に分割します．

$$\left\{\begin{array}{c} P_{XA}=383 \\ P_{YA}=321 \\ P_{XB}=0 \end{array}\right\} = 10^2 \times \begin{array}{c} \begin{array}{ccc} 1 & 2 & 3 \end{array} \\ \left[\begin{array}{ccc} 6.35 & -1.91 & -3.54 \\ -1.92 & 4.47 & 3.54 \\ -3.54 & 3.54 & 6.83 \end{array}\right] \end{array} \left\{\begin{array}{c} u_A \\ v_A \\ u_B \end{array}\right\} \begin{array}{c} 1 \\ 2 \\ 3 \end{array} \tag{3.25}$$

$$\left\{\begin{array}{c} P_{YB} \\ P_{XC} \\ P_{YC} \end{array}\right\} = 10^2 \times \begin{array}{c} \begin{array}{ccc} 1 & 2 & 3 \end{array} \\ \left[\begin{array}{ccc} 3.54 & -3.54 & -3.54 \\ -2.81 & -1.64 & -3.29 \\ -1.62 & -0.94 & 0.00 \end{array}\right] \end{array} \left\{\begin{array}{c} u_A \\ v_A \\ u_B \end{array}\right\} \begin{array}{c} 4 \\ 5 \\ 6 \end{array} \tag{3.26}$$

③ 変位の算定

式 (3.25) の両辺に要素剛性マトリクスの逆行列を左からかけることにより，未知の変位 u_A, v_A, u_B が求められます．なお，計算は Excel で行います．

$$\left\{\begin{array}{c} u_A \\ v_A \\ u_B \end{array}\right\} = \left[\begin{array}{ccc} 635 & -192 & -354 \\ -192 & 448 & 354 \\ -354 & 354 & 683 \end{array}\right]^{-1} \left\{\begin{array}{c} 383 \\ 321 \\ 0 \end{array}\right\} = \left\{\begin{array}{c} 0.870 \\ 1.24 \\ -0.192 \end{array}\right\} \fallingdotseq \left\{\begin{array}{c} 0.87 \\ 1.2 \\ -0.19 \end{array}\right\} \text{mm} \tag{3.27}$$

④ 反力の算定

変位が求められたので，その結果を式 (3.26) に代入することにより反力が求められます．

$$\left\{\begin{array}{c} P_{YB} \\ P_{XC} \\ P_{YC} \end{array}\right\} = 10^2 \times \left[\begin{array}{ccc} 3.54 & -3.54 & -3.54 \\ -2.81 & -1.64 & -3.29 \\ -1.62 & -0.94 & 0.00 \end{array}\right] \left\{\begin{array}{c} 0.870 \\ 1.24 \\ -0.192 \end{array}\right\} \fallingdotseq \left\{\begin{array}{c} -63 \\ -3.8\times10^2 \\ -2.6\times10^2 \end{array}\right\} \text{kN} \tag{3.28}$$

⑤ 部材応力の算出

各部材の応力は，式 (3.21) により以下のように求められます．なお，適用の際，添え字の並びに注意して代入する必要があります．

$$\left.\begin{array}{l} S_{AB} = 707\{\cos 315^\circ \ \ \sin 315^\circ\}\left\{\begin{array}{c} -0.192-0.870 \\ 0-1.24 \end{array}\right\} \fallingdotseq 90\,\text{kN} \\ S_{BC} = 329\{\cos 180^\circ \ \ \sin 180^\circ\}\left\{\begin{array}{c} 0+0.192 \\ 0-0 \end{array}\right\} \fallingdotseq -63\,\text{kN} \\ S_{AC} = 375\{\cos 210^\circ \ \ \sin 210^\circ\}\left\{\begin{array}{c} 0-0.870 \\ 0-1.24 \end{array}\right\} \fallingdotseq 5.2\times10^2\,\text{kN} \end{array}\right\} \tag{3.29}$$

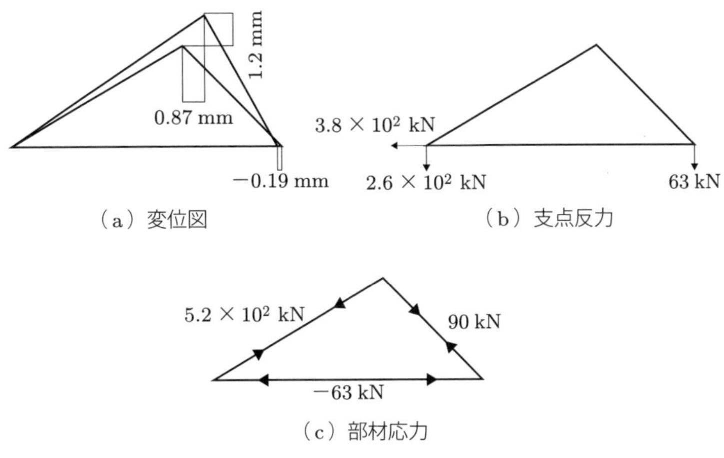

（a）変位図　（b）支点反力

（c）部材応力

図 3.9　三角トラスの解析結果

以上の結果を**図 3.9** に示します.

例題 3.4

図 3.10 に示す 3 本トラスの節点 A に，荷重 $P = 200\,\mathrm{kN}$ が下向きに，$P = 100\,\mathrm{kN}$ が横向きに作用しています．このときの

(1) 節点 A の変位
(2) 支点 B, C と D の反力
(3) 各部材応力

を求めてください．なお，諸材料特性は図に示すとおりです．

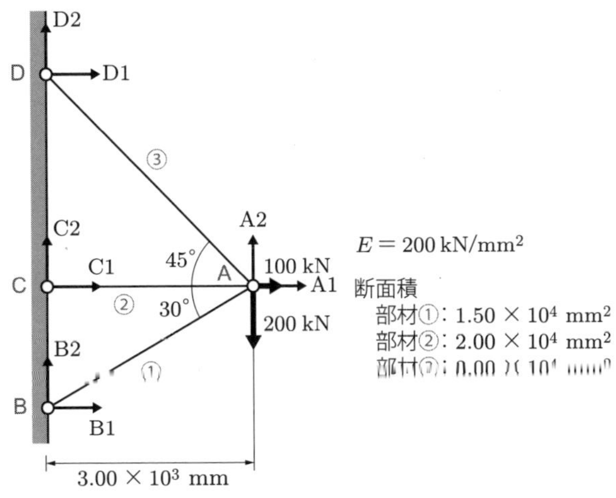

図 3.10　節点 A に荷重が作用する 3 本トラス

解　答

求め方はこれまでの手順と同じです．再掲すると，

①，② 各部材の剛性 $\boldsymbol{k}$ を求め，基準座標系を作成します．

1) 部材 ①（部材 A–B）

			EA/L	$\fallingdotseq$	866.1
A	$=$	1.50E + 04	λ	$\fallingdotseq$	−0.8660
L	$\fallingdotseq$	3464	μ	$=$	−0.5
θ	$=$	210	λ^2	$=$	0.75
E	$=$	200	μ^2	$=$	0.25
			$\lambda\mu$	$\fallingdotseq$	0.4330

ここで，E + 04 は Excel 上での $\times 10^4$ の表記です．たとえば，E − 04 とした場合は $\times 10^{-4}$ を表します．

$$[\boldsymbol{K}_{\mathbf{AB}}] = 866.1\begin{bmatrix} 0.75 & 0.433 & -0.75 & -0.433 \\ 0.433 & 0.25 & -0.433 & -0.25 \\ -0.75 & -0.433 & 0.75 & 0.433 \\ -0.433 & -0.25 & 0.433 & 0.25 \end{bmatrix}$$

$$\begin{matrix} & \text{A1} & \text{A2} & \text{B1} & \text{B2} & \\ \fallingdotseq & \left[\begin{matrix} 649.6 \\ 375.0 \\ -649.6 \\ -375.0 \end{matrix}\right. & \begin{matrix} 375.0 \\ 216.5 \\ -375.0 \\ -216.5 \end{matrix} & \begin{matrix} -649.6 \\ -375.0 \\ 649.6 \\ 375.0 \end{matrix} & \left.\begin{matrix} -375.0 \\ -216.5 \\ 375.0 \\ 216.5 \end{matrix}\right] & \begin{matrix} \text{A1} \\ \text{A2} \\ \text{B1} \\ \text{B2} \end{matrix} \end{matrix}$$

2) 部材 ②（部材 A–C）

			EA/L	$\fallingdotseq$	1333
A	$=$	2.00E + 04	λ	$=$	−1
L	$=$	3.00E + 05	μ	$=$	0
θ	$=$	180	λ^2	$=$	1
E	$=$	200	μ^2	$=$	0
			$\lambda\mu$	$=$	0

$$[\boldsymbol{K}_{\mathbf{AC}}] = 1333\begin{bmatrix} 1 & 0 & -1 & 0 \\ 0 & 0 & 0 & 0 \\ -1 & 0 & 1 & 0 \\ 0 & 0 & 0 & 0 \end{bmatrix} = \begin{matrix} \text{A1} & \text{A2} & \text{C1} & \text{C2} & \\ \left[\begin{matrix} 1333 \\ 0 \\ -1333 \\ 0 \end{matrix}\right. & \begin{matrix} 0 \\ 0 \\ 0 \\ 0 \end{matrix} & \begin{matrix} -1333 \\ 0 \\ 1333 \\ 0 \end{matrix} & \left.\begin{matrix} 0 \\ 0 \\ 0 \\ 0 \end{matrix}\right] & \begin{matrix} \text{A1} \\ \text{A2} \\ \text{C1} \\ \text{C2} \end{matrix} \end{matrix}$$

3) 部材 ③（部材 A–D）

			EA/L	$=$	1414
A	$=$	3.00E + 04	λ	$\fallingdotseq$	−0.7071
L	$\fallingdotseq$	4243	μ	$\fallingdotseq$	0.7071
θ	$=$	135	λ^2	$=$	0.5
E	$=$	200	μ^2	$=$	0.5
			$\lambda\mu$	$=$	−0.5

$$[\boldsymbol{K}_{\mathbf{AD}}] = 1414 \begin{bmatrix} 0.5 & -0.5 & -0.5 & 0.5 \\ -0.5 & 0.5 & 0.5 & -0.5 \\ -0.5 & 0.5 & 0.5 & -0.5 \\ 0.5 & -0.5 & -0.5 & 0.5 \end{bmatrix} = \begin{array}{c} \begin{array}{cccc} \mathrm{A1} & \mathrm{A2} & \mathrm{D1} & \mathrm{D2} \end{array} \\ \begin{bmatrix} 707 & -707 & -707 & 707 \\ -707 & 707 & 707 & -707 \\ -707 & 707 & 707 & -707 \\ 707 & -707 & -707 & 707 \end{bmatrix} \end{array} \begin{array}{c} \mathrm{A1} \\ \mathrm{A2} \\ \mathrm{D1} \\ \mathrm{D2} \end{array}$$

③剛性マトリクスの足し合わせを容易にするために，全体剛性マトリクスの形で入力します．

1) 部材 ①（部材 A–B）

	A1	A2	B1	B2	C1	C2	D1	D2
A1	649.6	375.0	−649.6	−375.0				
A2	375.0	216.5	−375.0	−216.5				
B1	−649.6	−375.0	649.6	375.0				
B2	−375.0	−216.5	375.0	216.5				
C1								
C2								
D1								
D2								

2) 部材 ②（部材 A–C）

	A1	A2	B1	B2	C1	C2	D1	D2
A1	1333	0			−1333	0		
A2	0	0			0	0		
B1								
B2								
C1	−1333	0			1333	0		
C2	0	0			0	0		
D1								
D2								

3) 部材 ③（部材 A–D）

	A1	A2	B1	B2	C1	C2	D1	D2
A1	707	−707					−707	707
A2	−707	707					707	−707
B1								
B2								
C1								
C2								
D1	−707	707					707	−707
D2	707	−707					−707	707

4) これら 3 部材の要素を足し合わせると，全体剛性マトリクスは以下のようになります．

	A1	A2	B1	B2	C1	C2	D1	D2	
P_{XA}	2690	−332.0	−649.6	−375.0	−1333	0	−707	707	A1
P_{YA}	−332.0	923.5	−375.0	−216.5	0	0	707	−707	A2
P_{XB}	−649.6	−375.0	649.6	375.0	0	0	0	0	B1
P_{YB}	−375.0	−216.5	375.0	216.5	0	0	0	0	B2
P_{XC}	−1333	0	0	0	1333	0	0	0	C1
P_{YC}	0	0	0	0	0	0	0	0	C2
P_{XD}	−707	707	0	0	0	0	707	−707	D1
P_{YD}	707	−707	0	0	0	0	−707	707	D2

④ 拘束箇所と外力の代入

拘束条件は以下のとおりです．

$$u_{\mathrm{B}}(\mathrm{B1}) = 0, \quad v_{\mathrm{B}}(\mathrm{B2}) = 0, \quad u_{\mathrm{C}}(\mathrm{C1}) = 0, \quad v_{\mathrm{C}}(\mathrm{C2}) = 0, \quad u_{\mathrm{D}}(\mathrm{D1}) = 0, \quad v_{\mathrm{D}}(\mathrm{D2}) = 0$$

拘束部分と非拘束部分をグループ分けします．本問の場合はたまたまグループ分けされているので，その操作の必要はありません．

$[\boldsymbol{K}_{\alpha\alpha}]$

$[\boldsymbol{K}_{\beta\alpha}]$

	A1	A2	B1	B2	C1	C2	D1	D2	
P_{XA}	2690	−332.0	−649.6	−375.0	−1333	0	−707	707	A1
P_{YA}	−332.0	923.5	−375.0	−216.5	0	0	707	−707	A2
P_{XB}	−649.6	−375.0	649.6	375.0	0	0	0	0	B1
P_{YB}	−375.0	−216.5	375.0	216.5	0	0	0	0	B2
P_{XC}	−1333	0	0	0	1333	0	0	0	C1
P_{YC}	0	0	0	0	0	0	0	0	C2
P_{XD}	−707	707	0	0	0	0	707	−707	D1
P_{YD}	707	−707	0	0	0	0	−707	707	D2

⑤ マトリクスの展開

未知変位を求めるために上式を 2 式に分割し，それぞれに数値を代入します．

$$\{\boldsymbol{P}_\alpha\} = [\boldsymbol{K}_{\alpha\alpha}]\{\boldsymbol{u}_\alpha\} + \cancel{[\boldsymbol{K}_{\alpha\beta}]\{\boldsymbol{u}_\beta\}} = [\boldsymbol{K}_{\alpha\alpha}]\{\boldsymbol{u}_\alpha\}$$

$$\{\boldsymbol{P}_\beta\} = [\boldsymbol{K}_{\beta\alpha}]\{\boldsymbol{u}_\alpha\} + \cancel{[\boldsymbol{K}_{\beta\beta}]\{\boldsymbol{u}_\beta\}} = [\boldsymbol{K}_{\beta\alpha}]\{\boldsymbol{u}_\alpha\}$$

$$\left\{\begin{array}{c} P_{XA} = 100 \\ P_{YA} = -200 \end{array}\right\} = \begin{bmatrix} 2690 & -332.0 \\ -332.0 & 923.5 \end{bmatrix} \left\{\begin{array}{c} \mathrm{A1} \\ \mathrm{A2} \end{array}\right\}$$

⑥ 変位の計算

$\{\boldsymbol{u}_{\boldsymbol{\alpha}}\} = [\boldsymbol{K}_{\boldsymbol{\alpha\alpha}}]^{-1}\{\boldsymbol{P}_{\boldsymbol{\alpha}}\}$（式 (2.46)）より，$[\boldsymbol{K}_{\boldsymbol{\alpha\alpha}}]^{-1}$ を計算して代入すると，

$$\left\{\begin{array}{c} \mathrm{A1} \\ \mathrm{A2} \end{array}\right\} = \begin{bmatrix} 3.891 \times 10^{-4} & 1.399 \times 10^{-4} \\ 1.399 \times 10^{-4} & 1.133 \times 10^{-3} \end{bmatrix} \left\{\begin{array}{c} 100 \\ -200 \end{array}\right\} = \left\{\begin{array}{c} 0.01094 \\ -0.2126 \end{array}\right\}$$

$$\fallingdotseq \left\{\begin{array}{c} 0.0109 \\ -0.213 \end{array}\right\} \mathrm{mm}$$

と節点 A の X, Y 方向変位が求められます．

⑦反力の算定

未知数の変位が求められたので，反力は次式に変位を代入することにより求められます．

$$\{\boldsymbol{P_\beta}\} = [\boldsymbol{K_{\beta\alpha}}]\{\boldsymbol{u_\alpha}\}$$

$$\begin{Bmatrix} P_{XB} \\ P_{YB} \\ P_{XC} \\ P_{YC} \\ P_{XD} \\ P_{YD} \end{Bmatrix} = \overset{\quad\text{A1}\qquad\text{A2}}{\begin{bmatrix} -649.6 & -375.0 \\ -375.0 & -216.5 \\ -1333 & 0 \\ 0 & 0 \\ -707.0 & 707.0 \\ 707.0 & -707.0 \end{bmatrix}} \begin{Bmatrix} 0.01094 \\ -0.2126 \end{Bmatrix} \fallingdotseq \begin{Bmatrix} 72.6 \\ 41.9 \\ -14.6 \\ 0 \\ -158 \\ 158 \end{Bmatrix} \text{kN}$$

⑧部材応力の算出

部材応力は式 (3.21) より

$$S_{AB} = 866.1 \times \{-0.8660 \ -0.5\} \begin{Bmatrix} -0.01094 \\ 0.2126 \end{Bmatrix} \fallingdotseq -83.9\,\text{kN}$$

$$S_{AC} = 1333 \times \{-1 \ 0\} \begin{Bmatrix} -0.01094 \\ 0.2126 \end{Bmatrix} \fallingdotseq 14.6\,\text{kN}$$

$$S_{AD} = 1414 \times \{-0.7071 \ 0.7071\} \begin{Bmatrix} -0.01094 \\ 0.2126 \end{Bmatrix} \fallingdotseq 224\,\text{kN}$$

と得られます．

以上の結果をまとめると，**図 3.11** のようになります．

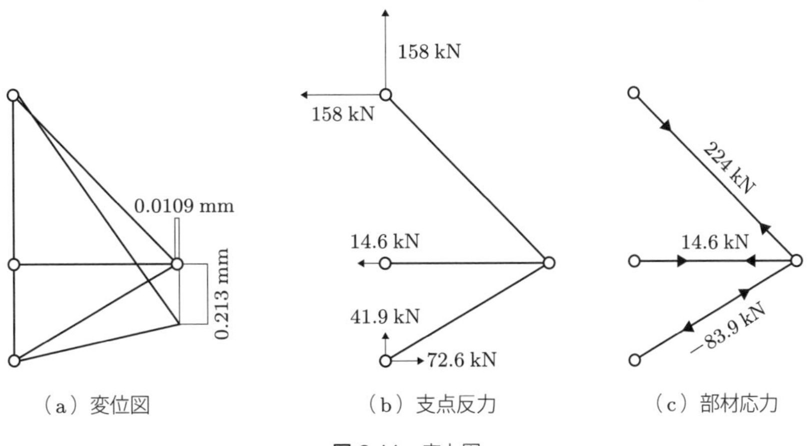

図 3.11　応力図

第 4 章　ラーメンの解法

トラス構造の解析に続いて，ラーメン構造の解析方法について説明します．トラス構造とラーメン構造の相違は，ラーメン部材端部には軸力のほか，曲げモーメントとせん断力が生じるという点にあります．その影響をトラスの解法に組み込んだ剛性マトリクスを用いることにより，ラーメンの解析が可能となり，2 次元汎用構造物の応力解析が可能となります．

4.1 曲げを受ける部材の剛性マトリクス

前章においては，トラスの応力解析方法を説明しました．ここでは，ラーメン構造の応力解析について説明します．ラーメン構造はトラス構造と異なり，部材節点同士の接合は基本的に剛接合です．このため，節点において軸方向変位のみ考慮すればよいトラス部材に対して，ラーメン材の場合，軸方向変位のほかに，せん断力による部材軸直交方向変位と曲げモーメントによる回転を考慮する必要があります．この点を剛性方程式に反映できれば，応力はトラス同様に剛性方程式を解くことにより得られます．

それでは，部材両端にせん断力と曲げモーメントが作用した場合に生じるそれぞれの変位から，要素剛性マトリクスの構築を考えてみましょう．図 4.1 に示すように，X 軸上に部材 1–2 が位置しているものとします．まず，この部材の両端部 1 と 2 に，軸に対し直交なせん断力 P_{Y1} と P_{Y2} が作用する場合を考えます．このせん断力により，両端部が鉛直方向にそれぞれ v_1 と v_2 移動したと仮定します．次に，両端に曲げモーメント M_1 と M_2 が作用する場合を考えると，両端には回転角 θ_1 と θ_2 がそれぞれ生じます．この状態を，たわみ角法の基本式をもとにマトリクス表示してみます．なお，**本書においては，節点の曲げモーメントの符号は反時計回りを正とします**．

中間荷重が載荷されていない場合のたわみ角法の基本式は，式 (1.8) より次式のようになります．

$$\left.\begin{aligned} M_1 = M_{12} = 2EK(2\theta_1 + \theta_2 - 3R) \\ M_2 = M_{21} = 2EK(2\theta_2 + \theta_1 - 3R) \end{aligned}\right\} \tag{4.1}$$

上式に剛度 K と部材角 R

$$K = \frac{I}{L}, \qquad R = \frac{v_2 - v_1}{L} \tag{4.2}$$

を代入すると，式 (4.1) はそれぞれ

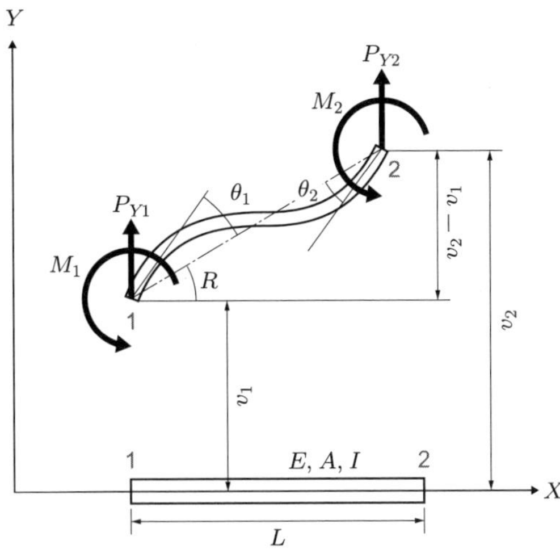

図 4.1　せん断力と曲げモーメントを受ける部材

$$M_{12} = \frac{EI}{L}\left(4\theta_1 + 2\theta_2 + \frac{6v_1}{L} - \frac{6v_2}{L}\right) \tag{4.3}$$

$$M_{21} = \frac{EI}{L}\left(2\theta_1 + 4\theta_2 + \frac{6v_1}{L} - \frac{6v_2}{L}\right) \tag{4.4}$$

となり，曲げモーメントと回転角および鉛直変位の関係が得られます．次に，節点 2 における曲げモーメントのつり合いを考え，節点 1 に作用するせん断力を曲げモーメントで表すと，

$$-M_1 - M_2 + P_{Y1} \cdot L = 0 \qquad \therefore P_{Y1} = \frac{M_{12} + M_{21}}{L} \tag{4.5}$$

となります．さらに，せん断力を鉛直変位と回転角で表すために，式 (4.5) に式 (4.3), (4.4) を代入すると，せん断力 P_{Y1} と回転角および鉛直変位の関係が次式のように得られます．

$$P_{Y1} = \frac{EI}{L}\left(\frac{6\theta_1}{L} + \frac{6\theta_2}{L} + \frac{12v_1}{L^2} - \frac{12v_2}{L^2}\right) \tag{4.6}$$

節点 1 に対しても同じような操作を行い，せん断力 P_{Y2} と回転角および鉛直変位の関係を求めると，次式のようになります．

$$-M_1 - M_2 - P_{Y2} \cdot L = 0 \qquad \therefore P_{Y2} = -\frac{M_{12} + M_{21}}{L} \tag{4.7}$$

$$P_{Y2} = \frac{EI}{L}\left(-\frac{6\theta_1}{L} - \frac{6\theta_2}{L} - \frac{12v_1}{L^2} + \frac{12v_2}{L^2}\right) \tag{4.8}$$

以上の結果をマトリクス形式で表示すると，次式のようになります．

$$\begin{Bmatrix} P_{Y1} \\ M_1 \\ P_{Y2} \\ M_2 \end{Bmatrix} = \frac{EI}{L}\begin{bmatrix} 12/L^2 & 6/L & -12/L^2 & 6/L \\ 6/L & 4 & -6/L & 2 \\ -12/L^2 & -6/L & 12/L^2 & -6/L \\ 6/L & 2 & -6/L & 4 \end{bmatrix}\begin{Bmatrix} v_1 \\ \theta_1 \\ v_2 \\ \theta_2 \end{Bmatrix} \tag{4.9}$$

これは，曲げモーメントとせん断力を受ける場合の剛性マトリクスですから，この式 (4.9)

に，軸力の影響を示すトラスの要素剛性マトリクス（式 (2.7)）を重ね合わせると，次式のような**ラーメン用の要素剛性マトリクス**が得られます．節点の自由度が X 方向，Y 方向，そして回転の 3 自由度なので，両節点を含めると 6×6 の大きさの行列になります．

$$\begin{Bmatrix} P_{X1} \\ P_{Y1} \\ M_1 \\ P_{X2} \\ P_{Y2} \\ M_2 \end{Bmatrix} = \begin{bmatrix} EA/L & 0 & 0 & -A & 0 & 0 \\ 0 & 12EI/L^3 & 6EI/L^2 & 0 & -12EI/L^3 & 6EI/L^2 \\ 0 & 6EI/L^2 & 4EI/L & 0 & -6EI/L^2 & 2EI/L \\ -EA/L & 0 & 0 & A & 0 & 0 \\ 0 & -12EI/L^3 & -6EI/L^2 & 0 & 12EI/L^3 & -6EI/L^2 \\ 0 & 6EI/L^2 & 2EI/L & 0 & -6EI/L^2 & 4EI/L \end{bmatrix} \begin{Bmatrix} u_1 \\ v_1 \\ \theta_1 \\ u_2 \\ v_2 \\ \theta_2 \end{Bmatrix} \tag{4.10}$$

例題 4.1

図 4.2 に示す剛接合された材の，全体剛性マトリクスを求めてください．

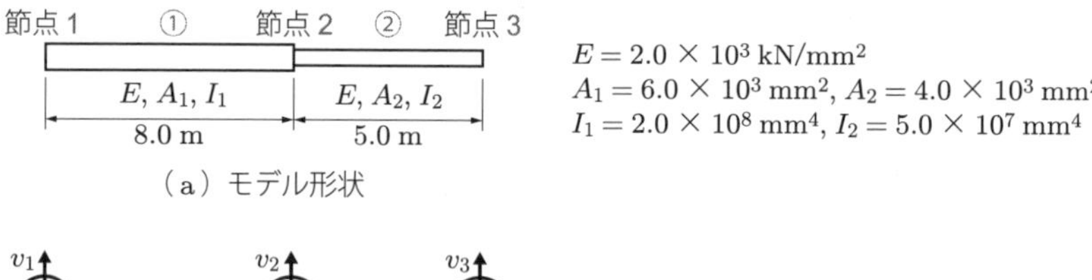

（a）モデル形状

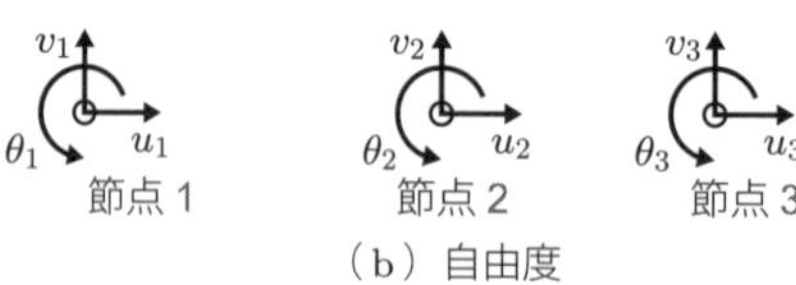

（b）自由度

図 4.2　2 部材剛節モデル

解　答

式 (4.10) に示される剛性マトリクスの要素を求め代入します．それぞれの部材は水平であるため，角度は 0° となります．各要素の値は Excel を使用して求めます．

1) 部材 ①（部材 1–2）マトリクス要素

A_1	=	6.0E + 03	$12EI_1/L_1^3$	≒	9.38E − 01
L_1	=	8.0E + 03	$6EI_1/L_1^2$	=	3.75E + 03
I_1	=	2.0E + 08	$4EI_1/L_1$	=	2.00E + 07
E	=	2.0E + 02	$2EI_1/L_1$	=	1.00E + 07

2) 部材 ①（部材 1–2）要素剛性マトリクスの作成

$$[\boldsymbol{K_{12}}] = \begin{array}{c} \\ \left[\begin{array}{cccccc} u_1 & v_1 & \theta_1 & u_2 & v_2 & \theta_2 \\ 1.50\mathrm{E}+02 & 0 & 0 & -1.50\mathrm{E}+02 & 0 & 0 \\ 0 & 9.38\mathrm{E}-01 & 3.75\mathrm{E}+03 & 0 & -9.38\mathrm{E}-01 & 3.75\mathrm{E}+03 \\ 0 & 3.75\mathrm{E}+03 & 2.00\mathrm{E}+07 & 0 & -3.75\mathrm{E}+03 & 1.00\mathrm{E}+07 \\ -1.50\mathrm{E}+02 & 0 & 0 & 1.50\mathrm{E}+02 & 0 & 0 \\ 0 & -9.38\mathrm{E}-01 & -3.75\mathrm{E}+03 & 0 & 9.38\mathrm{E}-01 & -3.75\mathrm{E}+03 \\ 0 & 3.75\mathrm{E}+03 & 1.00\mathrm{E}+07 & 0 & -3.75\mathrm{E}+03 & 2.00\mathrm{E}+07 \end{array}\right] \end{array} \begin{array}{c} \\ u_1 \\ v_1 \\ \theta_1 \\ u_2 \\ v_2 \\ \theta_2 \end{array}$$

3) 部材 ② （部材 2–3）マトリクス要素

A_2	$=$	$4.0\mathrm{E}+03$	$12EI_2/L_2^3$	$=$	$9.60\mathrm{E}-01$
L_2	$=$	$5.0\mathrm{E}+03$	$6EI_2/L_2^2$	$=$	$2.40\mathrm{E}+03$
I_2	$=$	$5.0\mathrm{E}+07$	$4EI_2/L_2$	$=$	$8.00\mathrm{E}+06$
E	$=$	$2.0\mathrm{E}+02$	$2EI_2/L_2$	$=$	$4.00\mathrm{E}+06$

4) 部材 ② （部材 2–3）要素剛性マトリクス

$$
\begin{array}{cc}
 & \begin{array}{cccccc} u_2 & v_2 & \theta_2 & u_3 & v_3 & \theta_3 \end{array} \\
[\boldsymbol{K_{23}}] = &
\left[\begin{array}{cccccc}
1.60\mathrm{E}+02 & 0 & 0 & -1.60\mathrm{E}+02 & 0 & 0 \\
0 & 9.60\mathrm{E}-01 & 2.40\mathrm{E}+03 & 0 & -9.60\mathrm{E}-01 & 2.40\mathrm{E}+03 \\
0 & 2.40\mathrm{E}+03 & 8.00\mathrm{E}+06 & 0 & -2.40\mathrm{E}+03 & 4.00\mathrm{E}+06 \\
-1.60\mathrm{E}+02 & 0 & 0 & 1.60\mathrm{E}+02 & 0 & 0 \\
0 & -9.60\mathrm{E}-01 & -2.40\mathrm{E}+03 & 0 & 9.60\mathrm{E}-01 & -2.40\mathrm{E}+03 \\
0 & 2.40\mathrm{E}+03 & 4.00\mathrm{E}+06 & 0 & -2.40\mathrm{E}+03 & 8.00\mathrm{E}+06
\end{array}\right]
\begin{array}{c} u_2 \\ v_2 \\ \theta_2 \\ u_3 \\ v_3 \\ \theta_3 \end{array}
\end{array}
$$

各部材の要素剛性マトリクスが得られたので，これらの要素を全体剛性マトリクスの決められた位置に足し合わせることにより，全体剛性マトリクスが求められます．全体剛性マトリクスの大きさは，節点数が 3，各節点の自由度も 3 なので，以下のように 9×9 となります．

$$
\begin{array}{cc}
 & \begin{array}{ccccccccc} u_1 & v_1 & \theta_1 & u_2 & v_2 & \theta_2 & u_3 & v_3 & \theta_3 \end{array} \\
[\boldsymbol{K}_{\mathbf{G}}] = &
\left[\begin{array}{ccccccccc}
1.5\mathrm{E}+02 & 0 & 0 & -1.5\mathrm{E}+02 & 0 & 0 & 0 & 0 & 0 \\
0 & 9.4\mathrm{E}-01 & 3.8\mathrm{E}+03 & 0 & -9.4\mathrm{E}-01 & 3.8\mathrm{E}+03 & 0 & 0 & 0 \\
0 & 3.8\mathrm{E}+03 & 2.0\mathrm{E}+07 & 0 & -3.8\mathrm{E}+03 & 1.0\mathrm{E}+07 & 0 & 0 & 0 \\
-1.5\mathrm{E}+02 & 0 & 0 & 3.1\mathrm{E}+02 & 0 & 0 & -1.6\mathrm{E}+02 & 0 & 0 \\
0 & -9.4\mathrm{E}-01 & -3.8\mathrm{E}+03 & 0 & 1.9\mathrm{E}+00 & -1.4\mathrm{E}+03 & 0 & -9.6\mathrm{E}-01 & 2.4\mathrm{E}+03 \\
0 & 3.8\mathrm{E}+03 & 1.0\mathrm{E}+07 & 0 & -1.4\mathrm{E}+03 & 2.8\mathrm{E}+07 & 0 & -2.4\mathrm{E}+03 & 4.0\mathrm{E}+06 \\
0 & 0 & 0 & -1.6\mathrm{E}+02 & 0 & 0 & 1.6\mathrm{E}+02 & 0 & 0 \\
0 & 0 & 0 & 0 & -9.6\mathrm{E}-01 & -2.4\mathrm{E}+03 & 0 & 9.6\mathrm{E}-01 & -2.4\mathrm{E}+03 \\
0 & 0 & 0 & 0 & 2.4\mathrm{E}+03 & 4.0\mathrm{E}+06 & 0 & -2.4\mathrm{E}+03 & 8.0\mathrm{E}+06
\end{array}\right]
\begin{array}{c} u_1 \\ v_1 \\ \theta_1 \\ u_2 \\ v_2 \\ \theta_2 \\ u_3 \\ v_3 \\ \theta_3 \end{array}
\end{array}
$$

例題 4.2

図 4.3 のように剛接合されている 2 部材の節点 3 に荷重 $P=5.0\,\mathrm{kN}$ が作用しています．このときの

(1) 節点 2, 3 の回転角と変位

(2) 部材応力

(3) 節点 1 と 2 の反力

を求めてください．なお，材料特性は例題 4.1 と同じものとします．

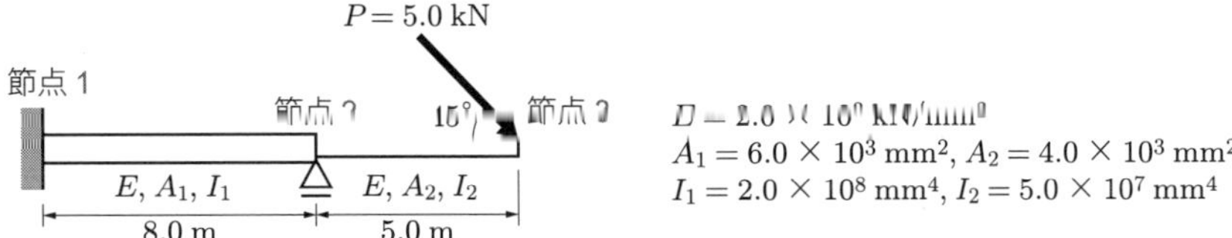

図 4.3　2 部材剛節モデル

解　答

2 部材の全体剛性マトリクスは例題 4.1 において得られています．剛性方程式は，

$$\{\boldsymbol{F}\} = [\boldsymbol{K}]\{\boldsymbol{\delta}\}$$

の形なので，トラスで行った解法手順と同じように応力解析を行います．

①変位・回転角

拘束されている点は節点 1 と 2 です．節点 1 は 3 自由度 (u_1, v_1, θ_1) が拘束，節点 2 は Y 方向 (v_2) が拘束されています．例題 4.1 で求めた全体剛性マトリクスの拘束された要素を含む行と列にグレーのアミをかけると，以下のとおりとなります．なお，空欄は 0 を示しています．

$[\boldsymbol{K_G}] =$

	u_1	v_1	θ_1	u_2	v_2	θ_2	u_3	v_3	θ_3
u_1	1.50E + 02			−1.50E + 02					
v_1		9.38E − 01	3.75E + 03		−9.38E − 01	3.75E + 03			
θ_1		3.75E + 03	2.00E + 07		−3.75E + 03	1.00E + 07			
u_2	−1.50E + 02			3.10E + 02			−1.60E + 02		
v_2		−9.38E − 01	−3.75E + 03		1.90E + 00	−1.35E + 03		−9.60E − 01	2.40E + 03
θ_2		3.75E + 03	1.00E + 07		−1.35E + 03	2.80E + 07		−2.40E + 03	4.00E + 06
u_3				−1.60E + 02			1.60E + 02		
v_3					−9.60E − 01	−2.40E + 03		9.60E − 01	−2.40E + 03
θ_3					2.40E + 03	4.00E + 06		−2.40E + 03	8.00E + 06

アミがかかっていない箇所が $[\boldsymbol{K_{\alpha\alpha}}]$ に対応しています．変位を求めるために，拘束されていない節点の要素が左上に来るように行列を移動させると，次のようになります．並べ替えは，Excel 上で行ごと，列ごと移動すると間違いなく容易に行えます．

	u_2	θ_2	u_3	v_3	θ_3	u_1	v_1	θ_1	v_2
u_2	3.10E + 02		−1.60E + 02			−1.50E + 02			
θ_2		2.80E + 07		−2.40E + 03	4.00E + 06		3.75E + 03	1.00E + 07	−1.35E + 03
u_3	−1.60E + 02		1.60E + 02						
v_3		−2.40E + 03		9.60E − 01	−2.40E + 03				−9.60E − 01
θ_3		4.00E + 06		−2.40E + 03	8.00E + 06				2.40E + 03
u_1	−1.50E + 02					1.50E + 02			
v_1		3.75E + 03					9.38E − 01	3.75E + 03	−9.38E − 01
θ_1		1.00E + 07					3.75E + 03	2.00E + 07	−3.75E + 03
v_2		−1.35E + 03		−9.60E − 01	2.40E + 03		−9.38E − 01	−3.75E + 03	1.90E + 00

$[\boldsymbol{K_{\alpha\alpha}}]$（左上：$u_2$, θ_2, u_3, v_3, θ_3 の行と列）

$[\boldsymbol{K_{\beta\alpha}}]$（左下：$u_1$, v_1, θ_1, v_2 の行と u_2, θ_2, u_3, v_3, θ_3 の列）

上式を用いて，剛性方程式を式 (2.44), (2.45) の 2 式に分割します．

$$\{\boldsymbol{P_\alpha}\} = [\boldsymbol{K_{\alpha\alpha}}]\{\boldsymbol{u_\alpha}\} \tag{2.44 再掲}$$

$$\{\boldsymbol{P_\beta}\} = [\boldsymbol{K_{\beta\alpha}}]\{\boldsymbol{u_\alpha}\} \tag{2.45 再掲}$$

節点 3 に作用する荷重を X 方向と Y 方向に分解して外力ベクトルに記入し，具体的に数値を入力すると，式 (2.44) は以下のとおりになります．

$$\begin{Bmatrix} P_{X2} = 0 \\ M_2 = 0 \\ P_{X3} = 3.54 \\ P_{Y3} = -3.54 \\ M_3 = 0 \end{Bmatrix} = \begin{bmatrix} 3.10\mathrm{E}+02 & 0 & -1.60\mathrm{E}+02 & 0 & 0 \\ 0 & 2.80\mathrm{E}+07 & 0 & -2.40\mathrm{E}+03 & 4.00\mathrm{E}+06 \\ -1.60\mathrm{E}+02 & 0 & 1.60\mathrm{E}+02 & 0 & 0 \\ 0 & -2.40\mathrm{E}+03 & 0 & 9.60\mathrm{E}-01 & -2.40\mathrm{E}+03 \\ 0 & 4.00\mathrm{E}+06 & 0 & -2.40\mathrm{E}+03 & 8.00\mathrm{E}+06 \end{bmatrix} \begin{Bmatrix} u_2 \\ \theta_2 \\ u_3 \\ v_3 \\ \theta_3 \end{Bmatrix}$$

（列：u_2　θ_2　u_3　v_3　θ_3）

未知変位 $\{u_2\ \theta_2\ u_3\ v_3\ \theta_3\}^T$ は，$[\boldsymbol{K_{\alpha\alpha}}]^{-1}$ を上式の両辺に左からかけることにより得られます．

$$\{\boldsymbol{u_\alpha}\} = [\boldsymbol{K_{\alpha\alpha}}]^{-1}\{\boldsymbol{P_\alpha}\}$$

$$\begin{Bmatrix} u_2 \\ \theta_2 \\ u_3 \\ v_3 \\ \theta_3 \end{Bmatrix} = \begin{bmatrix} 6.67\mathrm{E}-03 & 0 & 6.67\mathrm{E}-03 & 0 & 0 \\ 0 & 5.00\mathrm{E}-08 & 0 & 2.50\mathrm{E}-04 & 5.00\mathrm{E}-08 \\ 6.67\mathrm{E}-03 & 0 & 1.29\mathrm{E}-02 & 0 & 0 \\ 0 & 2.50\mathrm{E}-04 & 0 & 5.42\mathrm{E}+00 & 1.50\mathrm{E}-03 \\ 0 & 5.00\mathrm{E}-08 & 0 & 1.50\mathrm{E}-03 & 5.50\mathrm{E}-07 \end{bmatrix} \begin{Bmatrix} P_{X2}=0 \\ M_2=0 \\ P_{X3}=3.54 \\ P_{Y3}=-3.54 \\ M_3=0 \end{Bmatrix}$$

$$= \begin{Bmatrix} 2.36\times 10^{-2} \\ -8.85\times 10^{-4} \\ 4.57\times 10^{-2} \\ -19.2 \\ -5.31\times 10^{-3} \end{Bmatrix} \begin{matrix} \mathrm{mm} \\ \mathrm{rad} \\ \mathrm{mm} \\ \mathrm{mm} \\ \mathrm{rad} \end{matrix}$$

以上より，節点 2 の変位は $u_2 \fallingdotseq 2.4\times 10^{-2}\,\mathrm{mm}$，回転角は $\theta_2 \fallingdotseq -8.9\times 10^{-4}\,\mathrm{rad}$，節点 3 の変位は $u_3 \fallingdotseq 4.6\times 10^{-2}\,\mathrm{mm}$, $v_3 \fallingdotseq -1.9\times 10\,\mathrm{mm}$，回転角は $\theta_3 \fallingdotseq -5.3\times 10^{-3}\,\mathrm{rad}$ となります．

これで未知変位がすべて求められました．次に，反力 $\{P_{X1}, P_{Y1}, M_1, P_{Y2}\}^T$ を求めます．反力は式 (2.45) より，$[\boldsymbol{K_{\beta\alpha}}]$ に変位を右からかけることで得られます．

$$\begin{Bmatrix} P_{X1} \\ P_{Y1} \\ M_1 \\ P_{Y2} \end{Bmatrix} = \begin{bmatrix} & u_2 & \theta_2 & u_3 & v_3 & \theta_3 \\ & -1.50\mathrm{E}+02 & 0 & 0 & 0 & 0 \\ & 0 & 3.75\mathrm{E}+03 & 0 & 0 & 0 \\ & 0 & 1.00\mathrm{E}+07 & 0 & 0 & 0 \\ & 0 & -1.35\mathrm{E}+03 & 0 & -9.60\mathrm{E}-01 & 2.40\mathrm{E}+03 \end{bmatrix} \begin{Bmatrix} 2.36\mathrm{E}-02 \\ -8.85\mathrm{E}-04 \\ 4.57\mathrm{E}-02 \\ -1.92\mathrm{E}+01 \\ -5.31\mathrm{E}-03 \end{Bmatrix} \begin{matrix} u_2 \\ \theta_2 \\ u_3 \\ v_3 \\ \theta_3 \end{matrix}$$

$$\fallingdotseq \begin{Bmatrix} -3.5 \\ -3.3 \\ -8.9\times 10^3 \\ 6.9 \end{Bmatrix} \begin{matrix} \mathrm{kN} \\ \mathrm{kN} \\ \mathrm{kN\cdot mm} \\ \mathrm{kN} \end{matrix}$$

② 部材応力

各部材の応力は，得られた変位を要素剛性方程式に代入することにより，以下のように求められます．

1) 部材 ①（部材 1－2）応力

$$\begin{Bmatrix} P_{X1} \\ P_{Y1} \\ M_1 \\ P_{X2} \\ P_{Y2} \\ M_2 \end{Bmatrix} = \overbrace{\begin{bmatrix} 1.50\mathrm{E}+02 & 0 & 0 & -1.50\mathrm{E}+02 & 0 & 0 \\ 0 & 9.38\mathrm{E}-01 & 3.75\mathrm{E}+03 & 0 & -9.38\mathrm{E}-01 & 3.75\mathrm{E}+03 \\ 0 & 3.75\mathrm{E}+03 & 2.00\mathrm{E}+07 & 0 & -3.75\mathrm{E}+03 & 1.00\mathrm{E}+07 \\ -1.50\mathrm{E}+02 & 0 & 0 & 1.50\mathrm{E}+02 & 0 & 0 \\ 0 & -9.38\mathrm{E}-01 & -3.75\mathrm{E}+03 & 0 & 9.38\mathrm{E}-01 & -3.75\mathrm{E}+03 \\ 0 & 3.75\mathrm{E}+03 & 1.00\mathrm{E}+07 & 0 & -3.75\mathrm{E}+03 & 2.00\mathrm{E}+07 \end{bmatrix}}^{\text{要素剛性マトリクス } [K_{12}]} \overbrace{\begin{Bmatrix} 0 \\ 0 \\ 0 \\ 2.36\mathrm{E}-02 \\ 0 \\ -8.85\mathrm{E}-04 \end{Bmatrix}}^{\text{変位}} \begin{matrix} u_1 \\ v_1 \\ \theta_1 \\ u_2 \\ v_2 \\ \theta_2 \end{matrix}$$

$$\fallingdotseq \overbrace{\begin{Bmatrix} -3.5 \\ -3.3 \\ -8.9\times 10^3 \\ 3.5 \\ 3.3 \\ -1.8\times 10^4 \end{Bmatrix}}^{\text{応力}} \begin{matrix} \mathrm{kN} \\ \mathrm{kN} \\ \mathrm{kN\cdot mm} \\ \mathrm{kN} \\ \mathrm{kN} \\ \mathrm{kN\cdot mm} \end{matrix}$$

2) 部材 ②（部材 2–3）応力

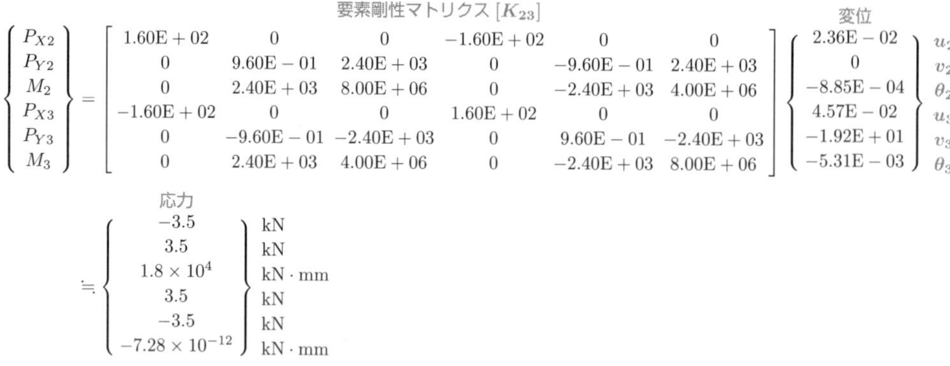

$$\begin{Bmatrix} P_{X2} \\ P_{Y2} \\ M_2 \\ P_{X3} \\ P_{Y3} \\ M_3 \end{Bmatrix} = \overset{\text{要素剛性マトリクス } [K_{23}]}{\begin{bmatrix} 1.60\mathrm{E}+02 & 0 & 0 & -1.60\mathrm{E}+02 & 0 & 0 \\ 0 & 9.60\mathrm{E}-01 & 2.40\mathrm{E}+03 & 0 & -9.60\mathrm{E}-01 & 2.40\mathrm{E}+03 \\ 0 & 2.40\mathrm{E}+03 & 8.00\mathrm{E}+06 & 0 & -2.40\mathrm{E}+03 & 4.00\mathrm{E}+06 \\ -1.60\mathrm{E}+02 & 0 & 0 & 1.60\mathrm{E}+02 & 0 & 0 \\ 0 & -9.60\mathrm{E}-01 & -2.40\mathrm{E}+03 & 0 & 9.60\mathrm{E}-01 & -2.40\mathrm{E}+03 \\ 0 & 2.40\mathrm{E}+03 & 4.00\mathrm{E}+06 & 0 & -2.40\mathrm{E}+03 & 8.00\mathrm{E}+06 \end{bmatrix}} \overset{\text{変位}}{\begin{Bmatrix} 2.36\mathrm{E}-02 \\ 0 \\ -8.85\mathrm{E}-04 \\ 4.57\mathrm{E}-02 \\ -1.92\mathrm{E}+01 \\ -5.31\mathrm{E}-03 \end{Bmatrix}} \begin{matrix} u_2 \\ v_2 \\ \theta_2 \\ u_3 \\ v_3 \\ \theta_3 \end{matrix}$$

$$\fallingdotseq \overset{\text{応力}}{\begin{Bmatrix} -3.5 \\ 3.5 \\ 1.8 \times 10^4 \\ 3.5 \\ -3.5 \\ -7.28 \times 10^{-12} \end{Bmatrix}} \begin{matrix} \mathrm{kN} \\ \mathrm{kN} \\ \mathrm{kN \cdot mm} \\ \mathrm{kN} \\ \mathrm{kN} \\ \mathrm{kN \cdot mm} \end{matrix}$$

以上の結果を図示すると，**図 4.4** のようになります．なお，M_3 はほぼ 0 のため表記していません．

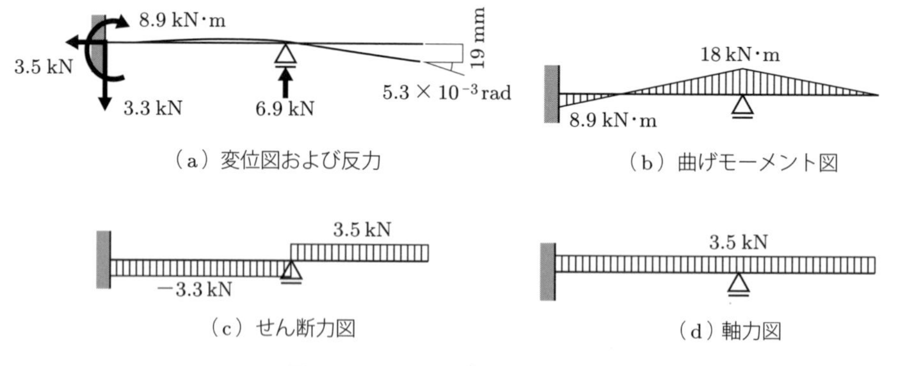

図 4.4　2 部材剛節モデルの応力図

例題 4.3

例題 4.2 と同じモデルで，支持条件と外力が異なる場合を考えてみましょう．対象とするモデルは**図 4.5** に示すとおりです．節点 2 に曲げモーメント $M_2 = 50$ kN·m が作用しているときの 2 部材の応力と，節点 2 の変位，回転角を求めてください．

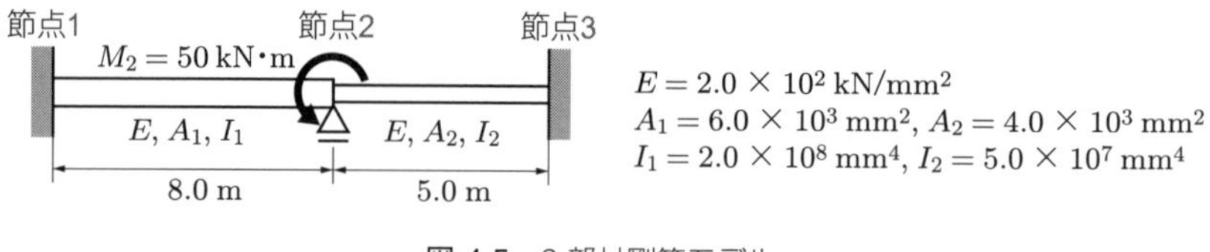

図 4.5　2 部材剛節モデル

解　答

① 拘束条件

拘束条件と外力条件を整理します．節点 1 と 3 は 3 自由度 (u, v, θ) が拘束され，節点 2 は Y 方向 (v) が拘束されています．全体剛性マトリクスは前問と同じです．拘束された支点に相当する位置の行と列にグレーのアミをかけると，次式のようになります．

	u_1	v_1	θ_1	u_2	v_2	θ_2	u_3	v_3	θ_3	
P_{X1}	1.50E + 02			−1.50E + 02						u_1
P_{Y1}		9.38E − 01	3.75E + 03		−9.38E − 01	3.75E + 03				v_1
M_1		3.75E + 03	2.00E + 07		−3.75E + 03	1.00E + 07				θ_1
P_{X2}	−1.50E + 02			3.10E + 02			−1.60E + 02			u_2
P_{Y2}		−9.38E − 01	−3.75E + 03		1.90E + 00	−1.35E + 03		−9.60E − 01	2.40E + 03	v_2
M_2		3.75E + 03	1.00E + 07		−1.35E + 03	2.80E + 07		−2.40E + 03	4.00E + 06	θ_2
P_{X3}				−1.60E + 02			1.60E + 02			u_3
P_{Y3}					−9.60E − 01	−2.40E + 03		9.60E − 01	−2.40E + 03	v_3
M_3					2.40E + 03	4.00E + 06		−2.40E + 03	8.00E + 06	θ_3

次に，拘束条件より，変位が 0 の部分を変位ベクトルの下に集め，それに伴い，行と列を下のように移動します．

$[\boldsymbol{K_{\alpha\alpha}}]$ $[\boldsymbol{K_{\beta\alpha}}]$

	u_2	θ_2	u_1	v_1	θ_1	v_2	u_3	v_3	θ_3	
P_{X2}	3.10E + 02		−1.50E + 02				−1.60E + 02			u_2
M_2		2.80E + 07		3.75E + 03	1.00E + 07	−1.35E + 03		−2.40E + 03	4.00E + 06	θ_2
P_{X1}	−1.50E + 02		1.50E + 02							u_1
P_{Y1}		3.75E + 03		9.38E − 01	3.75E + 03	−9.38E − 01				v_1
M_1		1.00E + 07		3.75E + 03	2.00E + 07	−3.75E + 03				θ_1
P_{Y2}		−1.35E + 03		−9.38E − 01	−3.75E + 03	1.90E + 00		−9.60E − 01	2.40E + 03	v_2
P_{X3}	−1.60E + 02						1.60E + 02			u_3
P_{Y3}		−2.40E + 03				−9.60E − 01		9.60E − 01	−2.40E + 03	v_3
M_3		4.00E + 06				2.40E + 03		−2.40E + 03	8.00E + 06	θ_3

② 変位・回転角

上式を用いて剛性方程式を式 (2.44), (2.45) の 2 式に分割します．変位と回転角は，荷重条件を外力ベクトルに代入し，式 (2.44) から求めます．なお，**曲げモーメントの符号は反時計回りを正とする**ので M_2 の符号は + です．

$$\{\boldsymbol{P_\alpha}\} = [\boldsymbol{K_{\alpha\alpha}}]\{\boldsymbol{u_\alpha}\} \qquad \text{(2.44) 再掲}$$

$$\begin{array}{c} \\ \left\{ \begin{array}{c} P_{X2} = 0 \\ M_2 = 5.0\mathrm{E}+04 \end{array} \right\} \end{array} = \begin{array}{c} \begin{array}{cc} u_2 & \theta_2 \end{array} \\ \begin{bmatrix} 3.10\mathrm{E}+02 & 0 \\ 0 & 2.80\mathrm{E}+07 \end{bmatrix} \end{array} \begin{array}{c} \\ \left\{ \begin{array}{c} u_2 \\ \theta_2 \end{array} \right\} \end{array}$$

両辺に $[\boldsymbol{K_{\alpha\alpha}}]^{-1}$ を左からかけると変位が求められます．逆行列は Excel により求めます．

$$\{\boldsymbol{u_\alpha}\} = [\boldsymbol{K_{\alpha\alpha}}]^{-1}\{\boldsymbol{P_\alpha}\}$$

$$\left\{ \begin{array}{c} u_2 \\ \theta_2 \end{array} \right\} = \begin{bmatrix} 3.23\mathrm{E}-03 & 0 \\ 0 & 3.57\mathrm{E}-08 \end{bmatrix} \left\{ \begin{array}{c} 0 \\ 5.0\mathrm{E}+04 \end{array} \right\} \fallingdotseq \left\{ \begin{array}{c} 0 \\ 1.79 \times 10^{-3} \end{array} \right\} \begin{array}{l} \mathrm{mm} \\ \mathrm{rad} \end{array}$$

③ 反力の算出

反力は，拘束点における応力であることから，前問同様 $\{\boldsymbol{P_\beta}\} = [\boldsymbol{K_{\beta\alpha}}]\{\boldsymbol{u_\alpha}\}$ より求められます．

$$\left\{ \begin{array}{c} P_{X1} \\ P_{Y1} \\ M_1 \\ P_{Y2} \\ P_{X3} \\ P_{Y3} \\ M_3 \end{array} \right\} = \begin{array}{c} \begin{array}{cc} u_2 & \theta_2 \end{array} \\ \begin{bmatrix} -1.50\mathrm{E}+02 & 0 \\ 0 & 3.75\mathrm{E}+03 \\ 0 & 1.00\mathrm{E}+07 \\ 0 & -1.35\mathrm{E}+03 \\ -1.60\mathrm{E}+02 & 0 \\ 0 & -2.40\mathrm{E}+03 \\ 0 & 4.00\mathrm{E}+06 \end{bmatrix} \end{array} \begin{array}{c} u_1 \\ v_1 \\ \theta_1 \\ v_2 \\ u_3 \\ v_3 \\ \theta_3 \end{array} \left\{ \begin{array}{c} 0 \\ 1.79\mathrm{E}-03 \end{array} \right\} \fallingdotseq \left\{ \begin{array}{c} 0 \\ 6.7 \\ 1.8 \times 10^4 \\ -2.4 \\ 0 \\ -4.3 \\ 7.1 \times 10^3 \end{array} \right\} \begin{array}{l} \mathrm{kN} \\ \mathrm{kN} \\ \mathrm{kN \cdot mm} \\ \mathrm{kN} \\ \mathrm{kN} \\ \mathrm{kN} \\ \mathrm{kN \cdot mm} \end{array}$$

④ 部材応力の算出

求められた変位を要素剛性方程式に代入し，部材応力を以下のように求めます．

1) 部材 ①（部材 1–2）応力

$$\begin{Bmatrix} P_{X1} \\ P_{Y1} \\ M_1 \\ P_{X2} \\ P_{Y2} \\ M_2 \end{Bmatrix} = \begin{bmatrix} 1.50\mathrm{E}+02 & 0 & 0 & -1.50\mathrm{E}+02 & 0 & 0 \\ 0 & 9.38\mathrm{E}-01 & 3.75\mathrm{E}+03 & 0 & -9.38\mathrm{E}-01 & 3.75\mathrm{E}+03 \\ 0 & 3.75\mathrm{E}+03 & 2.00\mathrm{E}+07 & 0 & -3.75\mathrm{E}+03 & 1.00\mathrm{E}+07 \\ -1.50\mathrm{E}+02 & 0 & 0 & 1.50\mathrm{E}+02 & 0 & 0 \\ 0 & -9.38\mathrm{E}-01 & -3.75\mathrm{E}+03 & 0 & 9.38\mathrm{E}-01 & -3.75\mathrm{E}+03 \\ 0 & 3.75\mathrm{E}+03 & 1.00\mathrm{E}+07 & 0 & -3.75\mathrm{E}+03 & 2.00\mathrm{E}+07 \end{bmatrix} \begin{Bmatrix} 0 \\ 0 \\ 0 \\ 0 \\ 0 \\ 1.79\mathrm{E}-03 \end{Bmatrix} \begin{matrix} u_1 \\ v_1 \\ \theta_1 \\ u_2 \\ v_2 \\ \theta_2 \end{matrix}$$

$$\fallingdotseq \begin{Bmatrix} 0 \\ 6.7 \\ 1.8\times 10^4 \\ 0 \\ -6.7 \\ 3.6\times 10^4 \end{Bmatrix} \begin{matrix} \mathrm{kN} \\ \mathrm{kN} \\ \mathrm{kN\cdot mm} \\ \mathrm{kN} \\ \mathrm{kN} \\ \mathrm{kN\cdot mm} \end{matrix}$$

2) 部材 ②（部材 2–3）応力

$$\begin{Bmatrix} P_{X2} \\ P_{Y2} \\ M_2 \\ P_{X3} \\ P_{Y3} \\ M_3 \end{Bmatrix} = \begin{bmatrix} 1.60\mathrm{E}+02 & 0 & 0 & -1.60\mathrm{E}+02 & 0 & 0 \\ 0 & 9.60\mathrm{E}-01 & 2.40\mathrm{E}+03 & 0 & -9.60\mathrm{E}-01 & 2.40\mathrm{E}+03 \\ 0 & 2.40\mathrm{E}+03 & 8.00\mathrm{E}+06 & 0 & -2.40\mathrm{E}+03 & 4.00\mathrm{E}+06 \\ -1.60\mathrm{E}+02 & 0 & 0 & 1.60\mathrm{E}+02 & 0 & 0 \\ 0 & -9.60\mathrm{E}-01 & -2.40\mathrm{E}+03 & 0 & 9.60\mathrm{E}-01 & -2.40\mathrm{E}+03 \\ 0 & 2.40\mathrm{E}+03 & 4.00\mathrm{E}+06 & 0 & -2.40\mathrm{E}+03 & 8.00\mathrm{E}+06 \end{bmatrix} \begin{Bmatrix} 0 \\ 0 \\ 1.79\mathrm{E}-03 \\ 0 \\ 0 \\ 0 \end{Bmatrix} \begin{matrix} u_2 \\ v_2 \\ \theta_2 \\ u_3 \\ v_3 \\ \theta_3 \end{matrix}$$

$$\fallingdotseq \begin{Bmatrix} 0 \\ 4.3 \\ 1.4\times 10^4 \\ 0 \\ -4.3 \\ 7.1\times 10^3 \end{Bmatrix} \begin{matrix} \mathrm{kN} \\ \mathrm{kN} \\ \mathrm{kN\cdot mm} \\ \mathrm{kN} \\ \mathrm{kN} \\ \mathrm{kN\cdot mm} \end{matrix}$$

以上の結果を図示すると，**図 4.6** のようになります．

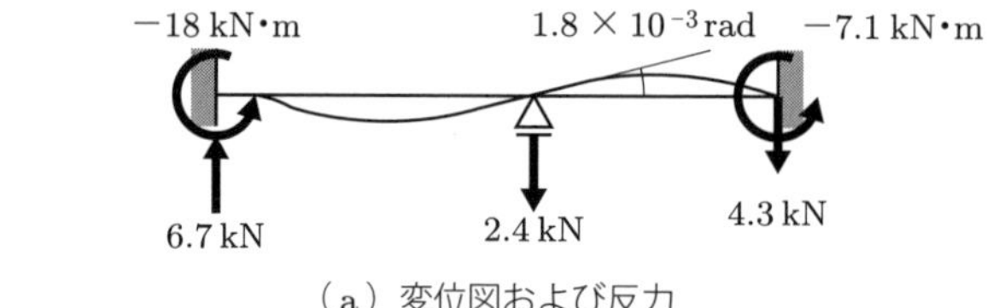

（a）変位図および反力

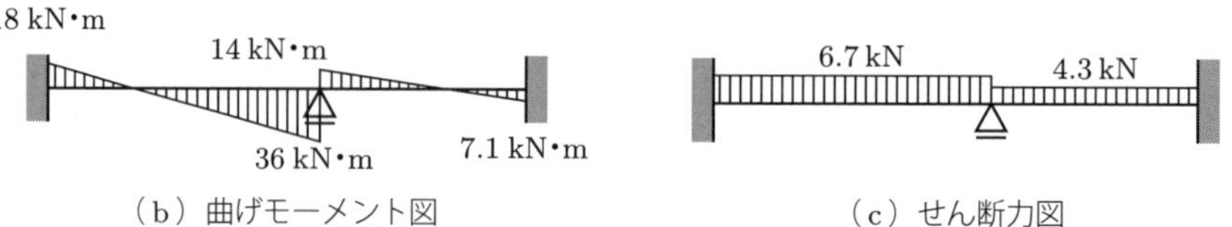

（b）曲げモーメント図　　（c）せん断力図

図 4.6　2 部材剛節モデルの応力図

例題 4.4

図 4.7 のような剛節されている 2 部材の応力と，節点 2 の変位，回転角を求めてください．なお，諸材料特性は図に示されているとおりです．

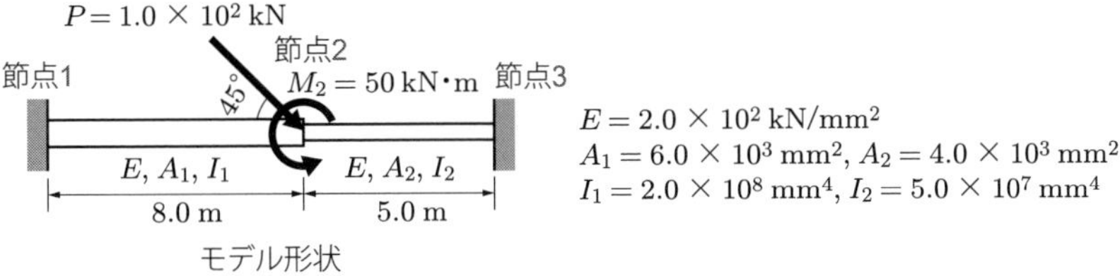

図 4.7 2 部材剛節モデル

解 答

① 拘束条件

全体剛性マトリクスは例題 4.1〜4.3 と同じです．支持条件と荷重条件が異なります．拘束された支点に相当する位置の行と列にグレーのアミをかけると，次式のようになります．

	u_1	v_1	θ_1	u_2	v_2	θ_2	u_3	v_3	θ_3	
P_{X1}	1.50E + 02			−1.50E + 02						u_1
P_{Y1}		9.38E − 01	3.75E + 03		−9.38E − 01	3.75E + 03				v_1
M_1		3.75E + 03	2.00E + 07		−3.75E + 03	1.00E + 07				θ_1
P_{X2}	−1.50E + 02			3.10E + 02			−1.60E + 02			u_2
P_{Y2}		−9.38E − 01	−3.75E + 03		1.90E + 00	−1.35E + 03		−9.60E − 01	2.40E + 03	v_2
M_2		3.75E + 03	1.00E + 07		−1.35E + 03	2.80E + 07		−2.40E + 03	4.00E + 06	θ_2
P_{X3}				−1.60E + 02			1.60E + 02			u_3
P_{Y3}					−9.60E − 01	−2.40E + 03		9.60E − 01	−2.40E + 03	v_3
M_3					2.40E + 03	4.00E + 06		−2.40E + 03	8.00E + 06	θ_3

これまで同様，変位 0 の要素が変位ベクトルの下に集まるよう，これを並べ替えて，次のようにします．

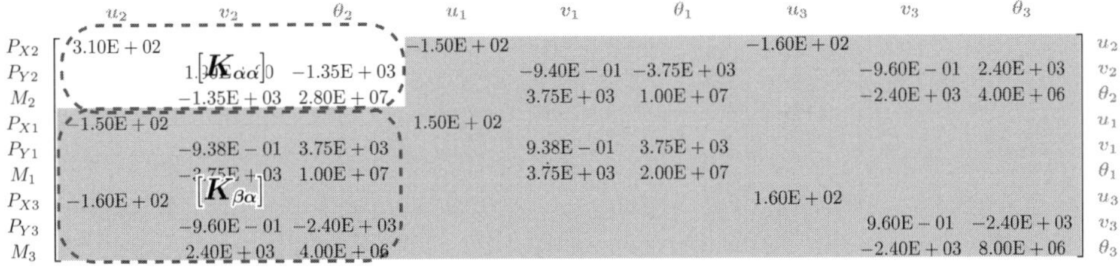

	u_2	v_2	θ_2	u_1	v_1	θ_1	u_3	v_3	θ_3	
P_{X2}	3.10E + 02			−1.50E + 02			−1.60E + 02			u_2
P_{Y2}		1.[illegible]0	−1.35E + 03		−9.40E − 01	−3.75E + 03		−9.60E − 01	2.40E + 03	v_2
M_2		−1.35E + 03	2.80E + 07		3.75E + 03	1.00E + 07		−2.40E + 03	4.00E + 06	θ_2
P_{X1}	−1.50E + 02			1.50E + 02						u_1
P_{Y1}		−9.38E − 01	3.75E + 03		9.38E − 01	3.75E + 03				v_1
M_1		−[illegible]+03	1.00E + 07		3.75E + 03	2.00E + 07				θ_1
P_{X3}	−1.60E + 02						1.60E + 02			u_3
P_{Y3}		−9.60E − 01	−2.40E + 03					9.60E − 01	−2.40E + 03	v_3
M_3		2.40E + 03	4.00E + 06					−2.40E + 03	8.00E + 06	θ_3

$[\boldsymbol{K}_{\alpha\alpha}]$　$[\boldsymbol{K}_{\beta\alpha}]$

② 変位・回転角，反力の算出

上式を用いて剛性方程式を式 (2.44), (2.45) の 2 式に分割します．変位・回転角は，荷重条件を外力ベクトルに代入し式 (2.44) から求めます．

$$\{\boldsymbol{P}_{\alpha}\} = [\boldsymbol{K}_{\alpha\alpha}]\{\boldsymbol{u}_{\alpha}\} \qquad \text{(2.44) 再掲}$$

$$[\boldsymbol{K}_{\alpha\alpha}]^{-1}\{\boldsymbol{P}_{\alpha}\} = [\boldsymbol{K}_{\alpha\alpha}]^{-1}[\boldsymbol{K}_{\alpha\alpha}]\{\boldsymbol{u}_{\alpha}\} = \{\boldsymbol{u}_{\alpha}\}$$

節点 2 に作用する力は，$P_{X2} = 1.0 \times 10^2 \times \cos 45^\circ \fallingdotseq 70.7\,\mathrm{kN}$, $P_{Y2} = -1.0 \times 10^2 \times \sin 45^\circ = -70.7\,\mathrm{kN}$ となるため，上式より，変位・回転角は以下のように求めます．

$$
\begin{matrix} & & u_2 & v_2 & \theta_2 & \\ \end{matrix}
$$

$$
\begin{Bmatrix} P_{X2}=70.7 \\ P_{Y2}=-70.7 \\ M_2=50000 \end{Bmatrix} = \begin{bmatrix} 3.10\mathrm{E}+02 & 0 & 0 \\ 0 & 1.90\mathrm{E}+00 & -1.35\mathrm{E}+03 \\ 0 & -1.35\mathrm{E}+03 & 2.80\mathrm{E}+07 \end{bmatrix} \begin{Bmatrix} u_2 \\ v_2 \\ \theta_2 \end{Bmatrix}
$$

$$
\begin{Bmatrix} u_2 \\ v_2 \\ \theta_2 \end{Bmatrix} = \begin{bmatrix} 3.23\mathrm{E}-03 & 0 & 0 \\ 0 & 5.45\mathrm{E}-01 & 2.63\mathrm{E}-05 \\ 0 & 2.63\mathrm{E}-05 & 3.70\mathrm{E}-08 \end{bmatrix} \begin{Bmatrix} 7.07\mathrm{E}+01 \\ -7.07\mathrm{E}+01 \\ 5.00\mathrm{E}+04 \end{Bmatrix}
$$

$$
= \begin{Bmatrix} 2.28\mathrm{E}-01 \\ -3.72\mathrm{E}+01 \\ -8.66\mathrm{E}-06 \end{Bmatrix} \fallingdotseq \begin{Bmatrix} 0.23 \\ -37 \\ -8.7\times10^{-6} \end{Bmatrix} \begin{matrix} \mathrm{mm} \\ \mathrm{mm} \\ \mathrm{rad} \end{matrix}
$$

反力は，$\{\boldsymbol{P_\beta}\} = [\boldsymbol{K_{\beta\alpha}}]\{\boldsymbol{u_\alpha}\}$（式 (2.45)）より求められます．

$$
\begin{Bmatrix} P_{X1} \\ P_{Y1} \\ M_1 \\ P_{X3} \\ P_{Y3} \\ M_3 \end{Bmatrix} = \begin{bmatrix} -1.50\mathrm{E}+02 & 0 & 0 \\ 0 & -9.38\mathrm{E}-01 & 3.75\mathrm{E}+03 \\ 0 & -3.75\mathrm{E}+03 & 1.00\mathrm{E}+07 \\ -1.60\mathrm{E}+02 & 0 & 0 \\ 0 & -9.60\mathrm{E}-01 & -2.40\mathrm{E}+03 \\ 0 & 2.40\mathrm{E}+03 & 4.00\mathrm{E}+06 \end{bmatrix} \begin{Bmatrix} 2.28\mathrm{E}-01 \\ -3.72\mathrm{E}+01 \\ -8.66\mathrm{E}-06 \end{Bmatrix} \fallingdotseq \begin{Bmatrix} -34 \\ 35 \\ 1.4\times10^5 \\ -37 \\ 36 \\ -8.9\times10^4 \end{Bmatrix} \begin{matrix} \mathrm{kN} \\ \mathrm{kN} \\ \mathrm{kN\cdot mm} \\ \mathrm{kN} \\ \mathrm{kN} \\ \mathrm{kN\cdot mm} \end{matrix}
$$

③ 部材応力の算出

求められた変位を部材剛性方程式に代入し，以下のように求めます．

1) 部材 ①（部材 1−2）応力

$$
\begin{Bmatrix} P_{X1} \\ P_{Y1} \\ M_1 \\ P_{X2} \\ P_{Y2} \\ M_2 \end{Bmatrix} = \begin{bmatrix} 1.50\mathrm{E}+02 & 0 & 0 & -1.50\mathrm{E}+02 & 0 & 0 \\ 0 & 9.38\mathrm{E}-01 & 3.75\mathrm{E}+03 & 0 & -9.38\mathrm{E}-01 & 3.75\mathrm{E}+03 \\ 0 & 3.75\mathrm{E}+03 & 2.00\mathrm{E}+07 & 0 & -3.75\mathrm{E}+03 & 1.00\mathrm{E}+07 \\ -1.50\mathrm{E}+02 & 0 & 0 & 1.50\mathrm{E}+02 & 0 & 0 \\ 0 & -9.38\mathrm{E}-01 & -3.75\mathrm{E}+03 & 0 & 9.38\mathrm{E}-01 & -3.75\mathrm{E}+03 \\ 0 & 3.75\mathrm{E}+03 & 1.00\mathrm{E}+07 & 0 & -3.75\mathrm{E}+03 & 2.00\mathrm{E}+07 \end{bmatrix} \begin{Bmatrix} 0 \\ 0 \\ 0 \\ 2.28\mathrm{E}-01 \\ -3.72\mathrm{E}+01 \\ -8.66\mathrm{E}-06 \end{Bmatrix}
$$

$$
\fallingdotseq \begin{Bmatrix} -34 \\ 35 \\ 1.4\times10^5 \\ 34 \\ -35 \\ 1.4\times10^5 \end{Bmatrix} \begin{matrix} \mathrm{kN} \\ \mathrm{kN} \\ \mathrm{kN\cdot mm} \\ \mathrm{kN} \\ \mathrm{kN} \\ \mathrm{kN\cdot mm} \end{matrix}
$$

2) 部材 ②（部材 2−3）応力

$$
\begin{Bmatrix} P_{X2} \\ P_{Y2} \\ M_2 \\ P_{X3} \\ P_{Y3} \\ M_3 \end{Bmatrix} = \begin{bmatrix} 1.60\mathrm{E}+02 & 0 & 0 & -1.60\mathrm{E}+02 & 0 & 0 \\ 0 & 9.60\mathrm{E}-01 & 2.40\mathrm{E}+03 & 0 & -9.60\mathrm{E}-01 & 2.40\mathrm{E}+03 \\ 0 & 2.40\mathrm{E}+03 & 8.00\mathrm{E}+06 & 0 & -2.40\mathrm{E}+03 & 4.00\mathrm{E}+06 \\ -1.60\mathrm{E}+02 & 0 & 0 & 1.60\mathrm{E}+02 & 0 & 0 \\ 0 & -9.60\mathrm{E}-01 & -2.40\mathrm{E}+03 & 0 & 9.60\mathrm{E}-01 & -2.40\mathrm{E}+03 \\ 0 & 2.40\mathrm{E}+03 & 4.00\mathrm{E}+06 & 0 & -2.40\mathrm{E}+03 & 8.00\mathrm{E}+06 \end{bmatrix} \begin{Bmatrix} 2.28\mathrm{E}-01 \\ -3.72\mathrm{E}+01 \\ -8.66\mathrm{E}-06 \\ 0 \\ 0 \\ 0 \end{Bmatrix}
$$

$$
\fallingdotseq \begin{Bmatrix} 36 \\ -36 \\ -8.9\times10^4 \\ -36 \\ 36 \\ -8.9\times10^4 \end{Bmatrix} \begin{matrix} \mathrm{kN} \\ \mathrm{kN} \\ \mathrm{kN\cdot mm} \\ \mathrm{kN} \\ \mathrm{kN} \\ \mathrm{kN\cdot mm} \end{matrix}
$$

以上の結果を図示すると，**図 4.8** のようになります．

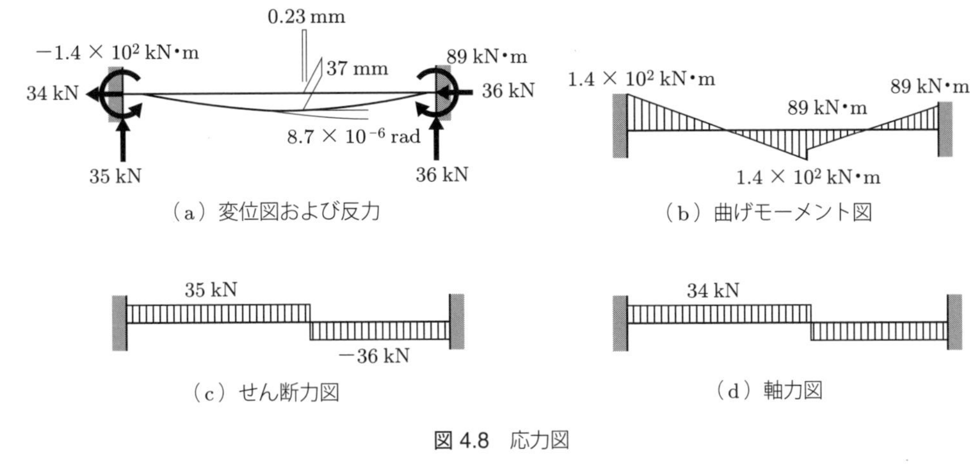

図 4.8　応力図

4.2 座標変換マトリクス

これまで対象とした構造物は，角度を有しない水平なものでした．ここでは，トラス構造物と同様に，部材が角度を有する場合の構造物の応力算定について考えます．そのために，外力ベクトルと剛性マトリクスの座標変換について説明します．

図 4.9(a) は，基準座標系に対し角度 θ を有する部材の両端部に，軸力 $\overline{P}_x$，せん断力 $\overline{P}_y$ と曲げモーメント $\overline{M}$ が作用している状態を示しています．これらの力は，局所座標系における値です．第 3 章と同様に，図中の記号上のバーは局所座標であることを示します．また，図 (b) は同じ部材に作用する局所荷重を基準座標系での表記に置き換えた場合を示しています．同じ荷重であっても，その値をどの座標系で記述するかにより，値は異なります．部材応力は局所座標系で応力を表記する必要がありますが，構造物は複数の部材から構成されているために，構造物全体としては基準座標系で力や変位を考える必要があります．したがって，局所座標と基準座標の変換の必要が生じます．そこで，ここでは**局所座標を基準座標に変換する方法**を考えましょう．

基準座標系における力と局所座標系における力の関係は，図 (c) の幾何学的関係から次のよう

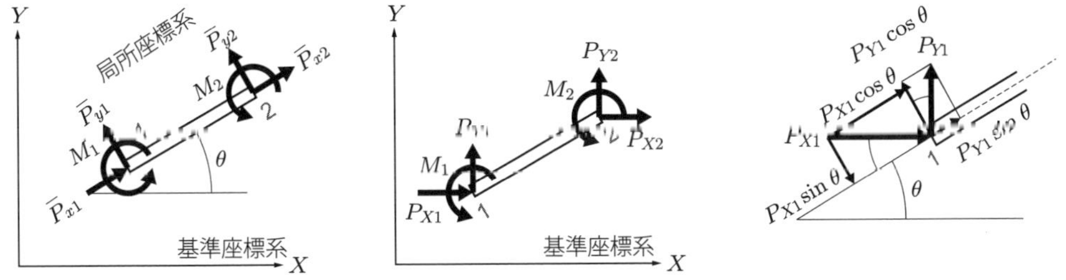

(a) 局所座標系における部材応力　(b) 基準座標系における部材応力　(c) 局所座標系と基準座標系の関係

図 4.9　局所座標系と基準座標系の対応

に表すことができます．

節点1

$$\left.\begin{array}{l}\overline{P}_{x1} = P_{X1}\cos\theta + P_{Y1}\sin\theta \\ \overline{P}_{y1} = -P_{X1}\sin\theta + P_{Y1}\cos\theta \\ \overline{M}_1 = M_1\end{array}\right\} \tag{4.11}$$

節点2

$$\left.\begin{array}{l}\overline{P}_{x2} = P_{X2}\cos\theta + P_{Y2}\sin\theta \\ \overline{P}_{y2} = -P_{X2}\sin\theta + P_{Y2}\cos\theta \\ \overline{M}_2 = M_2\end{array}\right\} \tag{4.12}$$

曲げモーメントは回転の影響は受けないので，座標変換の必要はありません．

以上の関係をマトリクス表示すると，

$$\underbrace{\begin{Bmatrix}\overline{P}_{x1} \\ \overline{P}_{y1} \\ \overline{M}_1 \\ \overline{P}_{x2} \\ \overline{P}_{y2} \\ \overline{M}_2\end{Bmatrix}}_{\text{局所座標}} = \underbrace{\begin{bmatrix}\lambda & \mu & 0 & 0 & 0 & 0 \\ -\mu & \lambda & 0 & 0 & 0 & 0 \\ 0 & 0 & 1 & 0 & 0 & 0 \\ 0 & 0 & 0 & \lambda & \mu & 0 \\ 0 & 0 & 0 & -\mu & \lambda & 0 \\ 0 & 0 & 0 & 0 & 0 & 1\end{bmatrix}}_{[T_3]} \underbrace{\begin{Bmatrix}P_{X1} \\ P_{Y1} \\ M_1 \\ P_{X2} \\ P_{Y2} \\ M_2\end{Bmatrix}}_{\text{基準座標}} \tag{4.13}$$

となり，軸力のほか，せん断力と曲げモーメントの力の座標変換マトリクス $[\boldsymbol{T_3}]$ が得られます．なお，$\lambda = \cos\theta$, $\mu = \sin\theta$ です．

この力の座標変換マトリクス $[\boldsymbol{T_3}]$ には次の性質があります．

$$\begin{aligned}[\boldsymbol{T_3}]^T[\boldsymbol{T_3}] &= \begin{bmatrix}\lambda & -\mu & 0 & 0 & 0 & 0 \\ \mu & \lambda & 0 & 0 & 0 & 0 \\ 0 & 0 & 1 & 0 & 0 & 0 \\ 0 & 0 & 0 & \lambda & -\mu & 0 \\ 0 & 0 & 0 & \mu & \lambda & 0 \\ 0 & 0 & 0 & 0 & 0 & 1\end{bmatrix}\begin{bmatrix}\lambda & \mu & 0 & 0 & 0 & 0 \\ -\mu & \lambda & 0 & 0 & 0 & 0 \\ 0 & 0 & 1 & 0 & 0 & 0 \\ 0 & 0 & 0 & \lambda & \mu & 0 \\ 0 & 0 & 0 & -\mu & \lambda & 0 \\ 0 & 0 & 0 & 0 & 0 & 1\end{bmatrix} \\ &= \begin{bmatrix}\lambda^2+\mu^2 & \lambda\mu-\lambda\mu & 0 & 0 & 0 & 0 \\ \lambda\mu-\lambda\mu & \lambda^2+\mu^2 & 0 & 0 & 0 & 0 \\ 0 & 0 & 1 & 0 & 0 & 0 \\ 0 & 0 & 0 & \lambda^2+\mu^2 & \lambda\mu-\lambda\mu & 0 \\ 0 & 0 & 0 & \lambda\mu-\lambda\mu & \lambda^2+\mu^2 & 0 \\ 0 & 0 & 0 & 0 & 0 & 1\end{bmatrix} \\ &= \begin{bmatrix}1 & 0 & 0 & 0 & 0 & 0 \\ 0 & 1 & 0 & 0 & 0 & 0 \\ 0 & 0 & 1 & 0 & 0 & 0 \\ 0 & 0 & 0 & 1 & 0 & 0 \\ 0 & 0 & 0 & 0 & 1 & 0 \\ 0 & 0 & 0 & 0 & 0 & 1\end{bmatrix}\end{aligned}$$

$$\therefore [\boldsymbol{T_3}]^{-1} = [\boldsymbol{T_3}]^T \tag{4.14}$$

すなわち，力の座標変換マトリクス $[\boldsymbol{T_3}]$ の転置行列と逆行列が等しいという性質です．

次に，トラス構造物で行ったように，局所剛性マトリクスを基準剛性マトリクスに変換する方法について説明します．

4.3 剛性マトリクスの座標変換

前節においては，外力ベクトルを局所座標系から基準座標系へ変換する方法について説明しました．ここでは，局所座標系における剛性マトリクス $[\boldsymbol{K_L}]$ を基準座標系における剛性マトリクス $[\boldsymbol{K_G}]$ に変換する方法を説明します．

まず，各節点に作用する力を一群の力として考え，前節の式 (4.13) を次のように書き換えます．

$$\underbrace{\begin{Bmatrix} \overline{P}_1 \\ \overline{P}_2 \end{Bmatrix}}_{\text{局所}} = \underbrace{\begin{bmatrix} R_0 & 0 \\ 0 & R_0 \end{bmatrix}}_{\text{変換行列}} \underbrace{\begin{Bmatrix} P_1 \\ P_2 \end{Bmatrix}}_{\text{基準}} \quad \text{あるいは} \quad \{\boldsymbol{P_L}\} = [\boldsymbol{T_3}]\{\boldsymbol{P_G}\} \tag{4.15}$$

ここで，

$$R_0 = \begin{bmatrix} \lambda & \mu & 0 \\ -\mu & \lambda & 0 \\ 0 & 0 & 1 \end{bmatrix}, \qquad [\boldsymbol{T_3}] = \begin{bmatrix} R_0 & 0 \\ 0 & R_0 \end{bmatrix}$$

です．また，$[\boldsymbol{T_3}]^{-1} = [\boldsymbol{T_3}]^T$ を利用し，局所座標を変換することを考え，式 (4.15) の両辺に $[\boldsymbol{T_3}]^{-1}$ を左からかけます．$[\boldsymbol{T_3}]^{-1}\{\boldsymbol{P_L}\} = [\boldsymbol{T_3}]^{-1}[\boldsymbol{T_3}]\{\boldsymbol{P_G}\} = \{\boldsymbol{P_G}\}$ より，

$$\{\boldsymbol{P_G}\} = [\boldsymbol{T_3}]^{-1}\{\boldsymbol{P_L}\} \tag{4.16}$$

が得られます．さらに，局所座標系における変位ベクトル $\{\boldsymbol{u_L}\}$ も式 (4.15) と同様に，

$$\{\boldsymbol{u_L}\} = [\boldsymbol{T_3}]\{\boldsymbol{u_G}\} \tag{4.17}$$

となります．また，局所座標系における剛性方程式は

$$\{\boldsymbol{P_L}\} = [\boldsymbol{K_L}]\{\boldsymbol{u_L}\} \tag{4.18}$$

です．

次に，式 (4.16) の右辺 $\{\boldsymbol{P_L}\}$ に式 (4.18) を代入し，基準座標系で表記するために式 (4.17) を代入すると，

$$\begin{aligned} \{\boldsymbol{P_G}\} &= [\boldsymbol{T_3}]^{-1}\{\boldsymbol{P_L}\} = [\boldsymbol{T_3}]^{-1}\underbrace{([\boldsymbol{K_L}]\{\boldsymbol{u_L}\})}_{\{P_L\}} = [\boldsymbol{T_3}]^{-1}([\boldsymbol{K_L}]\underbrace{[\boldsymbol{T_3}]\{\boldsymbol{u_G}\}}_{\{u_L\}}) \\ &= ([\boldsymbol{T_3}]^{-1}[\boldsymbol{K_L}][\boldsymbol{T_3}])\{\boldsymbol{u_G}\} = [\boldsymbol{K_G}]\{\boldsymbol{u_G}\} \end{aligned} \tag{4.19}$$

となり，式 (4.19) の左辺と右辺を比較すると

$$[\boldsymbol{K}_{\mathbf{G}}] = [\boldsymbol{T}_{\mathbf{3}}]^{-1}[\boldsymbol{K}_{\mathbf{L}}][\boldsymbol{T}_{\mathbf{3}}]$$

あるいは，$[\boldsymbol{T}_{\mathbf{3}}]^{-1} = [\boldsymbol{T}_{\mathbf{3}}]^{T}$ より $[\boldsymbol{K}_{\mathbf{G}}] = [\boldsymbol{T}_{\mathbf{3}}]^{T}[\boldsymbol{K}_{\mathbf{L}}][\boldsymbol{T}_{\mathbf{3}}]$　　(4.20)

が得られます．つまり，局所座標系における剛性マトリクスの両辺に変換行列を左からかけることにより，基準座標系に変換されることがわかりました．

以上の変換を利用すると，ラーメンの解法手順は以下のようになります．

解法手順

① 各部材の要素剛性マトリクス $[\overline{\boldsymbol{K}}]$ を求め，座標変換マトリクス $[\boldsymbol{T}_{\mathbf{3}}]$ を作成します．

② 座標変換マトリクスを $[\overline{\boldsymbol{K}}]$ に掛け合わせ，すべての材の要素剛性マトリクスを基準座標系に変換します．

$$[\boldsymbol{K}_{\mathrm{G}}] = [\boldsymbol{T}_{\mathbf{3}}]^{T}[\boldsymbol{K}_{\mathrm{L}}][\boldsymbol{T}_{\mathbf{3}}] \tag{4.21}$$

③ 各部材要素を重ね合わせ全体剛性マトリクスを作成します．

④ 拘束条件と外力を考慮し，未知変位を求めます．

$$\{\boldsymbol{P}_{\alpha}\} = [\boldsymbol{K}_{\alpha\alpha}]\{\boldsymbol{u}_{\alpha}\} \text{ より，} \qquad \{\boldsymbol{u}_{\alpha}\} = [\boldsymbol{K}_{\alpha\alpha}]^{-1}\{\boldsymbol{P}_{\alpha}\}$$

⑤ 求められた変位から反力を求めます．

$$\{\boldsymbol{P}_{\beta}\} = [\boldsymbol{K}_{\beta\alpha}]\{\boldsymbol{u}_{\alpha}\}$$

⑥ 次に，基準座標系における材端力 を求めます．

$$\{\boldsymbol{F}_{\mathrm{G}}\} = [\boldsymbol{K}_{\mathrm{G}}]\{\boldsymbol{u}_{\mathrm{G}}\} \tag{4.22}$$

⑦ 部材に実際に作用する応力とするために，基準座標系における作用応力を局所座標系に変換 します．そのためには以下の変換を行います．

$$\{\boldsymbol{F}_{\mathrm{L}}\} = [\boldsymbol{K}_{\mathrm{L}}]\{\boldsymbol{u}_{\mathrm{L}}\} = [\boldsymbol{T}_{\mathbf{3}}]\{\boldsymbol{F}_{\mathrm{G}}\} \tag{4.23}$$

なお，1.4.2 項で説明したように，部材の角度の基準点は部材節点番号の若い点です．たとえば，**図 4.10**(a)(b) の部材は互いに平行ですが，節点番号の位置の相違から，前者の角度は 30°，後者は 210° となります．この点に注意して，次節では実際に問題を解いてみましょう．

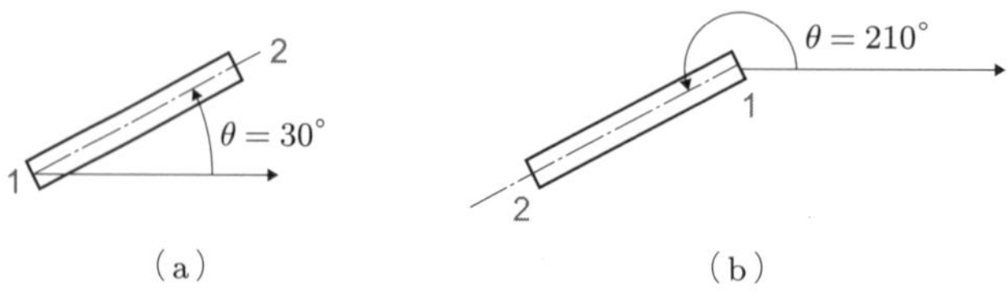

図 4.10　部材の角度

4.4 ラーメン剛性方程式の解法

ラーメン要素の剛性マトリクスの座標変換方法が得られたので，これを利用してラーメンの応力解析を行います．解法の手順は，前節に記述したとおりです．

例題 4.5

図 4.11 に示す 2 部材ラーメンの節点 2 に $P = 1.0 \times 10^2$ kN の荷重と $M = 50$ kN·m の曲げモーメントが作用しているとき，部材応力と節点 2 の変位，回転角を求めてください．なお，諸材料特性は図に示すとおりです．

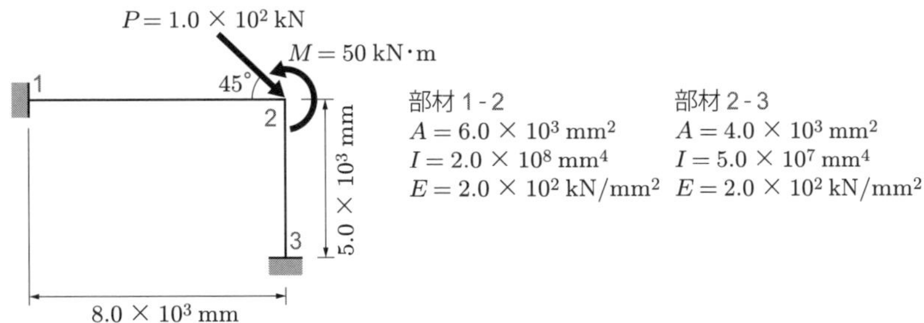

図 4.11 2 部材ラーメン

解 答

① 要素剛性マトリクス

2 部材要素の材料特性はこれまでの例題で使用したものと同じです．なお，部材の角度の起点は節点番号の若い点になるため，部材 1–2 の角度は 0 ですが，部材 2–3 の角度は 270° となります．この点に留意して要素剛性マトリクスを求めると，以下のとおりとなります．

部材 1–2

θ	=	0	EA/L	=	1.50E + 02
A	=	6.0E + 03	$12EI/L^3$	≒	9.38E − 01
L	=	8.0E + 03	$6EI/L^2$	=	3.75E + 03
I	=	2.0E + 08	$4EI/L$	=	2.00E + 07
E	=	2.0E + 02	$2EI/L$	=	1.00E + 07

上記要素をもとにすると，局所座標系における要素剛性マトリクスは以下のとおりとなります．

$$[\boldsymbol{K}_\mathrm{L}] = \begin{bmatrix} 1.50\mathrm{E}+02 & 0 & 0 & -1.50\mathrm{E}+02 & 0 & 0 \\ 0 & 9.38\mathrm{E}-01 & 3.75\mathrm{E}+03 & 0 & -9.38\mathrm{E}-01 & 3.75\mathrm{E}+03 \\ 0 & 3.75\mathrm{E}+03 & 2.00\mathrm{E}+07 & 0 & -3.75\mathrm{E}+03 & 1.00\mathrm{E}+07 \\ -1.50\mathrm{E}+02 & 0 & 0 & 1.50\mathrm{E}+02 & 0 & 0 \\ 0 & -9.38\mathrm{E}-01 & -3.75\mathrm{E}+03 & 0 & 9.38\mathrm{E}-01 & -3.75\mathrm{E}+03 \\ 0 & 3.75\mathrm{E}+03 & 1.00\mathrm{E}+07 & 0 & -3.75\mathrm{E}+03 & 2.00\mathrm{E}+07 \end{bmatrix} \begin{matrix} u_1 \\ v_1 \\ \theta_1 \\ u_2 \\ v_2 \\ \theta_2 \end{matrix}$$

（列：u_1, v_1, θ_1, u_2, v_2, θ_2）

次に，式 (4.13) より変換マトリクス $[\boldsymbol{T_3}]$ を求めます．

$$[\boldsymbol{T_3}] = \begin{array}{c} \begin{array}{cccccc} u_1 & v_1 & \theta_1 & u_2 & v_2 & \theta_2 \end{array} \\ \left[\begin{array}{cccccc} 1 & 0 & 0 & 0 & 0 & 0 \\ 0 & 1 & 0 & 0 & 0 & 0 \\ 0 & 0 & 1 & 0 & 0 & 0 \\ 0 & 0 & 0 & 1 & 0 & 0 \\ 0 & 0 & 0 & 0 & 1 & 0 \\ 0 & 0 & 0 & 0 & 0 & 1 \end{array}\right] \end{array} \begin{array}{c} u_1 \\ v_1 \\ \theta_1 \\ u_2 \\ v_2 \\ \theta_2 \end{array}$$

次に，$[\boldsymbol{T_3}]^T$ を求める必要がありますが，Excel によるまでもなく，単位行列なので，明らかに $[\boldsymbol{T_3}]^T = [\boldsymbol{T_3}]$ となります．

②基準座標系への変換

基準座標に変換するために $[\boldsymbol{T_3}]^T[\boldsymbol{K_L}][\boldsymbol{T_3}]$ を求めます．

$$[\boldsymbol{K_G}] = [\boldsymbol{T_3}]^T[\boldsymbol{K_L}][\boldsymbol{T_3}]$$

$$= \begin{array}{c} \begin{array}{cccccc} u_1 & v_1 & \theta_1 & u_2 & v_2 & \theta_2 \end{array} \\ \left[\begin{array}{cccccc} 1.50\mathrm{E}+02 & 0 & 0 & -1.50\mathrm{E}+02 & 0 & 0 \\ 0 & 9.38\mathrm{E}-01 & 3.75\mathrm{E}+03 & 0 & -9.38\mathrm{E}-01 & 3.75\mathrm{E}+03 \\ 0 & 3.75\mathrm{E}+03 & 2.00\mathrm{E}+07 & 0 & -3.75\mathrm{E}+03 & 1.00\mathrm{E}+07 \\ -1.50\mathrm{E}+02 & 0 & 0 & 1.50\mathrm{E}+02 & 0 & 0 \\ 0 & -9.38\mathrm{E}-01 & -3.75\mathrm{E}+03 & 0 & 9.38\mathrm{E}-01 & -3.75\mathrm{E}+03 \\ 0 & 3.75\mathrm{E}+03 & 1.00\mathrm{E}+07 & 0 & -3.75\mathrm{E}+03 & 2.00\mathrm{E}+07 \end{array}\right] \end{array} \begin{array}{c} u_1 \\ v_1 \\ \theta_1 \\ u_2 \\ v_2 \\ \theta_2 \end{array}$$

同様の計算を部材 2–3 に対しても行います．結果は以下のとおりになります．

部材 2–3

θ	=	270	EA/L	=	1.60E + 02
A	=	4.0E + 03	$12EI/L^3$	=	9.60E − 01
L	=	5.0E + 03	$6EI/L^2$	=	2.40E + 03
I	=	5.0E + 07	$4EI/L$	=	8.00E + 06
E	=	2.0E + 02	$2EI/L$	=	4.00E + 06

$$[\boldsymbol{K_L}] = \begin{array}{c} \begin{array}{cccccc} u_2 & v_2 & \theta_2 & u_3 & v_3 & \theta_3 \end{array} \\ \left[\begin{array}{cccccc} 1.60\mathrm{E}+02 & 0 & 0 & -1.60\mathrm{E}+02 & 0 & 0 \\ 0 & 9.60\mathrm{E}-01 & 2.40\mathrm{E}+03 & 0 & -9.60\mathrm{E}-01 & 2.40\mathrm{E}+03 \\ 0 & 2.40\mathrm{E}+03 & 8.00\mathrm{E}+06 & 0 & -2.40\mathrm{E}+03 & 4.00\mathrm{E}+06 \\ -1.60\mathrm{E}+02 & 0 & 0 & 1.60\mathrm{E}+02 & 0 & 0 \\ 0 & -9.60\mathrm{E}-01 & -2.40\mathrm{E}+03 & 0 & 9.60\mathrm{E}-01 & -2.40\mathrm{E}+03 \\ 0 & 2.40\mathrm{E}+03 & 4.00\mathrm{E}+06 & 0 & -2.40\mathrm{E}+03 & 8.00\mathrm{E}+06 \end{array}\right] \end{array} \begin{array}{c} u_2 \\ v_2 \\ \theta_2 \\ u_3 \\ v_3 \\ \theta_3 \end{array}$$

$$[\boldsymbol{T_3}] = \begin{array}{c} \begin{array}{cccccc} u_2 & v_2 & \theta_2 & u_3 & v_3 & \theta_3 \end{array} \\ \left[\begin{array}{cccccc} 0 & -1 & 0 & 0 & 0 & 0 \\ 1 & 0 & 0 & 0 & 0 & 0 \\ 0 & 0 & 1 & 0 & 0 & 0 \\ 0 & 0 & 0 & 0 & -1 & 0 \\ 0 & 0 & 0 & 1 & 0 & 0 \\ 0 & 0 & 0 & 0 & 0 & 1 \end{array}\right] \end{array} \begin{array}{c} u_2 \\ v_2 \\ \theta_2 \\ u_3 \\ v_3 \\ \theta_3 \end{array}$$

$$
[\boldsymbol{T_3}]^T = \begin{bmatrix} 0 & 1 & 0 & 0 & 0 & 0 \\ -1 & 0 & 0 & 0 & 0 & 0 \\ 0 & 0 & 1 & 0 & 0 & 0 \\ 0 & 0 & 0 & 0 & 1 & 0 \\ 0 & 0 & 0 & -1 & 0 & 0 \\ 0 & 0 & 0 & 0 & 0 & 1 \end{bmatrix}
$$

$$
[\boldsymbol{K_G}] = [\boldsymbol{T_3}]^T[\boldsymbol{K_L}][\boldsymbol{T_3}]
$$

$$
= \begin{array}{c} \\ \\ \end{array}
\begin{array}{cccccc|c}
u_2 & v_2 & \theta_2 & u_3 & v_3 & \theta_3 & \\
9.60\mathrm{E}-01 & 0 & 2.40\mathrm{E}+03 & -9.60\mathrm{E}-01 & 0 & 2.40\mathrm{E}+03 & u_2 \\
0 & 1.60\mathrm{E}+02 & 0 & 0 & -1.60\mathrm{E}+02 & 0 & v_2 \\
2.40\mathrm{E}+03 & 0 & 8.00\mathrm{E}+06 & -2.40\mathrm{E}+03 & 0 & 4.00\mathrm{E}+06 & \theta_2 \\
-9.60\mathrm{E}-01 & 0 & -2.40\mathrm{E}+03 & 9.60\mathrm{E}-01 & 0 & -2.40\mathrm{E}+03 & u_3 \\
0 & -1.60\mathrm{E}+02 & 0 & 0 & 1.60\mathrm{E}+02 & 0 & v_3 \\
2.40\mathrm{E}+03 & 0 & 4.00\mathrm{E}+06 & -2.40\mathrm{E}+03 & 0 & 8.00\mathrm{E}+06 & \theta_3
\end{array}
$$

③ 全体剛性マトリクス

全体剛性マトリクスの大きさは，節点数が 3，各節点の自由度が 3 なので 9×9 となります．①，② で求めた 2 部材の剛性マトリクスを既定の場所に重ね合わせると，以下のような基準座標系の全体剛性マトリクスが得られます．なお，空白は 0 を示します．

$$
[\boldsymbol{K_G}] = \begin{array}{ccccccccc|c}
u_1 & v_1 & \theta_1 & u_2 & v_2 & \theta_2 & u_3 & v_3 & \theta_3 & \\
1.50\mathrm{E}+02 & & & -1.50\mathrm{E}+02 & & & & & & u_1 \\
 & 9.38\mathrm{E}-01 & 3.75\mathrm{E}+03 & & -9.38\mathrm{E}-01 & 3.75\mathrm{E}+03 & & & & v_1 \\
 & 3.75\mathrm{E}+03 & 2.00\mathrm{E}+07 & & -3.75\mathrm{E}+03 & 1.00\mathrm{E}+07 & & & & \theta_1 \\
-1.50\mathrm{E}+02 & & & 1.51\mathrm{E}+02 & & 2.40\mathrm{E}+03 & -9.60\mathrm{E}-01 & & 2.40\mathrm{E}+03 & u_2 \\
 & -9.38\mathrm{E}-01 & -3.75\mathrm{E}+03 & & 1.61\mathrm{E}+02 & -3.75\mathrm{E}+03 & & -1.60\mathrm{E}+02 & & v_2 \\
 & 3.75\mathrm{E}+03 & 1.00\mathrm{E}+07 & 2.40\mathrm{E}+03 & -3.75\mathrm{E}+03 & 2.80\mathrm{E}+07 & -2.40\mathrm{E}+03 & & 4.00\mathrm{E}+06 & \theta_2 \\
 & & & -9.60\mathrm{E}-01 & & -2.40\mathrm{E}+03 & 9.60\mathrm{E}-01 & & -2.40\mathrm{E}+03 & u_3 \\
 & & & & -1.60\mathrm{E}+02 & & & 1.60\mathrm{E}+02 & & v_3 \\
 & & & 2.40\mathrm{E}+03 & & 4.00\mathrm{E}+06 & -2.40\mathrm{E}+03 & & 8.00\mathrm{E}+06 & \theta_3
\end{array}
$$

拘束条件を考えます．節点 1 と 3 が固定であるため，それぞれ 3 自由度が拘束されています．対応する箇所にグレーのアミをかけると，残った部分が $[\boldsymbol{K_{\alpha\alpha}}]$ となります．

$$
[\boldsymbol{K_G}] = \begin{array}{ccccccccc|c}
u_1 & v_1 & \theta_1 & u_2 & v_2 & \theta_2 & u_3 & v_3 & \theta_3 & \\
1.50\mathrm{E}+02 & & & -1.50\mathrm{E}+02 & & & & & & u_1 \\
 & 9.38\mathrm{E}-01 & 3.75\mathrm{E}+03 & & -9.38\mathrm{E}-01 & 3.75\mathrm{E}+03 & & & & v_1 \\
 & 3.75\mathrm{E}+03 & 2.00\mathrm{E}+07 & & -3.75\mathrm{E}+03 & 1.00\mathrm{E}+07 & & & & \theta_1 \\
-1.50\mathrm{E}+02 & & & 1.51\mathrm{E}+02 & & 2.40\mathrm{E}+03 & -9.60\mathrm{E}-01 & & 2.40\mathrm{E}+03 & u_2 \\
 & -9.38\mathrm{E}-01 & -3.75\mathrm{E}+03 & & 1.61\mathrm{E}+02 & -3.75\mathrm{E}+03 & & -1.60\mathrm{E}+02 & & v_2 \\
 & 3.75\mathrm{E}+03 & 1.00\mathrm{E}+07 & 2.40\mathrm{E}+03 & -3.75\mathrm{E}+03 & 2.80\mathrm{E}+07 & -2.40\mathrm{E}+03 & & 4.00\mathrm{E}+06 & \theta_2 \\
 & & & -9.60\mathrm{E}-01 & & -2.40\mathrm{E}+03 & 9.60\mathrm{E}-01 & & -2.40\mathrm{E}+03 & u_3 \\
 & & & & -1.60\mathrm{E}+02 & & & 1.60\mathrm{E}+02 & & v_3 \\
 & & & 2.40\mathrm{E}+03 & & 4.00\mathrm{E}+06 & -2.40\mathrm{E}+03 & & 8.00\mathrm{E}+06 & \theta_3
\end{array}
$$

次に，上記剛性マトリクスを並べ替え，$[\boldsymbol{K_{\alpha\alpha}}]$ と $[\boldsymbol{K_{\beta\alpha}}]$ を求めます．

$$
\begin{array}{c|ccccccccc|c}
 & u_2 & v_2 & \theta_2 & u_1 & v_1 & \theta_1 & u_3 & v_3 & \theta_3 & \\
P_{X2} & 1.51\mathrm{E}+02 & & 2.40\mathrm{E}+03 & -1.50\mathrm{E}+02 & & & -9.60\mathrm{E}-01 & & 2.40\mathrm{E}+03 & u_2 \\
P_{Y2} & & 1.61\mathrm{E}+02 & -3.75\mathrm{E}+03 & & -9.38\mathrm{E}-01 & -3.75\mathrm{E}+03 & & -1.60\mathrm{E}+02 & & v_2 \\
M_2 & 2.40\mathrm{E}+03 & -3.75\mathrm{E}+03 & 2.80\mathrm{E}+07 & & 3.75\mathrm{E}+03 & 1.00\mathrm{E}+07 & -2.40\mathrm{E}+03 & & 4.00\mathrm{E}+06 & \theta_2 \\
P_{X1} & -1.50\mathrm{E}+02 & & & 1.50\mathrm{E}+02 & & & & & & u_1 \\
P_{Y1} & & -9.38\mathrm{E}-01 & 3.75\mathrm{E}+03 & & 9.38\mathrm{E}-01 & 3.75\mathrm{E}+03 & & & & v_1 \\
M_1 & & -3.75\mathrm{E}+03 & 1.00\mathrm{E}+07 & & 3.75\mathrm{E}+03 & 2.00\mathrm{E}+07 & & & & \theta_1 \\
P_{X3} & -9.60\mathrm{E}-01 & & -2.40\mathrm{E}+03 & & & & 9.60\mathrm{E}-01 & & -2.40\mathrm{E}+03 & u_3 \\
P_{Y3} & & -1.60\mathrm{E}+02 & & & & & & 1.60\mathrm{E}+02 & & v_3 \\
M_3 & 2.40\mathrm{E}+03 & & 4.00\mathrm{E}+06 & & & & -2.40\mathrm{E}+03 & & 8.00\mathrm{E}+06 & \theta_3
\end{array}
$$

（左上 3×3：$[\boldsymbol{K_{\alpha\alpha}}]$，左下 6×3：$[\boldsymbol{K_{\beta\alpha}}]$）

④変位・回転角

節点2にはたらく外力 P は，X と Y 方向に分割するとそれぞれ 70.7 kN と −70.7 kN，また，モーメントは 50 kN·m です．これらの値を外力ベクトルに代入すると，式 (2.44) は以下のようになります．

$$\overset{\{P_\alpha\}}{\begin{Bmatrix} P_{X2}=70.7 \\ P_{Y2}=-70.7 \\ M_2=50000 \end{Bmatrix}} = \overset{[K_{\alpha\alpha}]}{\begin{bmatrix} 1.51\text{E}+02 & 0 & 2.40\text{E}+03 \\ 0 & 1.61\text{E}+02 & -3.75\text{E}+03 \\ 2.40\text{E}+03 & -3.75\text{E}+03 & 2.80\text{E}+07 \end{bmatrix}} \overset{\{u_\alpha\}}{\begin{Bmatrix} u_2 \\ v_2 \\ \theta_2 \end{Bmatrix}}$$

式 (2.46) より，両辺に $[\boldsymbol{K_{\alpha\alpha}}]^{-1}$ を左からかけることで未知変位を求められます．

$$\overset{\{u_\alpha\}}{\begin{Bmatrix} u_2 \\ v_2 \\ \theta_2 \end{Bmatrix}} = \overset{[K_{\alpha\alpha}]^{-1}}{\begin{bmatrix} 6.63\text{E}-03 & -1.33\text{E}-05 & -5.70\text{E}-07 \\ -1.33\text{E}-05 & 6.23\text{E}-03 & 8.36\text{E}-07 \\ -5.70\text{E}-07 & 8.36\text{E}-07 & 3.59\text{E}-08 \end{bmatrix}} \overset{\{P_\alpha\}}{\begin{Bmatrix} 70.7 \\ -70.7 \\ 50000 \end{Bmatrix}}$$

$$= \begin{Bmatrix} 4.41\text{E}-01 \\ -4.00\text{E}-01 \\ 1.69\text{E}-03 \end{Bmatrix} \fallingdotseq \begin{Bmatrix} 0.44 \\ -0.40 \\ 1.7\times10^{-3} \end{Bmatrix} \begin{matrix} \text{mm} \\ \text{mm} \\ \text{rad} \end{matrix}$$

⑤反力の算出

変位が求められたので，反力は式 (2.45) より，

$$\overset{\{P_\beta\}}{\begin{Bmatrix} P_{X1} \\ P_{Y1} \\ M_1 \\ P_{X3} \\ P_{Y3} \\ M_3 \end{Bmatrix}} = \overset{[K_{\beta\alpha}]}{\begin{bmatrix} -1.50\text{E}+02 & 0 & 0 \\ 0 & -9.38\text{E}-01 & 3.75\text{E}+03 \\ 0 & -3.75\text{E}+03 & 1.00\text{E}+07 \\ -9.60\text{E}-01 & 0 & -2.40\text{E}+03 \\ 0 & -1.60\text{E}+02 & 0 \\ 2.40\text{E}+03 & 0 & 4.00\text{E}+06 \end{bmatrix}} \overset{\{u_\alpha\}}{\begin{Bmatrix} 4.41\text{E}-01 \\ -4.00\text{E}-01 \\ 1.69\text{E}-03 \end{Bmatrix}} = \begin{Bmatrix} -66.2 \\ 6.73 \\ 1.84\times10^4 \\ -4.49 \\ 64.0 \\ 7.84\times10^3 \end{Bmatrix}$$

となります．

⑥部材応力（基準座標系）

次に部材応力を求めます．そのためにまず，変位を各要素剛性方程式 $\{\boldsymbol{F_G}\} = [\boldsymbol{K_G}]\{\boldsymbol{u_G}\}$ に代入し，基準座標系における応力を求めます．基準座標における要素剛性マトリクス $[\boldsymbol{K_G}]$ は②で求めたとおりです．

1) 部材 1–2

$$\overset{\{F_G\}}{\begin{Bmatrix} P_{X1} \\ P_{Y1} \\ M_1 \\ P_{X2} \\ P_{Y2} \\ P_{X2} \end{Bmatrix}} = \overset{[K_G]}{\begin{bmatrix} 1.50\text{E}+02 & 0 & 0 & -1.50\text{E}+02 & 0 & 0 \\ 0 & 9.38\text{E}-01 & 3.75\text{E}+03 & 0 & -9.38\text{E}-01 & 3.75\text{E}+03 \\ 0 & 3.75\text{E}+03 & 2.00\text{E}+07 & 0 & -3.75\text{E}+03 & 1.00\text{E}+07 \\ -1.50\text{E}+02 & 0 & 0 & 1.50\text{E}+02 & 0 & 0 \\ 0 & -9.38\text{E}-01 & -3.75\text{E}+03 & 0 & 9.38\text{E}-01 & -3.75\text{E}+03 \\ 0 & 3.75\text{E}+03 & 1.00\text{E}+07 & 0 & -3.75\text{E}+03 & 2.00\text{E}+07 \end{bmatrix}} \overset{\{u_G\}}{\begin{Bmatrix} 0 \\ 0 \\ 0 \\ 4.41\text{E}-01 \\ -4.00\text{E}-01 \\ 1.69\text{E}-03 \end{Bmatrix}}$$

$$= \overset{\{F_G\}}{\begin{Bmatrix} -6.62\text{E}+01 \\ 6.73\text{E}+00 \\ 1.84\text{E}+04 \\ 6.62\text{E}+01 \\ -6.73\text{E}+00 \\ 3.54\text{E}+04 \end{Bmatrix}} \fallingdotseq \begin{Bmatrix} -66 \\ 6.7 \\ 1.8\times10^4 \\ 66 \\ -6.7 \\ 3.5\times10^4 \end{Bmatrix} \begin{matrix} \text{kN} \\ \text{kN} \\ \text{kN}\cdot\text{mm} \\ \text{kN} \\ \text{kN} \\ \text{kN}\cdot\text{mm} \end{matrix}$$

2) 部材 2−3

$$\underset{\{F_G\}}{\begin{Bmatrix} P_{X2} \\ P_{Y2} \\ M_2 \\ P_{X3} \\ P_{Y3} \\ M_3 \end{Bmatrix}} = \underset{[K_G]}{\begin{bmatrix} 9.60\mathrm{E}-01 & 0 & 2.40\mathrm{E}+03 & -9.60\mathrm{E}-01 & 0 & 2.40\mathrm{E}+03 \\ 0 & 1.60\mathrm{E}+02 & 0 & 0 & -1.60\mathrm{E}+02 & 0 \\ 2.40\mathrm{E}+03 & 0 & 8.00\mathrm{E}+06 & -2.40\mathrm{E}+03 & 0 & 4.00\mathrm{E}+06 \\ -9.60\mathrm{E}-01 & 0 & -2.40\mathrm{E}+03 & 9.60\mathrm{E}-01 & 0 & -2.40\mathrm{E}+03 \\ 0 & -1.60\mathrm{E}+02 & 0 & 0 & 1.60\mathrm{E}+02 & 0 \\ 2.40\mathrm{E}+03 & 0 & 4.00\mathrm{E}+06 & -2.40\mathrm{E}+03 & 0 & 8.00\mathrm{E}+06 \end{bmatrix}} \underset{\{u_G\}}{\begin{Bmatrix} 4.41\mathrm{E}-01 \\ -4.00\mathrm{E}-01 \\ 1.69\mathrm{E}-03 \\ 0 \\ 0 \\ 0 \end{Bmatrix}}$$

$$= \underset{\{F_G\}}{\begin{Bmatrix} 4.49\mathrm{E}+00 \\ -6.39\mathrm{E}+01 \\ 1.46\mathrm{E}+04 \\ -4.49\mathrm{E}+00 \\ 6.39\mathrm{E}+01 \\ 7.84\mathrm{E}+03 \end{Bmatrix}} \fallingdotseq \begin{Bmatrix} 4.5 \\ -64 \\ 1.5\times10^4 \\ -4.5 \\ 64 \\ 7.8\times10^3 \end{Bmatrix} \begin{matrix} \mathrm{kN} \\ \mathrm{kN} \\ \mathrm{kN\cdot mm} \\ \mathrm{kN} \\ \mathrm{kN} \\ \mathrm{kN\cdot mm} \end{matrix}$$

⑦ 部材応力（局所座標系）

求められた応力は基準座標系における値なので，式 (4.23) を使って，これを実際に部材に作用する **局所座標系における応力に変換** します．

$$\{\boldsymbol{F}_\mathbf{L}\} = [\boldsymbol{K}_\mathbf{L}]\{\boldsymbol{u}_\mathbf{L}\} = \underline{[\boldsymbol{T}_\mathbf{3}]\{\boldsymbol{F}_\mathbf{G}\}} \qquad (4.23)\ 再掲$$

1) 部材 1−2

$$\underset{\{F_L\}}{\begin{Bmatrix} P_{X1} \\ P_{Y1} \\ M_1 \\ P_{X2} \\ P_{Y2} \\ P_{X1} \end{Bmatrix}} = \underset{[T_3]}{\begin{bmatrix} 1&0&0&0&0&0 \\ 0&1&0&0&0&0 \\ 0&0&1&0&0&0 \\ 0&0&0&1&0&0 \\ 0&0&0&0&1&0 \\ 0&0&0&0&0&1 \end{bmatrix}} \underset{\{F_G\}}{\begin{Bmatrix} -6.62\mathrm{E}+01 \\ 6.73\mathrm{E}+00 \\ 1.84\mathrm{E}+04 \\ 6.62\mathrm{E}+01 \\ -6.73\mathrm{E}+00 \\ 3.54\mathrm{E}+04 \end{Bmatrix}} \fallingdotseq \underset{\{F_L\}}{\begin{Bmatrix} -66 \\ 6.7 \\ 1.8\times10^4 \\ 66 \\ -6.7 \\ 3.5 \end{Bmatrix}} \begin{matrix} \mathrm{kN} \\ \mathrm{kN} \\ \mathrm{kN\cdot mm} \\ \mathrm{kN} \\ \mathrm{kN} \\ \mathrm{kN\cdot mm} \end{matrix}$$

部材 1−2 は水平なため，基準座標系における値と変わりはありません．

2) 部材 2−3

$$\underset{\{F_L\}}{\begin{Bmatrix} P_{X2} \\ P_{Y2} \\ M_2 \\ P_{X3} \\ P_{Y3} \\ M_3 \end{Bmatrix}} = \underset{[T_3]}{\begin{bmatrix} 0&-1&0&0&0&0 \\ 1&0&0&0&0&0 \\ 0&0&1&0&0&0 \\ 0&0&0&0&-1&0 \\ 0&0&0&1&0&0 \\ 0&0&0&0&0&1 \end{bmatrix}} \underset{\{F_G\}}{\begin{Bmatrix} 4.49\mathrm{E}+00 \\ -6.39\mathrm{E}+01 \\ 1.46\mathrm{E}+04 \\ -4.49\mathrm{E}+00 \\ 6.39\mathrm{E}+01 \\ 7.84\mathrm{E}+03 \end{Bmatrix}}$$

$$\fallingdotseq \underset{\{F_L\}}{\begin{Bmatrix} 64 \\ 4.5 \\ 1.5\times10^4 \\ -64 \\ -4.5 \\ 7.8\times10^3 \end{Bmatrix}} \begin{matrix} \mathrm{kN} \\ \mathrm{kN} \\ \mathrm{kN\cdot mm} \\ \mathrm{kN} \\ \mathrm{kN} \\ \mathrm{kN\cdot mm} \end{matrix}$$

以上の結果を図示すると，**図 4.12** のようになります．

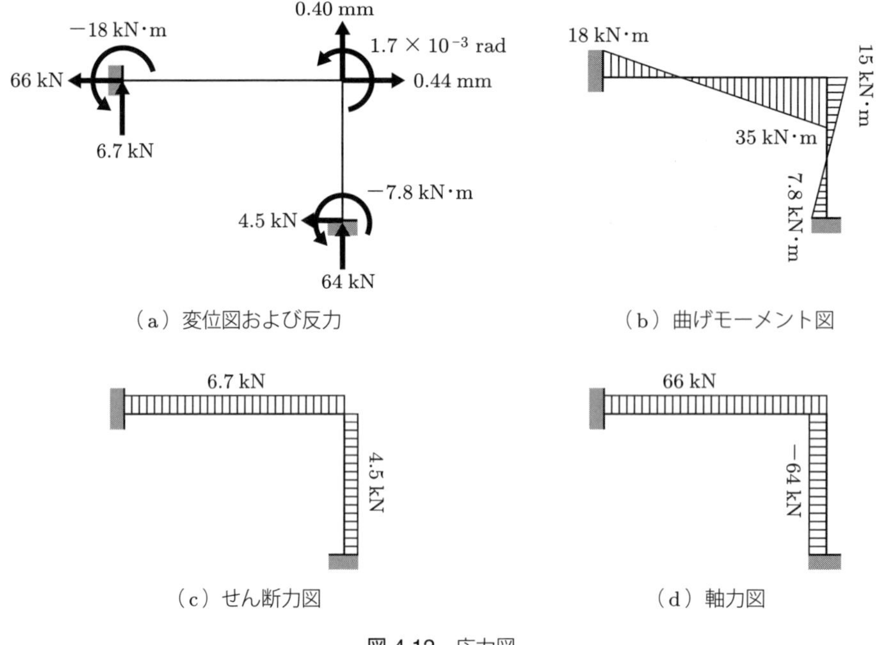

（a）変位図および反力　（b）曲げモーメント図

（c）せん断力図　（d）軸力図

図 4.12　応力図

例題 4.6

図 4.13 の山形ラーメンの応力を求めてください．なお，諸材料特性は図に示すとおりです．

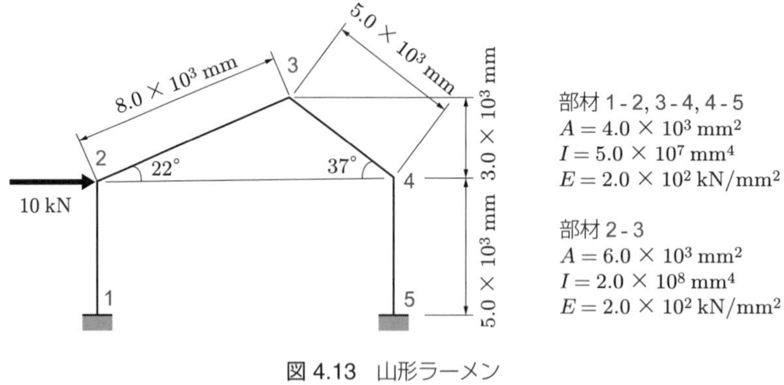

図 4.13　山形ラーメン

解　答

①はじめに，部材 1－2 について剛性マトリクスの要素を計算します．

部材 1－2

θ	$=$	90	EA/L	$=$	1.60E + 02
A	$=$	4.0E + 03	$12EI/L^3$	$=$	9.60E − 01
L	$=$	5.0E + 03	$6EI/L^2$	$=$	2.40E + 03
I	$=$	5.0E + 07	$4EI/L$	$=$	8.00E + 06
E	$=$	2.0E + 02	$2EI/L$	$=$	4.00E + 06

この値をもとに，局所座標系の要素剛性マトリクス $[\boldsymbol{K}_\mathbf{L}]$ を作成します．

$$[\boldsymbol{K}_\mathbf{L}] = \begin{array}{c} \begin{array}{cccccc} u_1 & v_1 & \theta_1 & u_2 & v_2 & \theta_2 \end{array} \\ \left[\begin{array}{cccccc} 1.60\mathrm{E}+02 & 0 & 0 & -1.60\mathrm{E}+02 & 0 & 0 \\ 0 & 9.60\mathrm{E}-01 & 2.40\mathrm{E}+03 & 0 & -9.60\mathrm{E}-01 & 2.40\mathrm{E}+03 \\ 0 & 2.40E+03 & 8.00E+06 & 0 & -2.40E+03 & 4.00E+06 \\ -1.60\mathrm{E}+02 & 0 & 0 & 1.60\mathrm{E}+02 & 0 & 0 \\ 0 & -9.60\mathrm{E}-01 & -2.40\mathrm{E}+03 & 0 & 9.60\mathrm{E}-01 & -2.40\mathrm{E}+03 \\ 0 & 2.40\mathrm{E}+03 & 4.00\mathrm{E}+06 & 0 & -2.40\mathrm{E}+03 & 8.00\mathrm{E}+06 \end{array}\right] \end{array} \begin{array}{c} u_1 \\ v_1 \\ \theta_1 \\ u_2 \\ v_2 \\ \theta_2 \end{array}$$

②変換マトリクス $[\boldsymbol{T}_\mathbf{3}]$ を作成します．

$$[\boldsymbol{T}_\mathbf{3}] = \begin{array}{c} \begin{array}{cccccc} u_1 & v_1 & \theta_1 & u_2 & v_2 & \theta_2 \end{array} \\ \left[\begin{array}{cccccc} 0 & 1 & 0 & 0 & 0 & 0 \\ -1 & 0 & 0 & 0 & 0 & 0 \\ 0 & 0 & 1 & 0 & 0 & 0 \\ 0 & 0 & 0 & 0 & 1 & 0 \\ 0 & 0 & 0 & -1 & 0 & 0 \\ 0 & 0 & 0 & 0 & 0 & 1 \end{array}\right] \end{array} \begin{array}{c} u_1 \\ v_1 \\ \theta_1 \\ u_2 \\ v_2 \\ \theta_2 \end{array}$$

③変換マトリクス $[\boldsymbol{T}_\mathbf{3}]^T$ を Excel により作成します．

$$[\boldsymbol{T}_\mathbf{3}]^T = \left[\begin{array}{cccccc} 0 & -1 & 0 & 0 & 0 & 0 \\ 1 & 0 & 0 & 0 & 0 & 0 \\ 0 & 0 & 1 & 0 & 0 & 0 \\ 0 & 0 & 0 & 0 & -1 & 0 \\ 0 & 0 & 0 & 1 & 0 & 0 \\ 0 & 0 & 0 & 0 & 0 & 1 \end{array}\right]$$

④$[\boldsymbol{T}_\mathbf{3}]^T[\boldsymbol{K}_\mathbf{L}][\boldsymbol{T}_\mathbf{3}]$ を Excel で計算することにより，要素剛性マトリクスを基準座標系に変換します．

$$[\boldsymbol{K}_\mathbf{G}] = [\boldsymbol{T}_\mathbf{3}]^T[\boldsymbol{K}_\mathbf{L}][\boldsymbol{T}_\mathbf{3}]$$

$$= \begin{array}{c} \begin{array}{cccccc} u_1 & v_1 & \theta_1 & u_2 & v_2 & \theta_2 \end{array} \\ \left[\begin{array}{cccccc} 9.60\mathrm{E}-01 & 0 & -2.40\mathrm{E}+03 & -9.60\mathrm{E}-01 & 0 & -2.40\mathrm{E}+03 \\ 0 & 1.60\mathrm{E}+02 & 0 & 0 & -1.60\mathrm{E}+02 & 0 \\ -2.40\mathrm{E}+03 & 0 & 8.00\mathrm{E}+06 & 2.40\mathrm{E}+03 & 0 & 4.00\mathrm{E}+06 \\ -9.60\mathrm{E}-01 & 0 & 2.40\mathrm{E}+03 & 9.60\mathrm{E}-01 & 0 & 2.40\mathrm{E}+03 \\ 0 & -1.60\mathrm{E}+02 & 0 & 0 & 1.60\mathrm{E}+02 & 0 \\ -2.40\mathrm{E}+03 & 0 & 4.00\mathrm{E}+06 & 2.40\mathrm{E}+03 & 0 & 8.00\mathrm{E}+06 \end{array}\right] \end{array} \begin{array}{c} u_1 \\ v_1 \\ \theta_1 \\ u_2 \\ v_2 \\ \theta_2 \end{array}$$

同様の操作を残りの部材に対しても行います．

部材 2–3

θ	$=$	22	EA/L	$=$	1.50E + 02
A	$=$	6.0E + 03	$12EI/L^3$	$\fallingdotseq$	9.38E − 01
L	$=$	8.0E + 03	$6EI/L^2$	$=$	3.75E + 03
I	$=$	2.0E + 08	$4EI/L$	$=$	2.00E + 07
E	$=$	2.0E + 02	$2EI/L$	$=$	1.00E + 07

$$[\boldsymbol{K}_{\mathbf{L}}] = \begin{array}{c} \begin{matrix} u_2 & v_2 & \theta_2 & u_3 & v_3 & \theta_3 \end{matrix} \\ \begin{bmatrix} 1.50\mathrm{E}+02 & 0 & 0 & -1.50\mathrm{E}+02 & 0 & 0 \\ 0 & 9.38\mathrm{E}-01 & 3.75\mathrm{E}+03 & 0 & -9.38\mathrm{E}-01 & 3.75\mathrm{E}+03 \\ 0 & 3.75\mathrm{E}+03 & 2.00\mathrm{E}+07 & 0 & -3.75\mathrm{E}+03 & 1.00\mathrm{E}+07 \\ -1.50\mathrm{E}+02 & 0 & 0 & 1.50\mathrm{E}+02 & 0 & 0 \\ 0 & -9.38\mathrm{E}-01 & -3.75\mathrm{E}+03 & 0 & 9.38\mathrm{E}-01 & -3.75\mathrm{E}+03 \\ 0 & 3.75\mathrm{E}+03 & 1.00\mathrm{E}+07 & 0 & -3.75\mathrm{E}+03 & 2.00\mathrm{E}+07 \end{bmatrix} \end{array} \begin{matrix} u_2 \\ v_2 \\ \theta_2 \\ u_3 \\ v_3 \\ \theta_3 \end{matrix}$$

$$[\boldsymbol{T}_{\mathbf{3}}] = \begin{array}{c} \begin{matrix} u_2 & v_2 & \theta_2 & u_3 & v_3 & \theta_3 \end{matrix} \\ \begin{bmatrix} 0.927 & 0.375 & 0 & 0 & 0 & 0 \\ -0.375 & 0.927 & 0 & 0 & 0 & 0 \\ 0 & 0 & 1 & 0 & 0 & 0 \\ 0 & 0 & 0 & 0.927 & 0.375 & 0 \\ 0 & 0 & 0 & -0.375 & 0.927 & 0 \\ 0 & 0 & 0 & 0 & 0 & 1 \end{bmatrix} \end{array} \begin{matrix} u_2 \\ v_2 \\ \theta_2 \\ u_3 \\ v_3 \\ \theta_3 \end{matrix}$$

$$[\boldsymbol{T}_{\mathbf{3}}]^T = \begin{bmatrix} 0.927 & -0.375 & 0 & 0 & 0 & 0 \\ 0.375 & 0.927 & 0 & 0 & 0 & 0 \\ 0 & 0 & 1 & 0 & 0 & 0 \\ 0 & 0 & 0 & 0.927 & -0.375 & 0 \\ 0 & 0 & 0 & 0.375 & 0.927 & 0 \\ 0 & 0 & 0 & 0 & 0 & 1 \end{bmatrix}$$

$$[\boldsymbol{K}_{\mathbf{G}}] = [\boldsymbol{T}_{\mathbf{3}}]^T[\boldsymbol{K}_{\mathbf{L}}][\boldsymbol{T}_{\mathbf{3}}]$$

$$= \begin{array}{c} \begin{matrix} u_2 & v_2 & \theta_2 & u_3 & v_3 & \theta_3 \end{matrix} \\ \begin{bmatrix} 1.29\mathrm{E}+02 & 5.18\mathrm{E}+01 & -1.41\mathrm{E}+03 & -1.29\mathrm{E}+02 & -5.18\mathrm{E}+01 & -1.41\mathrm{E}+03 \\ 5.18\mathrm{E}+01 & 2.19\mathrm{E}+01 & 3.48\mathrm{E}+03 & -5.18\mathrm{E}+01 & -2.19\mathrm{E}+01 & 3.48\mathrm{E}+03 \\ -1.41\mathrm{E}+03 & 3.48\mathrm{E}+03 & 2.00\mathrm{E}+07 & 1.41\mathrm{E}+03 & -3.48\mathrm{E}+03 & 1.00\mathrm{E}+07 \\ -1.29\mathrm{E}+02 & -5.18\mathrm{E}+01 & 1.41\mathrm{E}+03 & 1.29\mathrm{E}+02 & 5.18\mathrm{E}+01 & 1.41\mathrm{E}+03 \\ -5.18\mathrm{E}+01 & -2.19\mathrm{E}+01 & -3.48\mathrm{E}+03 & 5.18\mathrm{E}+01 & 2.19\mathrm{E}+01 & -3.48\mathrm{E}+03 \\ -1.41\mathrm{E}+03 & 3.48\mathrm{E}+03 & 1.00\mathrm{E}+07 & 1.41\mathrm{E}+03 & -3.48\mathrm{E}+03 & 2.00\mathrm{E}+07 \end{bmatrix} \end{array} \begin{matrix} u_2 \\ v_2 \\ \theta_2 \\ u_3 \\ v_3 \\ \theta_3 \end{matrix}$$

部材 3–4

θ	$=$	323	EA/L	$=$	1.60E + 02
A	$=$	4.0E + 03	$12EI/L^3$	$=$	9.60E − 01
L	$=$	5.0E + 03	$6EI/L^2$	$=$	2.40E + 03
I	$=$	5.0E + 07	$4EI/L$	$=$	8.00E + 06
E	$=$	2.0E + 02	$2EI/L$	$=$	4.00E + 06

$$[\boldsymbol{K}_{\mathbf{L}}] = \begin{array}{c} \begin{matrix} u_3 & v_3 & \theta_3 & u_4 & v_4 & \theta_4 \end{matrix} \\ \begin{bmatrix} 1.60\mathrm{E}+02 & 0 & 0 & -1.60\mathrm{E}+02 & 0 & 0 \\ 0 & 9.60\mathrm{E}-01 & 2.40\mathrm{E}+03 & 0 & -9.60\mathrm{E}-01 & 2.40\mathrm{E}+03 \\ 0 & 2.40\mathrm{E}+03 & 8.00\mathrm{E}+06 & 0 & -2.40\mathrm{E}+03 & 4.00\mathrm{E}+06 \\ -1.60\mathrm{E}+02 & 0 & 0 & 1.60\mathrm{E}+02 & 0 & 0 \\ 0 & -9.60\mathrm{E}-01 & -2.40\mathrm{E}+03 & 0 & 9.60\mathrm{E}-01 & -2.40\mathrm{E}+03 \\ 0 & 2.40\mathrm{E}+03 & 4.00\mathrm{E}+06 & 0 & -2.40\mathrm{E}+03 & 8.00\mathrm{E}+06 \end{bmatrix} \end{array} \begin{matrix} u_3 \\ v_3 \\ \theta_3 \\ u_4 \\ v_4 \\ \theta_4 \end{matrix}$$

$$[\boldsymbol{T}_{\mathbf{3}}] = \begin{array}{c} \begin{matrix} u_3 & v_3 & \theta_3 & u_4 & v_4 & \theta_4 \end{matrix} \\ \begin{bmatrix} 0.799 & -0.602 & 0 & 0 & 0 & 0 \\ 0.602 & 0.799 & 0 & 0 & 0 & 0 \\ 0 & 0 & 1 & 0 & 0 & 0 \\ 0 & 0 & 0 & 0.799 & -0.602 & 0 \\ 0 & 0 & 0 & 0.602 & 0.799 & 0 \\ 0 & 0 & 0 & 0 & 0 & 1 \end{bmatrix} \end{array} \begin{matrix} u_3 \\ v_3 \\ \theta_3 \\ u_4 \\ v_4 \\ \theta_4 \end{matrix}$$

$$[\boldsymbol{T}_{\mathbf{3}}]^T = \begin{bmatrix} 0.799 & 0.602 & 0 & 0 & 0 & 0 \\ -0.602 & 0.799 & 0 & 0 & 0 & 0 \\ 0 & 0 & 1 & 0 & 0 & 0 \\ 0 & 0 & 0 & 0.799 & 0.602 & 0 \\ 0 & 0 & 0 & -0.602 & 0.799 & 0 \\ 0 & 0 & 0 & 0 & 0 & 1 \end{bmatrix}$$

$$[\boldsymbol{K}_{\mathbf{G}}] = [\boldsymbol{T}_{\mathbf{3}}]^T[\boldsymbol{K}_{\boldsymbol{L}}][\boldsymbol{T}_{\mathbf{3}}]$$

$$= \begin{array}{c} \begin{matrix} u_3 & v_3 & \theta_3 & u_4 & v_4 & \theta_4 \end{matrix} \\ \begin{bmatrix} 1.02\mathrm{E}+02 & -7.65\mathrm{E}+01 & 1.44\mathrm{E}+03 & -1.02\mathrm{E}+02 & 7.65\mathrm{E}+01 & 1.44\mathrm{E}+03 \\ -7.65\mathrm{E}+01 & 5.9\mathrm{E}+01 & 1.92\mathrm{E}+03 & 7.65\mathrm{E}+01 & -5.86\mathrm{E}+01 & 1.92\mathrm{E}+03 \\ 1.44\mathrm{E}+03 & 1.92\mathrm{E}+03 & 8.00\mathrm{E}+06 & -1.44\mathrm{E}+03 & -1.92\mathrm{E}+03 & 4.00\mathrm{E}+06 \\ -1.02\mathrm{E}+02 & 7.65\mathrm{E}+01 & -1.44\mathrm{E}+03 & 1.02\mathrm{E}+02 & -7.65\mathrm{E}+01 & -1.44\mathrm{E}+03 \\ 7.65\mathrm{E}+01 & -5.86\mathrm{E}+01 & -1.92\mathrm{E}+03 & -7.65\mathrm{E}+01 & 5.86\mathrm{E}+01 & -1.92\mathrm{E}+03 \\ 1.44\mathrm{E}+03 & 1.92\mathrm{E}+03 & 4.00\mathrm{E}+06 & -1.44\mathrm{E}+03 & -1.92\mathrm{E}+03 & 8.00\mathrm{E}+06 \end{bmatrix} \end{array} \begin{matrix} u_3 \\ v_3 \\ \theta_3 \\ u_4 \\ v_4 \\ \theta_4 \end{matrix}$$

部材 4－5

θ	=	270	EA/L	=	1.60E + 02
A	=	4.0E + 03	$12EI/L^3$	=	9.60E − 01
L	=	5.0E + 03	$6EI/L^2$	=	2.40E + 03
I	=	5.0E + 07	$4EI/L$	=	8.00E + 06
E	=	2.0E + 02	$2EI/L$	=	4.00E + 06

$$[\boldsymbol{K}_{\mathbf{L}}] = \begin{array}{c} \begin{matrix} u_4 & v_4 & \theta_4 & u_5 & v_5 & \theta_5 \end{matrix} \\ \begin{bmatrix} 1.60\mathrm{E}+02 & 0 & 0 & -1.60\mathrm{E}+02 & 0 & 0 \\ 0 & 9.60\mathrm{E}-01 & 2.40\mathrm{E}+03 & 0 & -9.60\mathrm{E}-01 & 2.40\mathrm{E}+03 \\ 0 & 2.40\mathrm{E}+03 & 8.00\mathrm{E}+06 & 0 & -2.40\mathrm{E}+03 & 4.00\mathrm{E}+06 \\ -1.60\mathrm{E}+02 & 0 & 0 & 1.60\mathrm{E}+02 & 0 & 0 \\ 0 & -9.60\mathrm{E}-01 & -2.40\mathrm{E}+03 & 0 & 9.60\mathrm{E}-01 & -2.40\mathrm{E}+03 \\ 0 & 2.40\mathrm{E}+03 & 4.00\mathrm{E}+06 & 0 & -2.40\mathrm{E}+03 & 8.00\mathrm{E}+06 \end{bmatrix} \end{array} \begin{matrix} u_4 \\ v_4 \\ \theta_4 \\ u_5 \\ v_5 \\ \theta_5 \end{matrix}$$

$$
[\boldsymbol{T_3}] = \begin{array}{c} \\ \left[\begin{array}{cccccc} 0 & -1 & 0 & 0 & 0 & 0 \\ 1 & 0 & 0 & 0 & 0 & 0 \\ 0 & 0 & 1 & 0 & 0 & 0 \\ 0 & 0 & 0 & 0 & -1 & 0 \\ 0 & 0 & 0 & 1 & 0 & 0 \\ 0 & 0 & 0 & 0 & 0 & 1 \end{array}\right] \end{array}
\begin{array}{c} u_4 \\ v_4 \\ \theta_4 \\ u_5 \\ v_5 \\ \theta_5 \end{array}
\quad (\text{列: } u_4\ v_4\ \theta_4\ u_5\ v_5\ \theta_5)
$$

$$
[\boldsymbol{T_3}]^T = \begin{bmatrix} 0 & 1 & 0 & 0 & 0 & 0 \\ -1 & 0 & 0 & 0 & 0 & 0 \\ 0 & 0 & 1 & 0 & 0 & 0 \\ 0 & 0 & 0 & 0 & 1 & 0 \\ 0 & 0 & 0 & -1 & 0 & 0 \\ 0 & 0 & 0 & 0 & 0 & 1 \end{bmatrix}
$$

$$
[\boldsymbol{K_\mathrm{G}}] = [\boldsymbol{T_3}]^T[\boldsymbol{K_\mathrm{L}}][\boldsymbol{T_3}]
$$

$$
= \begin{array}{cccccc} u_4 & v_4 & \theta_4 & u_5 & v_5 & \theta_5 \end{array}
$$

$$
= \begin{bmatrix} 9.60\mathrm{E}-01 & 0 & 2.40\mathrm{E}+03 & -9.60\mathrm{E}-01 & 0 & 2.40\mathrm{E}+03 \\ 0 & 1.60\mathrm{E}+02 & 0 & 0 & -1.60\mathrm{E}+02 & 0 \\ 2.40\mathrm{E}+03 & 0 & 8.00\mathrm{E}+06 & -2.40\mathrm{E}+03 & 0 & 4.00\mathrm{E}+06 \\ -9.60\mathrm{E}-01 & 0 & -2.40\mathrm{E}+03 & 9.60\mathrm{E}-01 & 0 & -2.40\mathrm{E}+03 \\ 0 & -1.60\mathrm{E}+02 & 0 & 0 & 1.60\mathrm{E}+02 & 0 \\ 2.40\mathrm{E}+03 & 0 & 4.00\mathrm{E}+06 & -2.40\mathrm{E}+03 & 0 & 8.00\mathrm{E}+06 \end{bmatrix}
\begin{array}{c} u_4 \\ v_4 \\ \theta_4 \\ u_5 \\ v_5 \\ \theta_5 \end{array}
$$

⑤ 各部材の基準剛性マトリクスが求められたので，全体剛性マトリクス $[\boldsymbol{K_\mathrm{G}}]$ を作成します．その大きさは 15×15 となります．

$$
\begin{array}{ccccccc} u_1 & v_1 & \theta_1 & u_2 & v_2 & \theta_2 & u_3 \end{array}
$$

$$
[\boldsymbol{K_\mathrm{G}}] = \left[\begin{array}{ccccccc}
9.60\mathrm{E}-01 & & -2.40\mathrm{E}+03 & -9.60\mathrm{E}-01 & & -2.40\mathrm{E}+03 & \\
 & 1.60\mathrm{E}+02 & & & -1.60\mathrm{E}+02 & & \\
-2.40\mathrm{E}+03 & & 8.00\mathrm{E}+06 & 2.40\mathrm{E}+03 & & 4.00\mathrm{E}+06 & \\
-9.60\mathrm{E}-01 & & 2.40\mathrm{E}+03 & 1.30\mathrm{E}+02 & 5.18\mathrm{E}+01 & 9.94\mathrm{E}+02 & -1.29\mathrm{E}+02 \\
 & -1.60\mathrm{E}+02 & & 5.18\mathrm{E}+01 & 1.82\mathrm{E}+02 & 3.48\mathrm{E}+03 & -5.18\mathrm{E}+01 \\
-2.40\mathrm{E}+03 & & 4.00\mathrm{E}+06 & 9.94\mathrm{E}+02 & 3.48\mathrm{E}+03 & 2.80\mathrm{E}+07 & 1.41\mathrm{E}+03 \\
 & & & -1.29\mathrm{E}+02 & -5.18\mathrm{E}+01 & 1.41\mathrm{E}+03 & 2.32\mathrm{E}+02 \\
 & & & -5.18\mathrm{E}+01 & -2.19\mathrm{E}+01 & -3.48\mathrm{E}+03 & -2.47\mathrm{E}+01 \\
 & & & -1.41\mathrm{E}+03 & 3.48\mathrm{E}+03 & 1.00\mathrm{E}+07 & 2.85\mathrm{E}+03 \\
 & & & & & & -1.02\mathrm{E}+02 \\
 & & & & & & 7.65\mathrm{E}+01 \\
 & & & & & & 1.44\mathrm{E}+03 \\
 & & & & & & \\
 & & & & & & \\
 & & & & & &
\end{array}\right.
$$

	v_3	θ_3	u_4	v_4	θ_4	u_5	v_5	θ_5
u_1								
v_1								
θ_1								
u_2	−5.18E + 01	−1.41E + 03						
v_2	−2.19E + 01	3.48E + 03						
θ_2	−3.48E + 03	1.00E + 07						
u_3	−2.47E + 01	2.85E + 03	−1.02E + 02	7.65E + 01	1.44E + 03			
v_3	8.05E + 01	−1.56E + 03	7.65E + 01	−5.86E + 01	1.92E + 03			
θ_3	−1.56E + 03	2.80E + 07	−1.44E + 03	−1.92E + 03	4.00E + 06			
u_4	7.65E + 01	−1.44E + 03	1.03E + 02	−7.65E + 01	9.55E + 02	−9.60E − 01		2.40E + 03
v_4	−5.86E + 01	−1.92E + 03	−7.65E + 01	2.19E + 02	−1.92E + 03		−1.60E + 02	
θ_4	1.92E + 03	4.00E + 06	9.55E + 02	−1.92E + 03	1.60E + 07	−2.40E + 03		4.00E + 06
u_5			−9.60E − 01		−2.40E + 03	9.60E − 01		−2.40E + 03
v_5				−1.60E + 02			1.60E + 02	
θ_5			2.40E + 03		4.00E + 06	−2.40E + 03		8.00E + 06

拘束条件を考慮します．節点 1 と 5 が固定なので，$(u_1, v_1, \theta_1, u_5, v_5, \theta_5)$ が 0 となります．

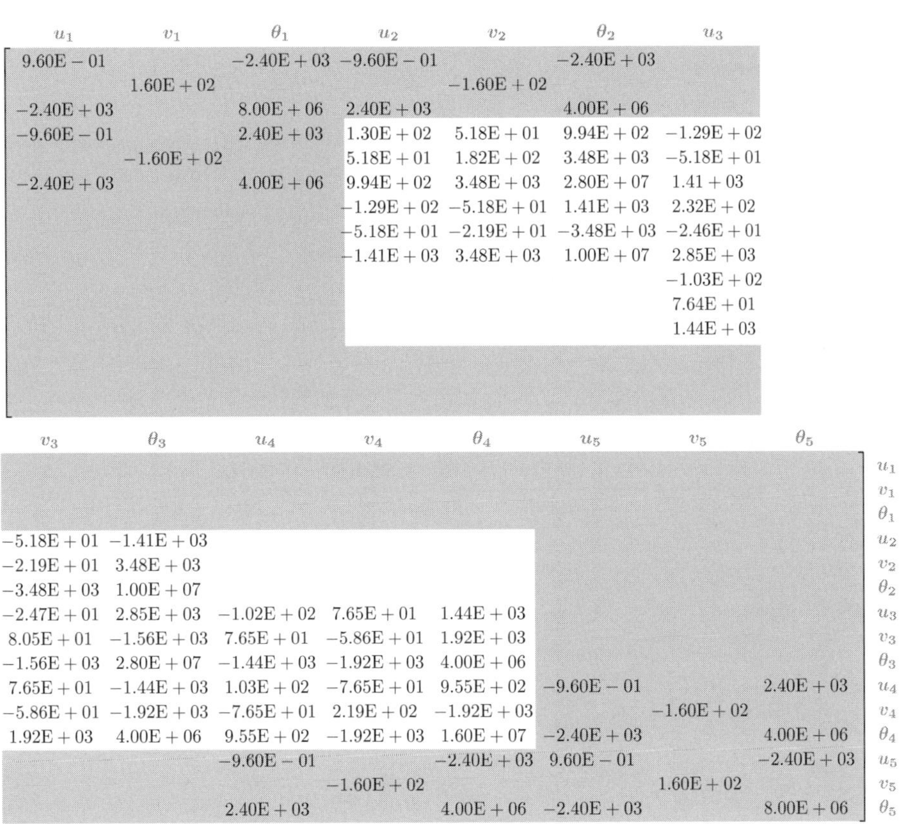

	u_1	v_1	θ_1	u_2	v_2	θ_2	u_3
u_1	9.60E − 01		−2.40E + 03	−9.60E − 01		−2.40E + 03	
v_1		1.60E + 02			−1.60E + 02		
θ_1	−2.40E + 03		8.00E + 06	2.40E + 03		4.00E + 06	
u_2	−9.60E − 01		2.40E + 03	1.30E + 02	5.18E + 01	9.94E + 02	−1.29E + 02
v_2		−1.60E + 02		5.18E + 01	1.82E + 02	3.48E + 03	−5.18E + 01
θ_2	−2.40E + 03		4.00E + 06	9.94E + 02	3.48E + 03	2.80E + 07	1.41 + 03
u_3				−1.29E + 02	−5.18E + 01	1.41E + 03	2.32E + 02
v_3				−5.18E + 01	−2.19E + 01	−3.48E + 03	−2.46E + 01
θ_3				−1.41E + 03	3.48E + 03	1.00E + 07	2.85E + 03
u_4							−1.03E + 02
v_4							7.64E + 01
θ_4							1.44E + 03
u_5							
v_5							
θ_5							

	v_3	θ_3	u_4	v_4	θ_4	u_5	v_5	θ_5
u_1								
v_1								
θ_1								
u_2	−5.18E + 01	−1.41E + 03						
v_2	−2.19E + 01	3.48E + 03						
θ_2	−3.48E + 03	1.00E + 07						
u_3	−2.47E + 01	2.85E + 03	−1.02E + 02	7.65E + 01	1.44E + 03			
v_3	8.05E + 01	−1.56E + 03	7.65E + 01	−5.86E + 01	1.92E + 03			
θ_3	−1.56E + 03	2.80E + 07	−1.44E + 03	−1.92E + 03	4.00E + 06			
u_4	7.65E + 01	−1.44E + 03	1.03E + 02	−7.65E + 01	9.55E + 02	−9.60E − 01		2.40E + 03
v_4	−5.86E + 01	−1.92E + 03	−7.65E + 01	2.19E + 02	−1.92E + 03		−1.60E + 02	
θ_4	1.92E + 03	4.00E + 06	9.55E + 02	−1.92E + 03	1.60E + 07	−2.40E + 03		4.00E + 06
u_5			−9.60E − 01		−2.40E + 03	9.60E − 01		−2.40E + 03
v_5				−1.60E + 02			1.60E + 02	
θ_5			2.40E + 03		4.00E + 06	−2.40E + 03		8.00E + 06

これを考慮し，並べ替えを行います．

	u_2	v_2	θ_2	u_3	v_3	θ_3	u_4	v_4	θ_4
P_{X2}	1.30E + 02	5.18E + 01	9.94E + 02	−1.29E + 02	−5.18E + 01	−1.41E + 03			
P_{Y2}	5.18E + 01	1.82E + 02	3.48E + 03	−5.18E + 01	−2.19E + 01	3.48E + 03			
M_2	9.94E + 02	3.48E + 03	2.80E + 07	1.41E + 03	−3.48E + 03	1.00E + 07			
P_{X3}	−1.29E + 02	−5.18E + 01	1.41E + 03	2.32E + 02	−2.47E + 01	2.85E + 03	−1.02E + 02	7.65E + 01	1.44E + 03
P_{Y3}	−5.18E + 01	−2.19E + 01	−3.48E + 03	−2.46E + 01	8.05E + 01	−1.56E + 03	7.65E + 01	−5.86E + 01	1.92E + 03
M_3	−1.41E + 03	3.48E + 03	1.00E + 07	2.85E + 03	−1.56E + 03	2.80E + 07	−1.44E + 03	−1.92E + 03	4.00E + 06
P_{X4}				−1.03E + 02	7.65E + 01	−1.44E + 03	1.03E + 02	−7.65E + 01	9.55E + 02
P_{Y4}				7.64E + 01	−5.86E + 01	−1.92E + 03	−7.65E + 01	2.19E + 02	−1.92E + 03
M_4				1.44E + 03	1.92E + 03	4.00E + 06	9.55E + 02	−1.92E + 03	1.60E + 07
P_{X1}	−9.60E − 01		−2.40E + 03						
P_{Y1}		−1.60E + 02							
M_1	2.40E + 03		4.00E + 06						
P_{X5}							−9.60E − 01		−2.40E + 03
P_{Y5}								−1.60E + 02	
M_5							2.40E + 03		4.00E + 06

$[K_{\alpha\alpha}]$

$[K_{\beta\alpha}]$

u_1	v_1	θ_1	u_5	v_5	θ_5	
−9.60E − 01		2.40E + 03				u_2
	−1.60E + 02					v_2
−2.40E + 03		4.00E + 06				θ_2
						u_3
						v_3
						θ_3
			−9.60E − 01		2.40E + 03	u_4
				−1.60E + 02		v_4
			−2.40E + 03		4.00E + 06	θ_4
9.60E − 01		−2.40E + 03				u_1
	1.60E + 02					v_1
−2.40E + 03		8.00E + 06				θ_1
			9.60E − 01		−2.40E + 03	u_5
				1.60E + 02		v_5
			−2.40E + 03		8.00E + 06	θ_5

上記の全体剛性マトリクスを用いて全体剛性方程式を式 (2.44), (2.45) の 2 式に分割し，外力条件 $P_{X2} = 10\,\mathrm{kN}$ を式 (2.44) に代入して未知変位を求めます．

$$\overset{\{P_\alpha\}}{\begin{Bmatrix} P_{X2}=10 \\ P_{Y2}=0 \\ M_2=0 \\ P_{X3}=0 \\ P_{Y3}=0 \\ M_3=0 \\ P_{X4}=0 \\ P_{Y4}=0 \\ M_4=0 \end{Bmatrix}} = \overset{[K_{\alpha\alpha}]}{\begin{bmatrix} 1.30\mathrm{E}+02 & 5.18\mathrm{E}+01 & 9.94\mathrm{E}+02 & -1.29\mathrm{E}+02 & -5.18\mathrm{E}+01 & -1.41\mathrm{E}+03 & 0 & 0 & 0 \\ 5.18\mathrm{E}+01 & 1.82\mathrm{E}+02 & 3.48\mathrm{E}+03 & -5.18\mathrm{E}+01 & -2.19\mathrm{E}+01 & 3.48\mathrm{E}+03 & 0 & 0 & 0 \\ 9.94\mathrm{E}+02 & 3.48\mathrm{E}+03 & 2.80\mathrm{E}+07 & 1.41\mathrm{E}+03 & -3.48\mathrm{E}+03 & 1.00\mathrm{E}+07 & 0 & 0 & 0 \\ -1.29\mathrm{E}+02 & -5.18\mathrm{E}+01 & 1.41\mathrm{E}+03 & 2.32\mathrm{E}+02 & -2.47\mathrm{E}+01 & 2.85\mathrm{E}+03 & -1.02\mathrm{E}+02 & 7.65\mathrm{E}+01 & 1.44\mathrm{E}+03 \\ -5.18\mathrm{E}+01 & -2.19\mathrm{E}+01 & -3.48\mathrm{E}+03 & -2.46\mathrm{E}+01 & 8.05\mathrm{E}+01 & -1.56\mathrm{E}+03 & 7.65\mathrm{E}+01 & -5.86\mathrm{E}+01 & 1.92\mathrm{E}+03 \\ -1.41\mathrm{E}+03 & 3.48\mathrm{E}+03 & 1.00\mathrm{E}+07 & 2.85\mathrm{E}+03 & -1.56\mathrm{E}+03 & 2.80\mathrm{E}+07 & -1.44\mathrm{E}+03 & -1.92\mathrm{E}+03 & 4.00\mathrm{E}+06 \\ 0 & 0 & 0 & -1.02\mathrm{E}+02 & 7.65\mathrm{E}+01 & -1.44\mathrm{E}+03 & 1.03\mathrm{E}+02 & -7.65\mathrm{E}+01 & 9.59\mathrm{E}+02 \\ 0 & 0 & 0 & 7.65\mathrm{E}+01 & -5.86\mathrm{E}+01 & -1.92\mathrm{E}+03 & -7.65\mathrm{E}+01 & 2.19\mathrm{E}+02 & -1.92\mathrm{E}+03 \\ 0 & 0 & 0 & 1.44\mathrm{E}+03 & 1.92\mathrm{E}+03 & 4.00\mathrm{E}+06 & 9.55\mathrm{E}+02 & -1.92\mathrm{E}+03 & 1.60\mathrm{E}+07 \end{bmatrix}} \overset{\{u_\alpha\}}{\begin{Bmatrix} u_2 \\ v_2 \\ \theta_2 \\ u_3 \\ v_3 \\ \theta_3 \\ u_4 \\ v_4 \\ \theta_4 \end{Bmatrix}}$$

未知変位は両辺に $[\boldsymbol{K_{\alpha\alpha}}]^{-1}$ を左からかけて次のように得られます．

$$\overset{\{u_\alpha\}}{\begin{Bmatrix} u_2 \\ v_2 \\ \theta_2 \\ u_3 \\ v_3 \\ \theta_3 \\ u_4 \\ v_4 \\ \theta_4 \end{Bmatrix}} = \overset{[K_{\alpha\alpha}]^{-1}}{\begin{bmatrix} 9.27\mathrm{E}-01 & 1.13\mathrm{E}-03 & -6.76\mathrm{E}-05 & 8.39\mathrm{E}-01 & 2.17\mathrm{E}-01 & 5.40\mathrm{E}-05 & 6.72\mathrm{E}-01 & -1.13\mathrm{E}-03 & -1.55\mathrm{E}-04 \\ 1.13\mathrm{E}-03 & 6.25\mathrm{E}-03 & -4.74\mathrm{E}-07 & 2.77\mathrm{E}-03 & 2.18\mathrm{E}-03 & -5.91\mathrm{E}-07 & 1.14\mathrm{E}-03 & 1.00\mathrm{E}-06 & -4.31\mathrm{E}-07 \\ -6.76\mathrm{E}-05 & -4.74\mathrm{E}-07 & 5.30\mathrm{E}-08 & -7.98\mathrm{E}-05 & 3.02\mathrm{E}-05 & -1.97\mathrm{E}-08 & -1.01\mathrm{E}-04 & 4.74\mathrm{E}-07 & 1.46\mathrm{E}-08 \\ 8.39\mathrm{E}-01 & 2.77\mathrm{E}-03 & -7.98\mathrm{E}-05 & 8.15\mathrm{E}-01 & 7.37\mathrm{E}-02 & 5.01\mathrm{E}-05 & 7.53\mathrm{E}-01 & -2.77\mathrm{E}-03 & -1.40\mathrm{E}-04 \\ 2.17\mathrm{E}-01 & 2.18\mathrm{E}-03 & 3.02\mathrm{E}-05 & 7.37\mathrm{E}-02 & 3.62\mathrm{E}-01 & 8.63\mathrm{E}-06 & -1.91\mathrm{E}-01 & 4.07\mathrm{E}-03 & -4.03\mathrm{E}-05 \\ 5.40\mathrm{E}-05 & -5.91\mathrm{E}-07 & -1.97\mathrm{E}-08 & 5.01\mathrm{E}-05 & 8.63\mathrm{E}-06 & 4.61\mathrm{E}-08 & 4.45\mathrm{E}-05 & 5.91\mathrm{E}-07 & -1.97\mathrm{E}-08 \\ 6.72\mathrm{E}-01 & 1.14\mathrm{E}-03 & -1.01\mathrm{E}-04 & 7.53\mathrm{E}-01 & -1.91\mathrm{E}-01 & 4.45\mathrm{E}-05 & 8.98\mathrm{E}-01 & -1.14\mathrm{E}-03 & -1.10\mathrm{E}-04 \\ -1.13\mathrm{E}-03 & 1.00\mathrm{E}-06 & 4.74\mathrm{E}-07 & -2.77\mathrm{E}-03 & 4.07\mathrm{E}-03 & 5.91\mathrm{E}-07 & -1.14\mathrm{E}-03 & 6.25\mathrm{E}-03 & 4.31\mathrm{E}-07 \\ -1.55\mathrm{E}-04 & -4.31\mathrm{E}-07 & 1.46\mathrm{E}-08 & -1.40\mathrm{E}-04 & -4.03\mathrm{E}-05 & -1.97\mathrm{E}-08 & -1.10\mathrm{E}-04 & 4.31\mathrm{E}-07 & 9.15\mathrm{E}-08 \end{bmatrix}} \overset{\{P_\alpha\}}{\begin{Bmatrix} P_{X2}=10 \\ P_{Y2}=0 \\ M_2=0 \\ P_{X3}=0 \\ P_{Y3}=0 \\ M_3=0 \\ P_{X4}=0 \\ P_{Y4}=0 \\ M_4=0 \end{Bmatrix}}$$

$$= \begin{Bmatrix} 9.27 \\ 1.13 \times 10^{-2} \\ -6.76 \times 10^{-4} \\ 8.39 \\ 2.17 \\ 5.40 \times 10^{-4} \\ 6.72 \\ -1.13 \times 10^{-2} \\ -1.55 \times 10^{-3} \end{Bmatrix} \begin{matrix} \text{mm} \\ \text{mm} \\ \text{rad} \\ \text{mm} \\ \text{mm} \\ \text{rad} \\ \text{mm} \\ \text{mm} \\ \text{rad} \end{matrix}$$

⑥変位が求められたので，反力は式 (2.45) より，

$$\underset{\{P_\beta\}}{\begin{Bmatrix} P_{X1} \\ P_{Y1} \\ M_1 \\ P_{X5} \\ P_{Y5} \\ M_5 \end{Bmatrix}} = \underset{[K_{\beta\alpha}]}{\begin{bmatrix} -9.60\text{E}-01 & 0 & -2.40\text{E}+03 & 0\ 0\ 0 & 0 & 0 & 0 \\ 0 & -1.60\text{E}+02 & 0 & 0\ 0\ 0 & 0 & 0 & 0 \\ 2.40\text{E}+03 & 0 & 4.00\text{E}+06 & 0\ 0\ 0 & 0 & 0 & 0 \\ 0 & 0 & 0 & 0\ 0\ 0 & -9.60\text{E}-01 & 0 & -2.40\text{E}+03 \\ 0 & 0 & 0 & 0\ 0\ 0 & 0 & -1.60\text{E}+02 & 0 \\ 0 & 0 & 0 & 0\ 0\ 0 & 2.40\text{E}+03 & 0 & 4.00\text{E}+06 \end{bmatrix}} \underset{\{u_\alpha\}}{\begin{Bmatrix} 9.27\text{E}+00 \\ 1.13\text{E}-02 \\ -6.75\text{E}-04 \\ 8.38\text{E}+00 \\ 2.17\text{E}+00 \\ 5.41\text{E}-04 \\ 6.72\text{E}+00 \\ -1.13\text{E}-02 \\ -1.55\text{E}-03 \end{Bmatrix}}$$

$$= \begin{Bmatrix} -7.28 \\ -1.80 \\ 1.95 \times 10^{4} \\ -2.72 \\ 1.80 \\ 9.91 \times 10^{3} \end{Bmatrix} \begin{matrix} \text{kN} \\ \text{kN} \\ \text{kN} \cdot \text{mm} \\ \text{kN} \\ \text{kN} \\ \text{kN} \cdot \text{mm} \end{matrix}$$

となります．

⑦部材応力は各部材剛性マトリクスを利用して求めます．

1) はじめに，$\{\boldsymbol{F}_{\mathbf{G}}\} = [\boldsymbol{K}_{\mathbf{G}}]\{\boldsymbol{u}_{\mathbf{G}}\}$ から，基準座標での部材応力を求めます．

部材 1−2 応力（基準座標）

$$\begin{Bmatrix} P_{X1} \\ P_{Y1} \\ M_1 \\ P_{X2} \\ P_{Y2} \\ M_2 \end{Bmatrix} = \begin{bmatrix} 9.60\text{E}-01 & 0 & -2.40\text{E}+03 & -9.60\text{E}-01 & 0 & -2.40\text{E}+03 \\ 0 & 1.60\text{E}+02 & 0 & 0 & -1.60\text{E}+02 & 0 \\ -2.40\text{E}+03 & 0 & 8.00\text{E}+06 & 2.40\text{E}+03 & 0 & 4.00\text{E}+06 \\ -9.60\text{E}-01 & 0 & 2.40\text{E}+03 & 9.60\text{E}-01 & 0 & 2.40\text{E}+03 \\ 0 & -1.60\text{E}+02 & 0 & 0 & 1.60\text{E}+02 & 0 \\ -2.40\text{E}+03 & 0 & 4.00\text{E}+06 & 2.40\text{E}+03 & 0 & 8.00\text{E}+06 \end{bmatrix} \begin{Bmatrix} 0 \\ 0 \\ 0 \\ 9.27\text{E}+00 \\ 1.13\text{E}-02 \\ -6.75\text{E}-04 \end{Bmatrix}$$

$$= \begin{Bmatrix} -7.28 \\ -1.80 \\ 1.95 \times 10^{4} \\ 7.28 \\ 1.80 \\ 1.68 \times 10^{4} \end{Bmatrix} \begin{matrix} \text{kN} \\ \text{kN} \\ \text{kN} \cdot \text{mm} \\ \text{kN} \\ \text{kN} \\ \text{kN} \cdot \text{mm} \end{matrix}$$

部材 2−3 応力（基準座標）

$$\begin{Bmatrix} P_{X2} \\ P_{Y2} \\ M_2 \\ P_{X3} \\ P_{Y3} \\ M_3 \end{Bmatrix} = \begin{bmatrix} 1.29\text{E}+02 & 5.18\text{E}+01 & -1.41\text{E}+03 & -1.29\text{E}+02 & -5.18\text{E}+01 & -1.41\text{E}+03 \\ 5.18\text{E}+01 & 2.19\text{E}+01 & 3.48\text{E}+03 & -5.18\text{E}+01 & -2.19\text{E}+01 & 3.48\text{E}+03 \\ -1.41\text{E}+03 & 3.48\text{E}+03 & 2.00\text{E}+07 & 1.41\text{E}+03 & -3.48\text{E}+03 & 1.00\text{E}+07 \\ -1.29\text{E}+02 & -5.18\text{E}+01 & 1.41\text{E}+03 & 1.29\text{E}+02 & 5.18\text{E}+01 & 1.41\text{E}+03 \\ -5.18\text{E}+01 & -2.19\text{E}+01 & -3.48\text{E}+03 & 5.18\text{E}+01 & 2.19\text{E}+01 & -3.48\text{E}+03 \\ -1.41\text{E}+03 & 3.48\text{E}+03 & 1.00\text{E}+07 & 1.41\text{E}+03 & 3.48\text{E}+03 & 2.00\text{E}+07 \end{bmatrix} \begin{Bmatrix} 9.27\text{E}+00 \\ 1.13\text{E}-02 \\ -6.75\text{E}-04 \\ 8.38\text{E}+00 \\ 2.17\text{E}+00 \\ 5.41\text{E}-04 \end{Bmatrix}$$

$$= \begin{Bmatrix} 2.72 \\ -1.80 \\ -1.68 \times 10^{4} \\ -2.72 \\ 1.80 \\ -4.68 \times 10^{3} \end{Bmatrix} \begin{matrix} \text{kN} \\ \text{kN} \\ \text{kN} \cdot \text{mm} \\ \text{kN} \\ \text{kN} \\ \text{kN} \cdot \text{mm} \end{matrix}$$

部材 3 – 4 応力（基準座標）

$$\begin{Bmatrix} P_{X3} \\ P_{Y3} \\ M_3 \\ P_{X4} \\ P_{Y4} \\ M_4 \end{Bmatrix} = \begin{bmatrix} 1.03\text{E}+02 & -7.64\text{E}+01 & 1.44\text{E}+03 & -1.03\text{E}+02 & 7.64\text{E}+01 & 1.44\text{E}+03 \\ -7.64\text{E}+01 & 5.83\text{E}+01 & 1.92\text{E}+03 & 7.64\text{E}+01 & -5.83\text{E}+01 & 1.92\text{E}+03 \\ 1.44\text{E}+03 & 1.92\text{E}+03 & 8.00\text{E}+06 & -1.44\text{E}+03 & -1.92\text{E}+03 & 4.00\text{E}+06 \\ -1.03\text{E}+02 & 7.64\text{E}+01 & -1.44\text{E}+03 & 1.03\text{E}+02 & -7.64\text{E}+01 & -1.44\text{E}+03 \\ 7.64\text{E}+01 & -5.83\text{E}+01 & -1.92\text{E}+03 & -7.64\text{E}+01 & 5.83\text{E}+01 & -1.92\text{E}+03 \\ 1.44\text{E}+03 & 1.92\text{E}+03 & 4.00\text{E}+06 & -1.44\text{E}+03 & -1.92\text{E}+03 & 8.00\text{E}+06 \end{bmatrix} \begin{Bmatrix} 8.38\text{E}+00 \\ 2.17\text{E}+00 \\ 5.41\text{E}-04 \\ 6.72\text{E}+00 \\ -1.13\text{E}-02 \\ -1.55\text{E}-03 \end{Bmatrix}$$

$$= \begin{Bmatrix} 2.72 \\ -1.80 \\ 4.68\times10^3 \\ -2.72 \\ 1.80 \\ -3.70\times10^3 \end{Bmatrix} \begin{matrix} \text{kN} \\ \text{kN} \\ \text{kN}\cdot\text{mm} \\ \text{kN} \\ \text{kN} \\ \text{kN}\cdot\text{mm} \end{matrix}$$

部材 4 – 5 応力（基準座標）

$$\begin{Bmatrix} P_{X4} \\ P_{Y4} \\ M_4 \\ P_{X5} \\ P_{Y5} \\ M_5 \end{Bmatrix} = \begin{bmatrix} 9.6\text{E}-01 & 0 & 2.4\text{E}+03 & -9.6\text{E}-01 & 0 & 2.4\text{E}+03 \\ 0 & 1.6\text{E}+02 & 0 & 0 & -1.6\text{E}+02 & 0 \\ 2.4\text{E}+03 & 0 & 8.0\text{E}+06 & -2.4\text{E}+03 & 0 & 4.0\text{E}+06 \\ -9.6\text{E}-01 & 0 & -2.4\text{E}+03 & 9.6\text{E}-01 & 0 & -2.4\text{E}+03 \\ 0 & -1.6\text{E}+02 & 0 & 0 & 1.6\text{E}+02 & 0 \\ 2.4\text{E}+03 & 0 & 4.0\text{E}+06 & -2.4\text{E}+03 & 0 & 8.0\text{E}+06 \end{bmatrix} \begin{Bmatrix} 6.72\text{E}+00 \\ -1.13\text{E}-02 \\ -1.55\text{E}-03 \\ 0 \\ 0 \\ 0 \end{Bmatrix}$$

$$= \begin{Bmatrix} 2.72 \\ -1.80 \\ 3.70\times10^3 \\ -2.72 \\ 1.80 \\ 9.91\times10^3 \end{Bmatrix} \begin{matrix} \text{kN} \\ \text{kN} \\ \text{kN}\cdot\text{mm} \\ \text{kN} \\ \text{kN} \\ \text{kN}\cdot\text{mm} \end{matrix}$$

2) 次に，$\{\boldsymbol{F}_{\mathbf{L}}\} = [\boldsymbol{T}_{\mathbf{3}}]\{\boldsymbol{F}_{\mathbf{G}}\}$ を用いて，求めた応力を局所座標系に変換します．

部材 1 – 2 応力（局所座標）

$$\begin{Bmatrix} P_{X1} \\ P_{Y1} \\ M_1 \\ P_{X2} \\ P_{Y2} \\ M_2 \end{Bmatrix} = \begin{bmatrix} 0 & 1 & 0 & 0 & 0 & 0 \\ -1 & 0 & 0 & 0 & 0 & 0 \\ 0 & 0 & 1 & 0 & 0 & 0 \\ 0 & 0 & 0 & 0 & 1 & 0 \\ 0 & 0 & 0 & -1 & 0 & 0 \\ 0 & 0 & 0 & 0 & 0 & 1 \end{bmatrix} \begin{Bmatrix} -7.28\text{E}+00 \\ -1.80\text{E}+00 \\ 1.95\text{E}+04 \\ 7.28\text{E}+00 \\ 1.80\text{E}+00 \\ 1.68\text{E}+04 \end{Bmatrix} \fallingdotseq \begin{Bmatrix} -1.8 \\ 7.3 \\ 2.0\times10^4 \\ 1.8 \\ -7.3 \\ 1.7\times10^4 \end{Bmatrix}$$

部材 2 – 3 応力（局所座標）

$$\begin{Bmatrix} P_{X2} \\ P_{Y2} \\ M_2 \\ P_{X3} \\ P_{Y3} \\ M_3 \end{Bmatrix} = \begin{bmatrix} 0.927 & 0.375 & 0 & 0 & 0 & 0 \\ -0.375 & 0.927 & 0 & 0 & 0 & 0 \\ 0 & 0 & 1 & 0 & 0 & 0 \\ 0 & 0 & 0 & 0.927 & 0.375 & 0 \\ 0 & 0 & 0 & -0.375 & 0.927 & 0 \\ 0 & 0 & 0 & 0 & 0 & 1 \end{bmatrix} \begin{Bmatrix} 2.72\text{E}+00 \\ -1.80\text{E}+00 \\ -1.68\text{E}+04 \\ -2.72\text{E}+00 \\ 1.80\text{E}+00 \\ -4.68\text{E}+03 \end{Bmatrix} \fallingdotseq \begin{Bmatrix} 1.9 \\ -2.7 \\ -1.7\times10^4 \\ -1.9 \\ 2.7 \\ -4.7\times10^3 \end{Bmatrix}$$

部材 3 – 4 応力（局所座標）

$$\begin{Bmatrix} P_{X3} \\ P_{Y3} \\ M_3 \\ P_{X4} \\ P_{Y4} \\ M_4 \end{Bmatrix} = \begin{bmatrix} 0.799 & -0.602 & 0 & 0 & 0 & 0 \\ 0.602 & 0.799 & 0 & 0 & 0 & 0 \\ 0 & 0 & 1 & 0 & 0 & 0 \\ 0 & 0 & 0 & 0.799 & -0.602 & 0 \\ 0 & 0 & 0 & 0.602 & 0.799 & 0 \\ 0 & 0 & 0 & 0 & 0 & 1 \end{bmatrix} \begin{Bmatrix} 2.72\text{E}+00 \\ -1.80\text{E}+00 \\ 4.68\text{E}+03 \\ -2.72\text{E}+00 \\ 1.80\text{E}+00 \\ -3.70\text{E}+03 \end{Bmatrix} \fallingdotseq \begin{Bmatrix} 3.23 \\ 0.20 \\ 4.7\times10^3 \\ -3.3 \\ -0.20 \\ -3.7\times10^3 \end{Bmatrix}$$

部材 4–5 応力（局所座標）

$$\begin{Bmatrix} P_{X4} \\ P_{Y4} \\ M_4 \\ P_{X5} \\ P_{Y5} \\ M_5 \end{Bmatrix} = \begin{bmatrix} 0 & -1 & 0 & 0 & 0 & 0 \\ 1 & 0 & 0 & 0 & 0 & 0 \\ 0 & 0 & 1 & 0 & 0 & 0 \\ 0 & 0 & 0 & 0 & -1 & 0 \\ 0 & 0 & 0 & 1 & 0 & 0 \\ 0 & 0 & 0 & 0 & 0 & 1 \end{bmatrix} \begin{Bmatrix} 2.72\mathrm{E}+00 \\ -1.80\mathrm{E}+00 \\ 3.70\mathrm{E}+03 \\ -2.72\mathrm{E}+00 \\ 1.80\mathrm{E}+00 \\ 9.91\mathrm{E}+03 \end{Bmatrix} = \begin{Bmatrix} 1.8 \\ 2.7 \\ 3.7\times 10^3 \\ -1.8 \\ -2.7 \\ 9.9\times 10^3 \end{Bmatrix}$$

以上をまとめた応力図は，**図 4.14** のとおりです．

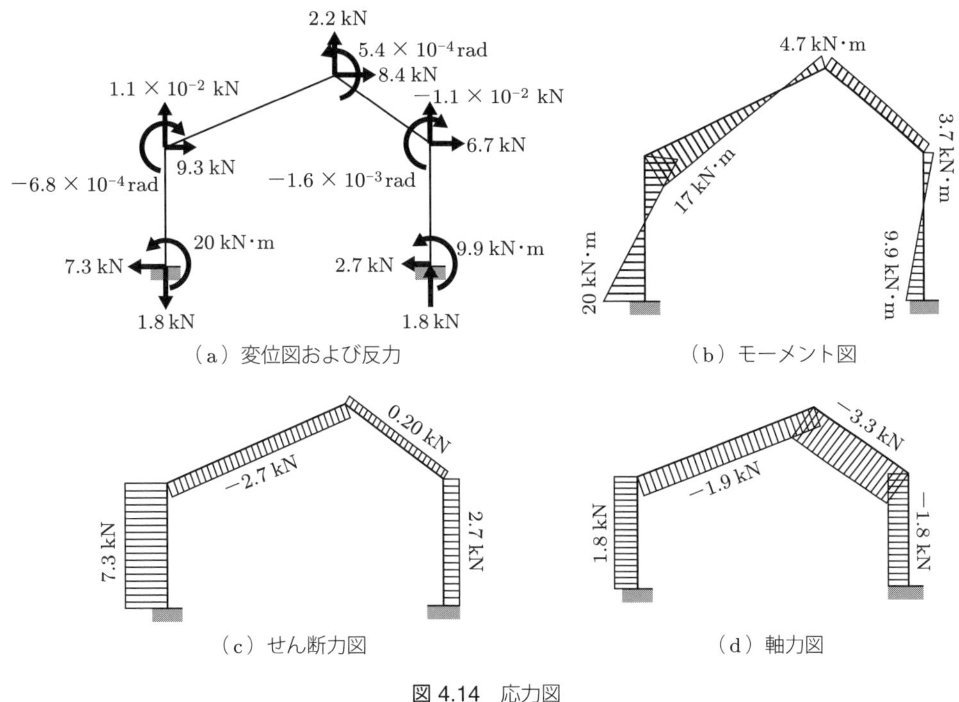

図 4.14　応力図

4.5 分布荷重

これまで取り扱った荷重は集中荷重でした．ここでは，構造力学において集中荷重と並んでよく用いられる，分布荷重の取り扱いについて説明します．剛性マトリクス法では，部材両端にのみ軸力・せん断力・曲げモーメントが作用すると考えています．そのため，部材中央に分布・荷重などが作用する場合，部材両端部に生じるせん断力と曲げモーメントを考慮する必要があります．剛性マトリクス法では，外力ベクトルの項にこれらを付加することにより，その影響を考慮します．たとえば，**図 4.15** に示すような節点 1–2 からなる部材に，分布荷重が下向きに作用している場合を考えてみます．節点 1 と 2 における分布荷重の大きさをそれぞれ w_{1y} と w_{2y} とすると，両端に生じるせん断力とモーメントなどの応力（材端力）は次のようになることが知られています．この式については，公式集などを参照してください．

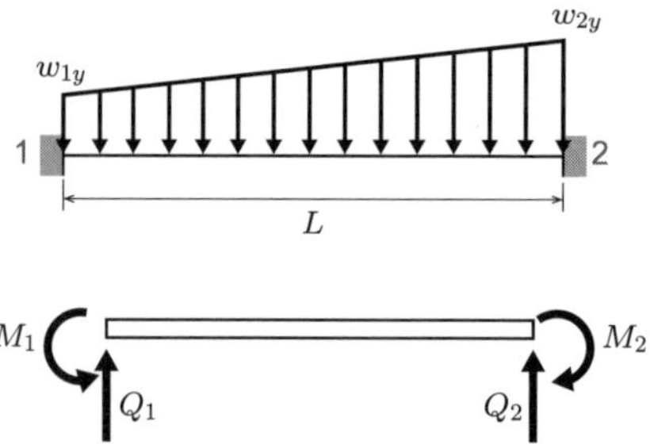

図 4.15　鉛直方向分布荷重

$$\text{節点 1；} Q_1 = \frac{L}{20}(7w_{1y} + 3w_{2y}), \qquad M_1 = \frac{L^2}{60}(3w_{1y} + 2w_{2y}) \tag{4.24}$$

$$\text{節点 2；} Q_2 = \frac{L}{20}(3w_{1y} + 7w_{2y}), \qquad M_2 = -\frac{L^2}{60}(2w_{1y} + 3w_{2y}) \tag{4.25}$$

たわみ角の基本式のように，これらの材端力を要素剛性方程式（式 (4.10)）の右側に加えることにより中間荷重の影響を考慮することが可能となります．すなわち，分布荷重が作用するラーメンの要素剛性方程式は式 (4.26) のようになります．

$$\begin{Bmatrix} P_{X1} \\ P_{Y1} \\ M_1 \\ P_{X2} \\ P_{Y2} \\ M_2 \end{Bmatrix} = \frac{E}{L} \begin{bmatrix} A & 0 & 0 & -A & 0 & 0 \\ 0 & 12I/L^2 & 6I/L & 0 & -12I/L^2 & 6I/L \\ 0 & 6I/L & 4I & 0 & -6I/L & 2I \\ -A & 0 & 0 & A & 0 & 0 \\ 0 & -12I/L^2 & -6I/L & 0 & 12I/L^2 & -6I/L \\ 0 & 6I/L & 2I & 0 & -6I/L & 4I \end{bmatrix} \begin{Bmatrix} u_1 \\ v_1 \\ \theta_1 \\ u_2 \\ v_2 \\ \theta_2 \end{Bmatrix} \quad \text{(4.10) 再掲}$$

$$\begin{Bmatrix} P_{X1} \\ P_{Y1} \\ M_1 \\ P_{X2} \\ P_{Y2} \\ M_2 \end{Bmatrix} = \frac{E}{L} \begin{bmatrix} A & 0 & 0 & -A & 0 & 0 \\ 0 & 12I/L^2 & 6I/L & 0 & -12I/L^2 & 6I/L \\ 0 & 6I/L & 4I & 0 & -6I/L & 2I \\ -A & 0 & 0 & A & 0 & 0 \\ 0 & -12I/L^2 & -6I/L & 0 & 12I/L^2 & -6I/L \\ 0 & 6I/L & 2I & 0 & -6I/L & 4I \end{bmatrix} \begin{Bmatrix} u_1 \\ v_1 \\ \theta_1 \\ u_2 \\ v_2 \\ \theta_2 \end{Bmatrix} + \begin{Bmatrix} 0 \\ Q_1 \\ M_1 \\ 0 \\ Q_2 \\ M_2 \end{Bmatrix} \tag{4.26}$$

例題 4.7

図 4.16 に示す 2 部材からなるはりに，それぞれ 1.0×10^{-2}, 2.0×10^{-2} kN/mm の等分布荷重が作用しています．このときの応力を求めてください．なお，諸材料特性は図に示すとおりです．

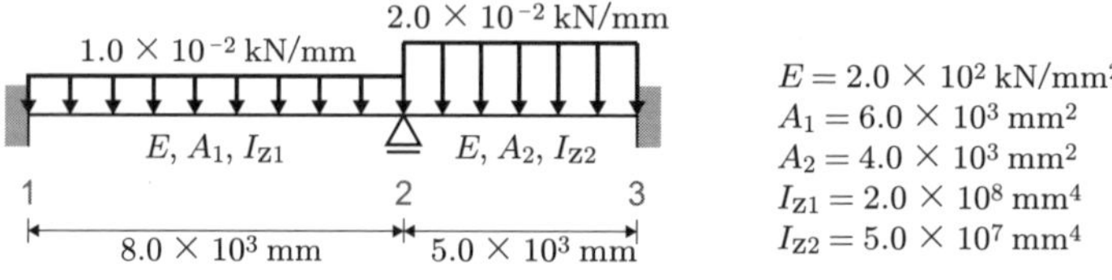

図 4.16　2 部材モデル

解 答

この構造物の要素剛性マトリクスは例題 4.3 と同じです．例題 4.3 との相違点は，節点 2 に作用しているモーメントがなく，その代わりにはり全体に等分布荷重が作用しているという点です．

各部材の節点に作用する応力は，式 (4.24), (4.25) より

部材 1 − 2

$$\textbf{節点 1}：Q_1 = \frac{8.0\times10^3}{20}(7\times1.0\times10^{-2}+3\times1.0\times10^{-2}) = 40\,\mathrm{kN}$$

$$M_1 = \frac{(8.0\times10^3)^2}{60}(3\times1.0\times10^{-2}+2\times1.0\times10^{-2}) \fallingdotseq 5.33\times10^4\,\mathrm{kN\cdot mm}$$

$$\textbf{節点 2}：Q_2 = \frac{8.0\times10^3}{20}(7\times1.0\times10^{-2}+3\times1.0\times10^{-2}) = 40\,\mathrm{kN}$$

$$M_2 = -\frac{(8.0\times10^3)^2}{60}(3\times1.0\times10^{-2}+2\times1.0\times10^{-2})$$

$$\fallingdotseq -5.33\times10^4\,\mathrm{kN\cdot mm}$$

部材 2 − 3

$$\textbf{節点 2}：Q_2 = \frac{5.0\times10^3}{20}(3\times2.0\times10^{-2}+7\times2.0\times10^{-2}) = 50\,\mathrm{kN}$$

$$M_2 = \frac{(5.0\times10^3)^2}{60}(2\times2.0\times10^{-2}+3\times2.0\times10^{-2}) \fallingdotseq 4.17\times10^4\,\mathrm{kN\cdot mm}$$

$$\textbf{節点 3}：Q_3 = \frac{5.0\times10^3}{20}(3\times2.0\times10^{-2}+7\times2.0\times10^{-2}) = 50\,\mathrm{kN}$$

$$M_3 = -\frac{(5.0\times10^3)^2}{60}(2\times2.0\times10^{-2}+3\times2.0\times10^{-2})$$

$$\fallingdotseq -4.17\times10^4\,\mathrm{kN\cdot mm}$$

となります．これをそれぞれの要素の剛性方程式に付加することにより，次式のようになります．

部材 ①

$$\begin{Bmatrix} P_{X1} \\ P_{Y1} \\ M_1 \\ P_{X2} \\ P_{Y2} \\ M_2 \end{Bmatrix} = \begin{bmatrix} \overset{u_1}{1.50\mathrm{E}+02} & \overset{v_1}{0} & \overset{\theta_1}{0} & \overset{u_2}{-1.50\mathrm{E}+02} & \overset{v_2}{0} & \overset{\theta_2}{0} \\ 0 & 9.38\mathrm{E}-01 & 3.75\mathrm{E}+03 & 0 & -9.38\mathrm{E}-01 & 3.75\mathrm{E}+03 \\ 0 & 3.75\mathrm{E}+03 & 2.00\mathrm{E}+07 & 0 & -3.75\mathrm{E}+03 & 1.00\mathrm{E}+07 \\ -1.50\mathrm{E}+02 & 0 & 0 & 1.50\mathrm{E}+02 & 0 & 0 \\ 0 & -9.38\mathrm{E}-01 & -3.75\mathrm{E}+03 & 0 & 9.38\mathrm{E}-01 & -3.75\mathrm{E}+03 \\ 0 & 3.75\mathrm{E}+03 & 1.00\mathrm{E}+07 & 0 & -3.75\mathrm{E}+03 & 2.00\mathrm{E}+07 \end{bmatrix} \begin{Bmatrix} u_1 \\ v_1 \\ \theta_1 \\ u_2 \\ v_2 \\ \theta_2 \end{Bmatrix}$$

$$+ \begin{Bmatrix} 0 \\ 4.00\mathrm{E}+01 \\ 5.33\mathrm{E}+04 \\ 0 \\ 4.00\mathrm{E}+01 \\ -5.33\mathrm{E}+04 \end{Bmatrix} \begin{matrix} u_1 \\ v_1 \\ \theta_1 \\ u_2 \\ v_2 \\ \theta_2 \end{matrix} \tag{4.27}$$

部材 ②

$$
\begin{Bmatrix} P_{X2} \\ P_{Y2} \\ M_2 \\ P_{X3} \\ P_{Y3} \\ M_3 \end{Bmatrix}
=
\begin{array}{c}
\begin{array}{cccccc} u_2 & v_2 & \theta_2 & u_3 & v_3 & \theta_3 \end{array} \\
\begin{bmatrix}
1.60\mathrm{E}+02 & 0 & 0 & -1.60\mathrm{E}+02 & 0 & 0 \\
0 & 9.60\mathrm{E}-01 & 2.40\mathrm{E}+03 & 0 & -9.60\mathrm{E}-01 & 2.40\mathrm{E}+03 \\
0 & 2.40\mathrm{E}+03 & 8.00\mathrm{E}+06 & 0 & -2.40\mathrm{E}+03 & 4.00\mathrm{E}+06 \\
-1.60\mathrm{E}+02 & 0 & 0 & 1.60\mathrm{E}+02 & 0 & 0 \\
0 & -9.60\mathrm{E}-01 & -2.40\mathrm{E}+03 & 0 & 9.60\mathrm{E}-01 & -2.40\mathrm{E}+03 \\
0 & 2.40\mathrm{E}+03 & 4.00\mathrm{E}+06 & 0 & -2.40\mathrm{E}+03 & 8.00\mathrm{E}+06
\end{bmatrix}
\end{array}
\begin{Bmatrix} u_2 \\ v_2 \\ \theta_2 \\ u_3 \\ v_3 \\ \theta_3 \end{Bmatrix}
+
\begin{Bmatrix} 0 \\ 5.00\mathrm{E}+01 \\ 4.17\mathrm{E}+04 \\ 0 \\ 5.00\mathrm{E}+01 \\ -4.17\mathrm{E}+04 \end{Bmatrix}
\begin{matrix} u_2 \\ v_2 \\ \theta_2 \\ u_3 \\ v_3 \\ \theta_3 \end{matrix}
\qquad (4.28)
$$

となります．これらを全体剛性マトリクスのかたちに当てはめると，次式のようになります．

$$
\begin{Bmatrix} P_{X1} \\ P_{Y1} \\ M_1 \\ P_{X2} \\ P_{Y2} \\ M_2 \\ P_{X3} \\ P_{Y3} \\ M_3 \end{Bmatrix}
= [\boldsymbol{K}]
\begin{Bmatrix} u_1 \\ v_1 \\ \theta_1 \\ u_2 \\ v_2 \\ \theta_2 \\ u_3 \\ v_3 \\ \theta_3 \end{Bmatrix}
+
\begin{Bmatrix} 0 \\ 4.00\mathrm{E}+01 \\ 5.33\mathrm{E}+04 \\ 0 \\ (4.00\mathrm{E}+01)+(5.00\mathrm{E}+01) \\ (-5.33\mathrm{E}+04)+(4.17\mathrm{E}+04) \\ 0 \\ 5.00\mathrm{E}+01 \\ -4.17\mathrm{E}+04 \end{Bmatrix}
= [\boldsymbol{K}]
\begin{Bmatrix} u_1 \\ v_1 \\ \theta_1 \\ u_2 \\ v_2 \\ \theta_2 \\ u_3 \\ v_3 \\ \theta_3 \end{Bmatrix}
+
\begin{Bmatrix} 0 \\ 4.00\mathrm{E}+01 \\ 5.33\mathrm{E}+04 \\ 0 \\ 9.00\mathrm{E}+01 \\ -1.16\mathrm{E}+04 \\ 0 \\ 5.00\mathrm{E}+01 \\ -4.17\mathrm{E}+04 \end{Bmatrix}
\qquad (4.29)
$$

ここで，全体剛性マトリクス $[\boldsymbol{K}]$ は次式のとおりです．

$$
[\boldsymbol{K}] =
\begin{array}{c}
\begin{array}{ccccccccc} u_1 & v_1 & \theta_1 & u_2 & v_2 & \theta_2 & u_3 & v_3 & \theta_3 \end{array} \\
\begin{bmatrix}
1.50\mathrm{E}+02 & 0 & 0 & -1.50\mathrm{E}+02 & 0 & 0 & 0 & 0 & 0 \\
0 & 9.38\mathrm{E}-01 & 3.75\mathrm{E}+03 & 0 & -9.38\mathrm{E}-01 & 3.75\mathrm{E}+03 & 0 & 0 & 0 \\
0 & 3.75\mathrm{E}+03 & 2.00\mathrm{E}+07 & 0 & -3.75\mathrm{E}+03 & 1.00\mathrm{E}+07 & 0 & 0 & 0 \\
-1.50\mathrm{E}+02 & 0 & 0 & 3.10\mathrm{E}+02 & 0 & 0 & -1.60\mathrm{E}+02 & 0 & 0 \\
0 & -9.38\mathrm{E}-01 & -3.75\mathrm{E}+03 & 0 & 1.90\mathrm{E}+00 & -1.35\mathrm{E}+03 & 0 & -9.60\mathrm{E}-01 & 2.40\mathrm{E}+03 \\
0 & 3.75\mathrm{E}+03 & 1.00\mathrm{E}+07 & 0 & -1.35\mathrm{E}+03 & 2.80\mathrm{E}+07 & 0 & -2.40\mathrm{E}+03 & 4.00\mathrm{E}+06 \\
0 & 0 & 0 & -1.60\mathrm{E}+02 & 0 & 0 & 1.60\mathrm{E}+02 & 0 & 0 \\
0 & 0 & 0 & 0 & -9.60\mathrm{E}-01 & -2.40\mathrm{E}+03 & 0 & 9.60\mathrm{E}-01 & -2.40\mathrm{E}+03 \\
0 & 0 & 0 & 0 & 2.40\mathrm{E}+03 & 4.00\mathrm{E}+06 & 0 & -2.40\mathrm{E}+03 & 8.00\mathrm{E}+06
\end{bmatrix}
\end{array}
\begin{matrix} u_1 \\ v_1 \\ \theta_1 \\ u_2 \\ v_2 \\ \theta_2 \\ u_3 \\ v_3 \\ \theta_3 \end{matrix}
\qquad (4.30)
$$

次に，拘束条件を考えます．節点 1, 3 が固定，節点 2 は垂直方向のみが固定なので，拘束条件は，$u_1, v_1, \theta_1, v_2, u_3, v_3, \theta_3$ が 0 となります．したがって，式 (4.29) の右辺は，

$$
\begin{Bmatrix} P_{X1} \\ P_{Y1} \\ M_1 \\ P_{X2} \\ P_{Y2} \\ M_2 \\ P_{X3} \\ P_{Y3} \\ M_3 \end{Bmatrix}
= [\boldsymbol{K}]
\begin{Bmatrix} u_1 \\ v_1 \\ \theta_1 \\ u_2 \\ v_2 \\ \theta_2 \\ u_3 \\ v_3 \\ \theta_3 \end{Bmatrix}
+
\begin{Bmatrix} 0 \\ 4.00\mathrm{E}+01 \\ 5.33\mathrm{E}+04 \\ 0 \\ 9.00\mathrm{E}+01 \\ -1.16\mathrm{E}+04 \\ 0 \\ 5.00\mathrm{E}+01 \\ -4.17\mathrm{E}+04 \end{Bmatrix}
= [\boldsymbol{K}]
\begin{Bmatrix} 0 \\ 0 \\ 0 \\ u_2 \\ 0 \\ \theta_2 \\ 0 \\ 0 \\ 0 \end{Bmatrix}
+
\begin{Bmatrix} 0 \\ 4.00\mathrm{E}+01 \\ 5.33\mathrm{E}+04 \\ 0 \\ 9.00\mathrm{E}+01 \\ -1.16\mathrm{E}+04 \\ 0 \\ 5.00\mathrm{E}+01 \\ -4.17\mathrm{E}+04 \end{Bmatrix}
\qquad (4.31)
$$

となります．また，外力ベクトルの要素が 0 になるのは，節点 2 の X 方向変位 u_2 と回転 θ_2 に対応する要素である，P_{X2} と M_2 です．

$$\begin{Bmatrix} P_{X1} \\ P_{Y1} \\ M_1 \\ 0 \\ P_{Y2} \\ 0 \\ P_{X3} \\ P_{Y3} \\ M_3 \end{Bmatrix} = [\boldsymbol{K}] \begin{Bmatrix} 0 \\ 0 \\ 0 \\ u_2 \\ 0 \\ \theta_2 \\ 0 \\ 0 \\ 0 \end{Bmatrix} + \begin{Bmatrix} 0 \\ 4.00\mathrm{E}+01 \\ 5.33\mathrm{E}+04 \\ 0 \\ 9.00\mathrm{E}+01 \\ -1.16\mathrm{E}+04 \\ 0 \\ 5.00\mathrm{E}+01 \\ -4.17\mathrm{E}+04 \end{Bmatrix} \tag{4.32}$$

式 (4.32) を具体的に書くと次式のようになります．

$$\begin{Bmatrix} P_{X1} \\ P_{Y1} \\ M_1 \\ 0 \\ P_{Y2} \\ 0 \\ P_{X3} \\ P_{Y3} \\ M_3 \end{Bmatrix} = \begin{bmatrix} \scriptstyle u_1 & \scriptstyle v_1 & \scriptstyle \theta_1 & \scriptstyle u_2 & \scriptstyle v_2 & \scriptstyle \theta_2 & \scriptstyle u_3 & \scriptstyle v_3 & \scriptstyle \theta_3 \\ 1.50\mathrm{E}+02 & 0 & 0 & -1.50\mathrm{E}+02 & 0 & 0 & 0 & 0 & 0 \\ 0 & 9.38\mathrm{E}-01 & 3.75\mathrm{E}+03 & 0 & -9.38\mathrm{E}-01 & 3.75\mathrm{E}+03 & 0 & 0 & 0 \\ 0 & 3.75\mathrm{E}+03 & 2.00\mathrm{E}+07 & 0 & -3.75\mathrm{E}+03 & 1.00\mathrm{E}+07 & 0 & 0 & 0 \\ -1.50\mathrm{E}+02 & 0 & 0 & 3.10\mathrm{E}+02 & 0 & 0 & -1.60\mathrm{E}+02 & 0 & 0 \\ 0 & -9.38\mathrm{E}-01 & -3.75\mathrm{E}+03 & 0 & 1.90\mathrm{E}+00 & -1.35\mathrm{E}+03 & 0 & -9.60\mathrm{E}-01 & 2.40\mathrm{E}+03 \\ 0 & 3.75\mathrm{E}+03 & 1.00\mathrm{E}+07 & 0 & -1.35\mathrm{E}+03 & 2.80\mathrm{E}+07 & 0 & -2.40\mathrm{E}+03 & 4.00\mathrm{E}+06 \\ 0 & 0 & 0 & -1.60\mathrm{E}+02 & 0 & 0 & 1.60\mathrm{E}+02 & 0 & 0 \\ 0 & 0 & 0 & 0 & -9.60\mathrm{E}-01 & -2.40\mathrm{E}+03 & 0 & 9.60\mathrm{E}-01 & -2.40\mathrm{E}+03 \\ 0 & 0 & 0 & 0 & 2.40\mathrm{E}+03 & 4.00\mathrm{E}+06 & 0 & -2.40\mathrm{E}+03 & 8.00\mathrm{E}+06 \end{bmatrix} \begin{Bmatrix} 0 \\ 0 \\ 0 \\ u_2 \\ 0 \\ \theta_2 \\ 0 \\ 0 \\ 0 \end{Bmatrix} + \begin{Bmatrix} 0 \\ 4.00\mathrm{E}+01 \\ 5.33\mathrm{E}+04 \\ 0 \\ 9.00\mathrm{E}+01 \\ -1.16\mathrm{E}+04 \\ 0 \\ 5.00\mathrm{E}+01 \\ -4.17\mathrm{E}+04 \end{Bmatrix} \tag{4.33}$$

これが全体剛性方程式です．計算を容易にするために，右辺第 2 項を左辺に移動し，次式のように変形します．

$$\begin{Bmatrix} P_{X1} \\ P_{Y1}-4.00\mathrm{E}+01 \\ M_1-5.33\mathrm{E}+04 \\ 0 \\ P_{Y2}-9.00\mathrm{E}+01 \\ 1.16\mathrm{E}+04 \\ P_{X3} \\ P_{Y3}-5.00\mathrm{E}+01 \\ M_3+4.17\mathrm{E}+04 \end{Bmatrix} = \begin{bmatrix} \scriptstyle u_1 & \scriptstyle v_1 & \scriptstyle \theta_1 & \scriptstyle u_2 & \scriptstyle v_2 & \scriptstyle \theta_2 & \scriptstyle u_3 & \scriptstyle v_3 & \scriptstyle \theta_3 \\ 1.50\mathrm{E}+02 & 0 & 0 & -1.50\mathrm{E}+02 & 0 & 0 & 0 & 0 & 0 \\ 0 & 9.38\mathrm{E}-01 & 3.75\mathrm{E}+03 & 0 & -9.38\mathrm{E}-01 & 3.75\mathrm{E}+03 & 0 & 0 & 0 \\ 0 & 3.75\mathrm{E}+03 & 2.00\mathrm{E}+07 & 0 & -3.75\mathrm{E}+03 & 1.00\mathrm{E}+07 & 0 & 0 & 0 \\ -1.50\mathrm{E}+02 & 0 & 0 & 3.10\mathrm{E}+02 & 0 & 0 & -1.60\mathrm{E}+02 & 0 & 0 \\ 0 & -9.38\mathrm{E}-01 & -3.75\mathrm{E}+03 & 0 & 1.90\mathrm{E}+00 & -1.35\mathrm{E}+03 & 0 & -9.60\mathrm{E}-01 & 2.40\mathrm{E}+03 \\ 0 & 3.75\mathrm{E}+03 & 1.00\mathrm{E}+07 & 0 & -1.35\mathrm{E}+03 & 2.80\mathrm{E}+07 & 0 & -2.40\mathrm{E}+03 & 4.00\mathrm{E}+06 \\ 0 & 0 & 0 & -1.60\mathrm{E}+02 & 0 & 0 & 1.60\mathrm{E}+02 & 0 & 0 \\ 0 & 0 & 0 & 0 & -9.60\mathrm{E}-01 & -2.40\mathrm{E}+03 & 0 & 9.60\mathrm{E}-01 & -2.40\mathrm{E}+03 \\ 0 & 0 & 0 & 0 & 2.40\mathrm{E}+03 & 4.00\mathrm{E}+06 & 0 & -2.40\mathrm{E}+03 & 8.00\mathrm{E}+06 \end{bmatrix} \begin{Bmatrix} 0 \\ 0 \\ 0 \\ u_2 \\ 0 \\ \theta_2 \\ 0 \\ 0 \\ 0 \end{Bmatrix} \tag{4.34}$$

全体剛性方程式ができたので，これまでの手順どおりに未知と既知の変位を入れ替え，それに合わせて荷重ベクトルと剛性マトリクスの要素も入れ替えます．式 (4.34) の全体剛性方程式の要素を入れ替えたものが次式になります．

$$\begin{Bmatrix} 0 \\ 1.16\mathrm{E}+04 \\ P_{X1} \\ P_{Y1}-4.00\mathrm{E}+01 \\ M_1-5.33\mathrm{E}+04 \\ P_{Y2}-9.00\mathrm{E}+01 \\ P_{X3} \\ P_{Y3}-5.00\mathrm{E}+01 \\ M_3+4.17\mathrm{E}+04 \end{Bmatrix} = \begin{bmatrix} \scriptstyle u_2 & \scriptstyle \theta_2 & \scriptstyle u_1 & \scriptstyle v_1 & \scriptstyle \theta_1 & \scriptstyle v_2 & \scriptstyle u_3 & \scriptstyle v_3 & \scriptstyle \theta_3 \\ 3.10\mathrm{E}+02 & 0 & -1.50\mathrm{E}+02 & 0 & 0 & 0 & 1.60\mathrm{E}+02 & 0 & 0 \\ 0 & 2.80\mathrm{E}+07 & 0 & 3.75\mathrm{E}+03 & 1.00\mathrm{E}+07 & -1.35\mathrm{E}+03 & 0 & -2.40\mathrm{E}+03 & 4.00\mathrm{E}+06 \\ -1.50\mathrm{E}+02 & 0 & 1.50\mathrm{E}+02 & 0 & 0 & 0 & 0 & 0 & 0 \\ 0 & 3.75\mathrm{E}+03 & 0 & 9.38\mathrm{E}-01 & 3.75\mathrm{E}+03 & -9.38\mathrm{E}-01 & 0 & 0 & 0 \\ 0 & 1.00\mathrm{E}+07 & 0 & 3.75\mathrm{E}+03 & 2.00\mathrm{E}+07 & -3.75\mathrm{E}+03 & 0 & 0 & 0 \\ 0 & -1.35\mathrm{E}+03 & 0 & -9.38\mathrm{E}-01 & -3.75\mathrm{E}+03 & 1.90\mathrm{E}+00 & 0 & -9.60\mathrm{E}-01 & 2.40\mathrm{E}+03 \\ -1.60\mathrm{E}+02 & 0 & 0 & 0 & 0 & 0 & 1.60\mathrm{E}+02 & 0 & 0 \\ 0 & -2.40\mathrm{E}+03 & 0 & 0 & 0 & -9.60\mathrm{E}-01 & 0 & 9.60\mathrm{E}-01 & -2.40\mathrm{E}+03 \\ 0 & 4.00\mathrm{E}+06 & 0 & 0 & 0 & 2.40\mathrm{E}+03 & 0 & -2.40\mathrm{E}+03 & 8.00\mathrm{E}+06 \end{bmatrix} \begin{Bmatrix} u_2 \\ \theta_2 \\ 0 \\ 0 \\ 0 \\ 0 \\ 0 \\ 0 \\ 0 \end{Bmatrix} \tag{4.35}$$

このあとは，例題 4.3 で示したとおり拘束条件を考慮して，マトリクス（式 (4.35)）を展開します．まず，式 (4.36) を式 (2.44), (2.45) の 2 式に展開し変位と反力を求めます．

$$
\{\boldsymbol{P_\alpha}\}\ [\boldsymbol{K_{\alpha\alpha}}]\ [\boldsymbol{K_{\beta\alpha}}]\ \{\boldsymbol{u_\alpha}\}
$$

$$
\left\{\begin{array}{c} 0 \\ 1.16\text{E}+04 \\ P_{X1} \\ P_{Y1}-4.00\text{E}+01 \\ M_1-5.33\text{E}+04 \\ P_{Y2}-9.00\text{E}+01 \\ P_{X3} \\ P_{Y3}-5.00\text{E}+01 \\ M_3+4.17\text{E}+04 \end{array}\right\} = \left[\begin{array}{ccccccccc} u_2 & \theta_2 & u_1 & v_1 & \theta_1 & v_2 & u_3 & v_3 & \theta_3 \\ 3.10\text{E}+02 & 0 & -1.50\text{E}+02 & 0 & 0 & 0 & -1.60\text{E}+02 & 0 & 0 \\ 0 & [\text{illegible}]\text{E}+07 & 0 & 3.75\text{E}+03 & 1.00\text{E}+07 & -1.35\text{E}+03 & 0 & -2.40\text{E}+03 & 4.00\text{E}+06 \\ -1.50\text{E}+02 & 0 & 1.50\text{E}+02 & 0 & 0 & 0 & 0 & 0 & 0 \\ 0 & 3.75\text{E}+03 & 0 & 9.38\text{E}-01 & 3.75\text{E}+03 & -9.38\text{E}-01 & 0 & 0 & 0 \\ 0 & 1.00\text{E}+07 & 0 & 3.75\text{E}+03 & 2.00\text{E}+07 & -3.75\text{E}+03 & 0 & 0 & 0 \\ 0 & -1.35\text{E}+03 & 0 & -9.38\text{E}-01 & -3.75\text{E}+03 & 1.90\text{E}+00 & 0 & -9.60\text{E}-01 & 2.40\text{E}+03 \\ -1.60\text{E}+02 & 0 & 0 & 0 & 0 & 0 & 1.60\text{E}+02 & 0 & 0 \\ 0 & -2.40\text{E}+03 & 0 & 0 & 0 & -9.60\text{E}-01 & 0 & 9.60\text{E}-01 & -2.40\text{E}+03 \\ 0 & 4.00\text{E}+06 & 0 & 0 & 0 & 2.40\text{E}+03 & 0 & -2.40\text{E}+03 & 8.00\text{E}+06 \end{array}\right] \left\{\begin{array}{c} u_2 \\ \theta_2 \\ 0 \\ 0 \\ 0 \\ 0 \\ 0 \\ 0 \\ 0 \end{array}\right\} \tag{4.36}
$$

式 (4.36) の外力項には等分布荷重を考慮した項も含まれていますが，これまでと同じように式 (2.44), (2.45) の 2 式に分けて解くことができます．はじめに，変位は式 (2.44) より

$$
\overset{\{u_\alpha\}}{\left\{\begin{array}{c} u_2 \\ \theta_2 \end{array}\right\}} = \overset{[K_{\alpha\alpha}]^{-1}}{\left[\begin{array}{cc} 3.23\text{E}-03 & 0 \\ 0 & 3.57\text{E}-08 \end{array}\right]} \overset{\{P_\alpha\}}{\left\{\begin{array}{c} 0 \\ 1.16\text{E}+04 \end{array}\right\}} = \left\{\begin{array}{c} 0 \\ 4.14\text{E}-04 \end{array}\right\}
$$

と得られます．反力は，

$$
\{\boldsymbol{P_\beta}\} = [\boldsymbol{K_{\beta\alpha}}]\{\boldsymbol{u_\alpha}\} = [\boldsymbol{K_{\beta\alpha}}][\boldsymbol{K_{\alpha\alpha}}]^{-1}\{\boldsymbol{P_\alpha}\}
$$

により，求められた未知数を要素剛性マトリクスに代入し，以下のように求めます．ここで，計算のわかりやすさのため，等分布荷重を考慮した項を再び右辺に移しています．

$$
\left\{\begin{array}{c} P_{X1} \\ P_{Y1} \\ M_1 \\ P_{Y2} \\ P_{X3} \\ P_{Y3} \\ M_3 \end{array}\right\} = \left[\begin{array}{cc} -1.50\text{E}+02 & 0.00 \\ 0.00 & 3.75\text{E}+03 \\ 0.00 & 1.00\text{E}+07 \\ 0.00 & -1.35\text{E}+03 \\ -1.60\text{E}+02 & 0.00 \\ 0.00 & -2.40\text{E}+03 \\ 0.00 & 4.00\text{E}+06 \end{array}\right] \left\{\begin{array}{c} 0 \\ 4.14\text{E}-04 \end{array}\right\} + \left\{\begin{array}{c} 0 \\ 4.00\text{E}+01 \\ 5.33\text{E}+04 \\ 9.00\text{E}+01 \\ 0 \\ 5.00\text{E}+01 \\ -4.17\text{E}+04 \end{array}\right\}
$$

$$
= \left\{\begin{array}{c} 0 \\ 4.16\text{E}+01 \\ 5.74\text{E}+04 \\ 8.94\text{E}+01 \\ 0 \\ 4.90\text{E}+01 \\ -4.00\text{E}+04 \end{array}\right\}
$$

部材応力は，式 (4.27), (4.28) に変位を代入することで得られます．

部材 ①

$$
\left\{\begin{array}{c} P_{X1} \\ P_{Y1} \\ M_1 \\ P_{X2} \\ P_{Y2} \\ M_2 \end{array}\right\} = [\boldsymbol{K_1}] \left\{\begin{array}{c} 0 \\ 0 \\ 0 \\ 0 \\ 0 \\ 4.14\text{E}-04 \end{array}\right\} + \left\{\begin{array}{c} 0 \\ 4.00\text{E}+01 \\ 5.33\text{E}+04 \\ 0 \\ 4.00\text{E}+01 \\ -5.33\text{E}+04 \end{array}\right\}
$$

$$
= \begin{Bmatrix} 0 \\ 1.55\mathrm{E}+00 \\ 4.14\mathrm{E}+03 \\ 0 \\ -1.55\mathrm{E}+00 \\ 8.29\mathrm{E}+03 \end{Bmatrix} + \begin{Bmatrix} 0 \\ 4.00\mathrm{E}+01 \\ 5.33\mathrm{E}+04 \\ 0 \\ 4.00\mathrm{E}+01 \\ -5.33\mathrm{E}+04 \end{Bmatrix} \fallingdotseq \begin{Bmatrix} 0 \\ 42 \\ 5.7\times 10^4 \\ 0 \\ 38 \\ -4.5\times 10^4 \end{Bmatrix} \begin{matrix} \mathrm{kN} \\ \mathrm{kN} \\ \mathrm{kN\cdot mm} \\ \mathrm{kN} \\ \mathrm{kN} \\ \mathrm{kN\cdot mm} \end{matrix}
$$

ここで，$[\boldsymbol{K_1}]$ は式 (4.27) に掲げる部材 ① の要素剛性マトリクスです．

部材 ②

$$
\begin{Bmatrix} P_{X2} \\ P_{Y2} \\ M_2 \\ P_{X3} \\ P_{Y3} \\ M_3 \end{Bmatrix} = [\boldsymbol{K_2}] \begin{Bmatrix} 0 \\ 0 \\ 4.14\mathrm{E}-04 \\ 0 \\ 0 \\ 0 \end{Bmatrix} + \begin{Bmatrix} 0 \\ 5.00\mathrm{E}+01 \\ 4.17\mathrm{E}+04 \\ 0 \\ 5.00\mathrm{E}+01 \\ -4.17\mathrm{E}+04 \end{Bmatrix}
$$

$$
= \begin{Bmatrix} 0 \\ 9.94\mathrm{E}-01 \\ 3.31\mathrm{E}+03 \\ 0 \\ -9.94\mathrm{E}-01 \\ 1.66\mathrm{E}+03 \end{Bmatrix} + \begin{Bmatrix} 0 \\ 5.00\mathrm{E}+01 \\ 4.17\mathrm{E}+04 \\ 0 \\ 5.00\mathrm{E}+01 \\ -4.17\mathrm{E}+04 \end{Bmatrix} \fallingdotseq \begin{Bmatrix} 0 \\ 51 \\ 4.5\times 10^4 \\ 0 \\ 49 \\ -4.0\times 10^4 \end{Bmatrix} \begin{matrix} \mathrm{kN} \\ \mathrm{kN} \\ \mathrm{kN\cdot mm} \\ \mathrm{kN} \\ \mathrm{kN} \\ \mathrm{kN\cdot mm} \end{matrix}
$$

ここで，$[\boldsymbol{K_2}]$ は式 (4.28) に掲げる部材 ② の要素剛性マトリクスです．

なお，求められたモーメントは節点モーメントのみなので，部材軸にわたるモーメント図を作成する場合は，等分布荷重の影響を考慮して作図する必要があります．つまり，単純ばりの両端に節点モーメントが作用した状態で算出します．応力図は，**図 4.17** のようになります†．

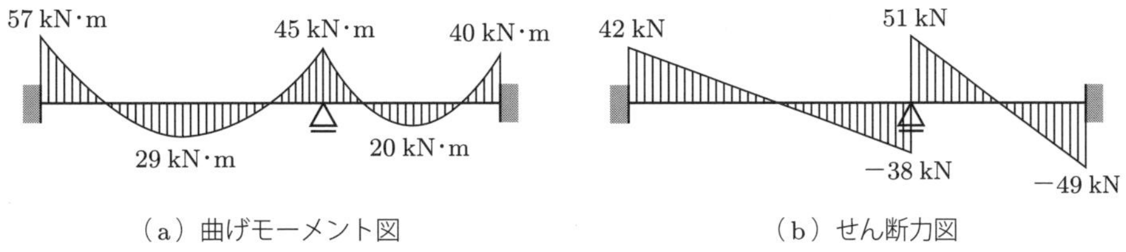

（a）曲げモーメント図　　（b）せん断力図

図 4.17　応力図

† はり中間の曲げモーメントは，求められた材端モーメントと単純支持された場合の中央曲げモーメントを合成することにより求めます．

4.6 軸力が作用する場合

次に，**図 4.18** に示すように，偏分布軸荷重が軸方向に作用する場合について説明します．この場合は，剛性方程式に軸力の項を考慮することによりその影響を反映できます．つまり，式 (4.37) の N_1, N_2 の位置に値を代入すれば，前節で説明をした中間荷重と同じ扱いとなります．

$$\begin{Bmatrix} P_{X1} \\ P_{Y1} \\ M_1 \\ P_{X2} \\ P_{X2} \\ M_2 \end{Bmatrix} = \frac{E}{L}\begin{bmatrix} A & 0 & 0 & -A & 0 & 0 \\ 0 & 12I/L^2 & 6I/L & 0 & -12I/L^2 & 6I/L \\ 0 & 6I/L & 4I & 0 & -6I/L & 4I \\ -A & 0 & 0 & A & 0 & 0 \\ 0 & -12I/L^2 & -6I/L & 0 & 12I/L^2 & -6I/L \\ 0 & 6I/L & 2I & 0 & -6I/L & 4I \end{bmatrix}\begin{Bmatrix} u_1 \\ v_1 \\ \theta_1 \\ u_2 \\ v_2 \\ \theta_2 \end{Bmatrix} + \begin{Bmatrix} N_1 \\ Q_1 \\ M_1 \\ N_2 \\ Q_2 \\ M_2 \end{Bmatrix} \tag{4.37}$$

左端 w_1，右端 w_2 の偏分布軸力が作用した場合と等価な節点軸荷重は，以下の式 (4.38), (4.39) で示す値となることが知られています．

$$\textbf{節点 1：} N_1 = \frac{L}{6}(2w_1 + w_2) \tag{4.38}$$

$$\textbf{節点 2：} N_2 = \frac{L}{6}(w_1 + 2w_2) \tag{4.39}$$

式 (4.38), (4.39) の値は，2.1 節で要素剛性マトリクスをエネルギー法から求めたのと同じように求められます．偏分布軸荷重が作用する場合を考える前に，部材の中間点 L_1 に軸力 P が作用した場合の等価節点軸力の値を導出します．

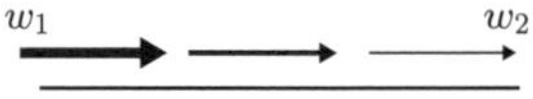

図 4.18　軸方向分布荷重

例題 4.8　任意点に軸力が作用する場合

図 4.19 のように，部材の任意点に軸力 P が作用している場合の等価節点軸力を求めよ．

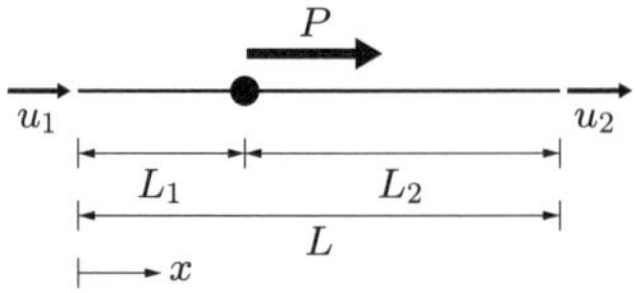

図 4.19　任意点に作用する軸力

解　答

① 変位

変位は軸方向のみなので，左端と右端にそれぞれ軸方向に u_1 と u_2 の変位が生じます．材の任意点における変位 $u(x)$ は，次のように一次関数で表現できます．

$$u(x) = c_1 x + c_2 \tag{4.40}$$

この c_1 と c_2 の未定係数を境界条件により決定します．

$$u(0) = c_2 = u_1 \tag{4.41}$$

$$u(L) = c_1 L + u_1 = u_2 \tag{4.42}$$

$$\therefore c_1 = \frac{u_2 - u_1}{L} \tag{4.43}$$

以上より，軸方向の任意点における変位は，

$$u(x) = \frac{u_2 - u_1}{L} x + u_1 = \left(1 - \frac{x}{L}\right) u_1 + \frac{x}{L} u_2 \tag{4.44}$$

となります．また，軸ひずみは単位長さあたりの伸びなので，式 (4.44) を微分して求められます．

$$\varepsilon = \frac{du}{dx} = -\frac{u_1}{L} + \frac{u_2}{L} \tag{4.45}$$

得られた式 (4.45) を行列表示すると，以下のようになります．

$$\varepsilon = \left\{ -1/L \ \ 1/L \right\} \begin{Bmatrix} u_1 \\ u_2 \end{Bmatrix} \tag{4.46}$$

②ひずみエネルギー U

①をもとに弾性体のひずみエネルギー U を考えると，次のようになります．

$$\begin{aligned} U &= \frac{1}{2} \int_A \varepsilon_x^T \cdot \sigma dA = \frac{1}{2} \int_A \varepsilon_x^T \cdot (E \varepsilon_x) dA \\ &= \frac{1}{2} E \int_A \{u_1 \ u_2\} \begin{Bmatrix} -1/L \\ 1/L \end{Bmatrix} \cdot \left\{ -1/L \ \ 1/L \right\} \begin{Bmatrix} u_1 \\ u_2 \end{Bmatrix} dA \\ &= \frac{1}{2} E \int_A \{ u_1 \ \ u_2 \} \begin{bmatrix} 1/L^2 & -1/L^2 \\ -1/L^2 & 1/L^2 \end{bmatrix} \begin{Bmatrix} u_1 \\ u_2 \end{Bmatrix} dA \\ &= \frac{1}{2} \frac{EA}{L} \{ u_1 \ \ u_2 \} \begin{bmatrix} 1 & -1 \\ -1 & 1 \end{bmatrix} \begin{Bmatrix} u_1 \\ u_2 \end{Bmatrix} \end{aligned} \tag{4.47}$$

エネルギー法に適用するために，式 (4.47) を u_1 と u_2 で偏微分します．

$$\begin{aligned} \frac{\partial U}{\partial u_1} &= \frac{1}{2} \frac{EA}{L} \{ 1 \ \ 0 \} \begin{bmatrix} 1 & -1 \\ -1 & 1 \end{bmatrix} \begin{Bmatrix} u_1 \\ u_2 \end{Bmatrix} + \frac{1}{2} \frac{EA}{L} \{ u_1 \ \ u_2 \} \begin{bmatrix} 1 & -1 \\ -1 & 1 \end{bmatrix} \begin{Bmatrix} 1 \\ 0 \end{Bmatrix} \\ &= \frac{EA}{L} \{ 1 \ \ 0 \} \begin{bmatrix} 1 & -1 \\ -1 & 1 \end{bmatrix} \begin{Bmatrix} u_1 \\ u_2 \end{Bmatrix} \end{aligned} \tag{4.48}$$

$$\frac{\partial U}{\partial u_2} = \frac{1}{2}\frac{EA}{L}\{\,0\;\;1\,\}\begin{bmatrix} 1 & -1 \\ -1 & 1 \end{bmatrix}\begin{Bmatrix} u_1 \\ u_2 \end{Bmatrix} + \frac{1}{2}\frac{EA}{L}\{\,u_1\;\;u_2\,\}\begin{bmatrix} 1 & -1 \\ -1 & 1 \end{bmatrix}\begin{Bmatrix} 0 \\ 1 \end{Bmatrix}$$

$$= \frac{EA}{L}\{\,0\;\;1\,\}\begin{bmatrix} 1 & -1 \\ -1 & 1 \end{bmatrix}\begin{Bmatrix} u_1 \\ u_2 \end{Bmatrix} \tag{4.49}$$

③外力による仕事 W

仕事は,

$$W = \{\boldsymbol{u}\}\{\boldsymbol{F}\} \tag{4.50}$$

で表されます．ここで，$x = L/4$ に軸力が作用した場合を具体的に考えてみましょう．$x = L/4$ における変位は，式 (4.44) より

$$u\left(\frac{L}{4}\right) = \frac{3}{4}u_1 + \frac{1}{4}u_2 \tag{4.51}$$

と表されます．これを式 (4.50) に代入すると，$x = L/4$ での仕事は,

$$W = \left(\frac{3}{4}u_1 + \frac{1}{4}u_2\right)P \tag{4.52}$$

となります．式 (4.52) を u_1 と u_2 で偏微分します．

$$\frac{\partial W}{\partial u_1} = \frac{3}{4}P, \qquad \frac{\partial W}{\partial u_2} = \frac{1}{4}P \tag{4.53}$$

④最小ポテンシャルエネルギー

全ポテンシャルエネルギー (Π) は $\Pi = U + W$ であり，$\delta\Pi$ は 0 なので,

$$\frac{\partial \Pi}{\partial u_1} = \frac{\partial U}{\partial u_1} + \frac{\partial W}{\partial u_1} = \frac{EA}{L}\{\,1\;\;0\,\}\begin{bmatrix} 1 & -1 \\ -1 & 1 \end{bmatrix}\begin{Bmatrix} u_1 \\ u_2 \end{Bmatrix} - \frac{3}{4}P = 0 \tag{4.54}$$

$$\frac{\partial \Pi}{\partial u_2} = \frac{\partial U}{\partial u_2} + \frac{\partial W}{\partial u_2} = \frac{EA}{L}\{\,0\;\;1\,\}\begin{bmatrix} 1 & -1 \\ -1 & 1 \end{bmatrix}\begin{Bmatrix} u_1 \\ u_2 \end{Bmatrix} - \frac{1}{4}P = 0 \tag{4.55}$$

$$\begin{Bmatrix} \dfrac{\partial \Pi}{\partial u_1} \\ \dfrac{\partial \Pi}{\partial u_2} \end{Bmatrix} = \frac{EA}{L}\begin{bmatrix} 1 & -1 \\ -1 & 1 \end{bmatrix}\begin{Bmatrix} u_1 \\ u_2 \end{Bmatrix} - \begin{Bmatrix} (3/4)P \\ (1/4)P \end{Bmatrix} = \begin{Bmatrix} 0 \\ 0 \end{Bmatrix}$$

$$\therefore \frac{EA}{L}\begin{bmatrix} 1 & -1 \\ -1 & 1 \end{bmatrix}\begin{Bmatrix} u_1 \\ u_2 \end{Bmatrix} = \begin{Bmatrix} (3/4)P \\ (1/4)P \end{Bmatrix} \tag{4.56}$$

となり，等価節点軸力が得られました．

例題 4.9　偏分布軸力が作用する場合

図 4.20 のように，偏分布軸力 p が作用する場合の等価節点荷重を求めよ．

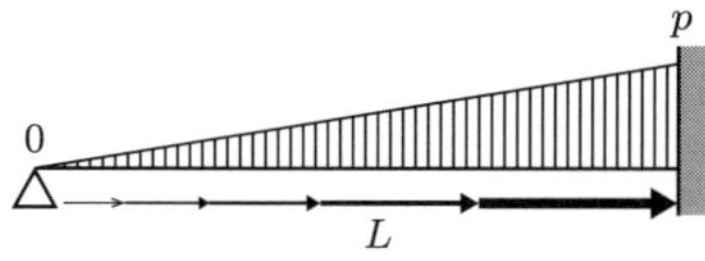

図 4.20　偏分布軸力荷重

解　答

ひずみエネルギーの変分のみを考えると，式 (4.48), (4.49) から

$$\frac{\partial U}{\partial u_1} = \frac{EA}{L}\left\{ 1 \ \ 0 \right\} \begin{bmatrix} 1 & -1 \\ -1 & 1 \end{bmatrix} \begin{Bmatrix} u_1 \\ u_2 \end{Bmatrix} \tag{4.57}$$

$$\frac{\partial U}{\partial u_2} = \frac{EA}{L}\left\{ 0 \ \ 1 \right\} \begin{bmatrix} 1 & -1 \\ -1 & 1 \end{bmatrix} \begin{Bmatrix} u_1 \\ u_2 \end{Bmatrix} \tag{4.58}$$

となります．

任意の点 x における力 F は

$$F = \frac{p}{L}x \qquad \therefore dF = \frac{px}{L}dx \tag{4.59}$$

となり，軸力によるエネルギー W は

$$W = \int_0^L \left(\frac{px}{L}dx\right) u \tag{4.60}$$

となります．また，変位 u は式 (4.44) より $(1 - x/L)\,u_1 + (x/L)u_2$ なので，式 (4.60) は

$$\begin{aligned} W &= \int_0^L \left(\frac{px}{L}\right)\left\{\left(1 - \frac{x}{L}\right)u_1 + \frac{x}{L}u_2\right\}dx = \frac{p}{L}\int_0^L \left(xu_1 - \frac{u_1}{L}x^2 + \frac{u_2}{L}x^2\right)dx \\ &= \frac{p}{L}\left[\frac{L^2}{2}u_1 - \frac{u_1}{3L}L^3 + \frac{u_2}{3L}L^3\right] = pL\left(\frac{u_1}{6} + \frac{u_2}{3}\right) \end{aligned} \tag{4.61}$$

となり，外力仕事の変分は，

$$\frac{\partial W}{\partial u_1} = \frac{pL}{6}, \qquad \frac{\partial W}{\partial u_2} = \frac{pL}{3} \tag{4.62}$$

となります．よって，全ポテンシャルエネルギーは，

$$\frac{\partial \Pi}{\partial u_1} = \frac{\partial U}{\partial u_1} + \frac{\partial W}{\partial u_1} = \frac{EA}{L}\left\{ 1 \ \ 0 \right\} \begin{bmatrix} 1 & -1 \\ -1 & 1 \end{bmatrix} \begin{Bmatrix} u_1 \\ u_2 \end{Bmatrix} - \frac{pL}{6} = 0 \tag{4.63}$$

$$\frac{\partial \Pi}{\partial u_2} = \frac{\partial U}{\partial u_2} + \frac{\partial W}{\partial u_2} = \frac{EA}{L}\left\{ 0 \ \ 1 \right\} \begin{bmatrix} 1 & -1 \\ -1 & 1 \end{bmatrix} \begin{Bmatrix} u_1 \\ u_2 \end{Bmatrix} - \frac{pL}{3} = 0 \tag{4.64}$$

$$\therefore \frac{EA}{L}\begin{bmatrix} 1 & -1 \\ -1 & 1 \end{bmatrix}\begin{Bmatrix} u_1 \\ u_2 \end{Bmatrix} = \begin{Bmatrix} pL/6 \\ pL/3 \end{Bmatrix} \tag{4.65}$$

となり，等価節点荷重が求められます．

4.7 部材の変形

剛性マトリクス法における変位は，節点を対象として求められます．そのため，部材節点間の変形は直接には得られません．部材節点間の変形を求めるためには，節点に軸力やせん断力，曲げモーメントを受け，変位と回転角が生じた場合の部材の形状を示す形状関数を用いる必要があります．ここでは，**図 4.21** を例にとり，形状関数の求め方を説明します．

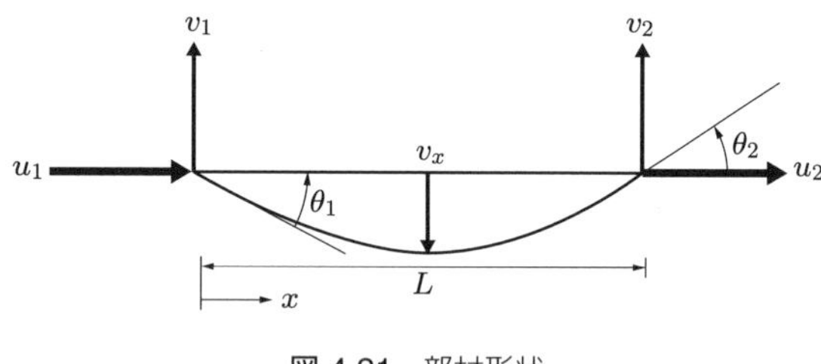

図 4.21　部材形状

4.7.1 軸力が作用した場合の形状関数

はじめに，軸力のみが作用し，両端に軸方向変位 u_1 と u_2 が生じた場合における，部材位置 x 点の変位 $u(x)$ を考えます．前節で示したとおり，

$$u(x) = \left(1 - \frac{x}{L}\right)u_1 + \frac{x}{L}u_2 \qquad (4.44) \text{ 再掲}$$

で任意の x 点における変位が求められます．これが軸力が作用する部材の形状関数です．

4.7.2 曲げモーメントやせん断力を受ける部材の形状関数

次に，両端部に直交方向の変位と回転角が生じた場合の，部材任意の点における変位を表す形状関数を求めます．境界条件が 4 個 $(v_1, \theta_1, v_2, \theta_2)$ あるので，形状関数 $v(x)$ は次式のように 3 次関数と仮定します．

$$v(x) = C_1 + C_2 x + C_3 x^2 + C_4 x^3 \tag{4.66}$$

式 (4.66) を微分すると，変位は回転角 $\theta(x)$ になります．

$$\theta(x) = \frac{dv}{dx} = C_2 + 2C_3 x + 3C_4 x^2 \tag{4.67}$$

以上を行列で表記すると，

$$v(x) = \left\{ 1 \;\; x \;\; x^2 \;\; x^3 \right\} \begin{Bmatrix} C_1 \\ C_2 \\ C_3 \\ C_4 \end{Bmatrix} \tag{4.68}$$

$$\theta(x) = \left\{ 0 \;\; 1 \;\; 2x \;\; 3x^2 \right\} \begin{Bmatrix} C_1 \\ C_2 \\ C_3 \\ C_4 \end{Bmatrix} \tag{4.69}$$

となります．境界条件

$$v(0) = v_1, \qquad v(L) = v_2, \qquad \theta(0) = \theta_1, \qquad \theta(L) = \theta_2 \tag{4.70}$$

を式 (4.68) および式 (4.69) に代入すると，

$$v(0) = v_1 = \left\{ 1 \;\; 0 \;\; 0 \;\; 0 \right\} \begin{Bmatrix} C_1 \\ C_2 \\ C_3 \\ C_4 \end{Bmatrix}, \qquad v(L) = v_2 = \left\{ 1 \;\; L \;\; L^2 \;\; L^3 \right\} \begin{Bmatrix} C_1 \\ C_2 \\ C_3 \\ C_4 \end{Bmatrix} \tag{4.71}$$

$$\theta(0) = \theta_1 = \left\{ 0 \;\; 1 \;\; 0 \;\; 0 \right\} \begin{Bmatrix} C_1 \\ C_2 \\ C_3 \\ C_4 \end{Bmatrix}, \qquad \theta(L) = \theta_2 = \left\{ 0 \;\; 1 \;\; 2L \;\; 3L^2 \right\} \begin{Bmatrix} C_1 \\ C_2 \\ C_3 \\ C_4 \end{Bmatrix} \tag{4.72}$$

となります．以上を整理すると，次の式が得られます．

$$\begin{Bmatrix} v_1 \\ \theta_1 \\ v_2 \\ \theta_2 \end{Bmatrix} = \begin{bmatrix} 1 & 0 & 0 & 0 \\ 0 & 1 & 0 & 0 \\ 1 & L & L^2 & L^3 \\ 0 & 1 & 2L & 3L^2 \end{bmatrix} \begin{Bmatrix} C_1 \\ C_2 \\ C_3 \\ C_4 \end{Bmatrix}$$

上式の両辺に逆行列を左からかけることで，未定係数は

$$\begin{Bmatrix} C_1 \\ C_2 \\ C_3 \\ C_4 \end{Bmatrix} = \begin{bmatrix} 1 & 0 & 0 & 0 \\ 0 & 1 & 0 & 0 \\ -3/L^2 & -2/L & 3/L^2 & -1/L \\ 2/L^3 & 1/L^2 & -2/L^2 & 1/L^2 \end{bmatrix} \begin{Bmatrix} v_1 \\ \theta_1 \\ v_2 \\ \theta_2 \end{Bmatrix} \tag{4.73}$$

と得られ，式 (4.68) に式 (4.73) を代入することで，任意点での軸に直交する変位が得られます．

$$v(x) = \left\{ 1 \;\; x \;\; x^2 \;\; x^3 \right\} \begin{bmatrix} 1 & 0 & 0 & 0 \\ 0 & 1 & 0 & 0 \\ -3/L^2 & -2/L & 3/L^2 & -1/L \\ 2/L^3 & 1/L^2 & -2/L^2 & 1/L^2 \end{bmatrix} \begin{Bmatrix} v_1 \\ \theta_1 \\ v_2 \\ \theta_2 \end{Bmatrix} \tag{4.74}$$

これを展開すると，

$$v(x)=\left[\left(1-\frac{3x^2}{L^2}+\frac{2x^3}{L^3}\right),\left(x-\frac{2x^2}{L}+\frac{x^3}{L^2}\right),\left(\frac{3x^2}{L^2}-\frac{2x^3}{L^3}\right),\left(-\frac{x^2}{L}+\frac{x^3}{L^2}\right)\right]\begin{Bmatrix}v_1\\\theta_1\\v_2\\\theta_2\end{Bmatrix} \tag{4.75}$$

となり，これが曲げモーメントやせん断力を受ける部材の形状関数となります．この式に両端部の直交方向変位と回転角を代入すると，任意の位置 x における直交方向の変位が求められることになります．

同様に，部材両端部に生じる回転角は，式 (4.68) に式 (4.72) を代入することで得られます．

$$\begin{aligned}\theta(x)&=\begin{Bmatrix}0 & 1 & 2x & 3x^2\end{Bmatrix}\begin{bmatrix}1 & 0 & 0 & 0\\0 & 1 & 0 & 0\\-3/L^2 & -2/L & 3/L^2 & -1/L\\2/L^3 & 1/L^2 & -2/L^2 & 1/L^2\end{bmatrix}\begin{Bmatrix}v_1\\\theta_1\\v_2\\\theta_2\end{Bmatrix}\\&=\left[\left(-\frac{6x}{L^2}+\frac{6x^2}{L^3}\right),\left(1-\frac{4x}{L}+\frac{3x^2}{L^2}\right),\left(\frac{6x}{L^2}-\frac{6x^2}{L^2}\right),\left(-\frac{2x}{L}+\frac{3x^2}{L^2}\right)\right]\begin{Bmatrix}v_1\\\theta_1\\v_2\\\theta_2\end{Bmatrix}\end{aligned}$$

上式より，任意の位置 x における回転角が求められることになります．

第 5 章　有限要素法

前章においては，線材の 1 次元要素を使用した解析手法の説明を行いました．この考えを三角形要素などの 2 次元要素や 3 次元要素に拡張すると，複雑な立体形状の構造物内部の応力解析が可能となります．本章では，本格的な有限要素法解析への入り口として，2 次元三角形要素を使用した板を解析モデルとし，概要を説明します．

5.1 有限要素法の概要

第 4 章までの剛性マトリクス法で取り扱った要素は，1 次元のはり要素とトラス要素，ラーメン要素でした．これに対し，床やシェルなどの構造に作用する応力を求めるための解析方法が有限要素法（FEM）です．このときに使用する分割要素には，板，シェル要素のほか，固体要素などがあります．ここでは，これまで学んだ剛性マトリクス法から有限要素法を学習するための橋渡しとして，三角形要素を使用した 2 次元有限要素法の基本的な考え方について簡単に説明します．剛性マトリクス法と有限要素法は，使用する要素は異なりますが，どちらも変位法を拡張したものです．

図 5.1 は穴あき平板の左側を固定とし，右側に等分布の引張力を載荷した場合の有限要素法解析による応力度分布を示しています．使用ソフトウェアは ANSYS です†．図左の画像で示すように，分割要素は四角形要素としています．図右の解析結果では，両方の孔の上下に応力が集中する一方，孔の間に作用する応力は小さいことが示されています（実際には，応力の大きい部分は

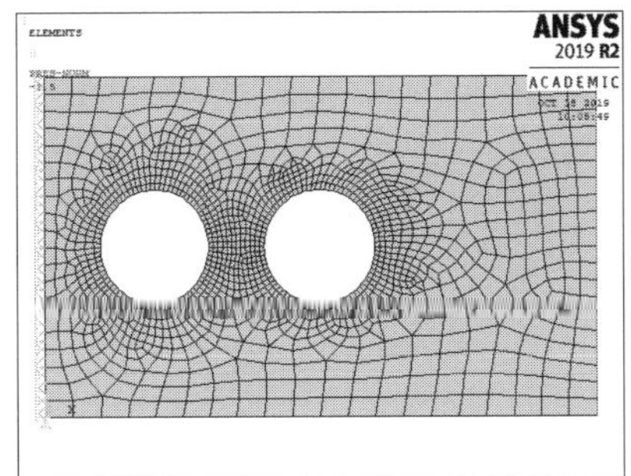

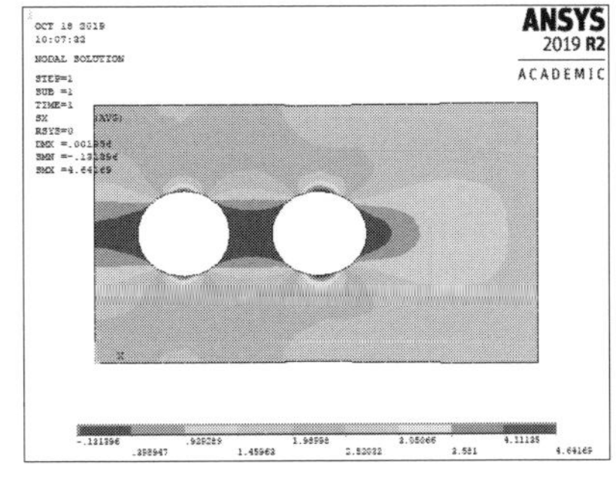

図 5.1　穴あき平板の応力度分布

† 汎用解析ソフトウェアとしては，このほかに MARC, NASTRAN, SAP など数多くあります．

赤に，小さい部分は青に色付けがされています）．このような，手計算で求めることが困難な応力を求めるためのプログラムやソフトウェアには，ほとんどの場合有限要素法が用いられています．

5.2 解析方法の概要

5.2.1 三角形要素の定式化

ここでは，有限要素法の理解のために，**図 5.2** に示す 2 次元三角形要素を例にとり説明します．三角形要素の応力解析に対しても，トラスやラーメンの解析で使用した，

$$\{\boldsymbol{P}\} = [\boldsymbol{K}]\{\boldsymbol{u}\}$$

の剛性方程式を使用します．この式を三角形要素に適用するために，**図 5.3** に示すような三角形要素の節点変位を考えます．

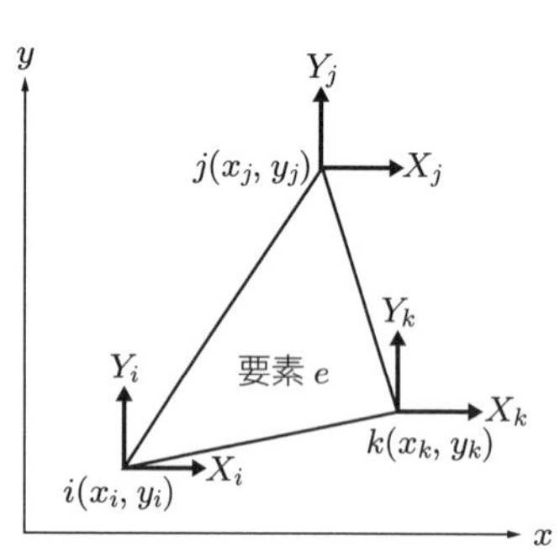

図 5.2　三角形要素

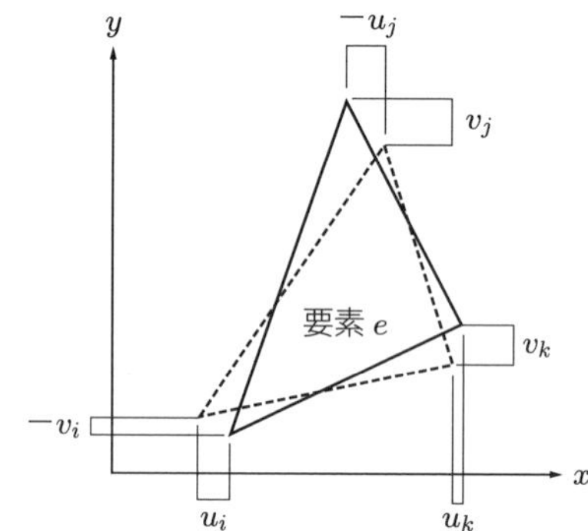

図 5.3　要素の自由度

a） 要素内変位

任意の三角形要素 e（図 5.2）を考えます．その三角形要素の 3 頂点 i, j, k の節点頂点座標を (x_i, y_i), (x_j, y_j), (x_k, y_k) とします．それぞれの頂点座標は x, y の 2 自由度を有しているので，頂点に外力が作用する場合，それぞれに変位が生じます．ここで，変位ベクトル $\{\boldsymbol{h_n}\}$ と外力ベクトル $\{\boldsymbol{F_n}\}$ をそれぞれ

$$\{\boldsymbol{h_n}\} = \begin{Bmatrix} u_i \\ v_i \\ u_j \\ v_j \\ u_k \\ v_k \end{Bmatrix}, \qquad \{\boldsymbol{F_n}\} = \begin{Bmatrix} X_i \\ Y_i \\ X_j \\ Y_j \\ X_k \\ Y_k \end{Bmatrix} \tag{5.1}$$

とします．以下ではこの変位ベクトルを使用して力と変形の関係を導きます．

次に，要素内の任意の変位 $\{\boldsymbol{u^e}\}$ を下式のように x, y の一次式で表します．

$$\{\boldsymbol{u^e}\} = \begin{Bmatrix} u \\ v \end{Bmatrix} = \begin{Bmatrix} \alpha_1 + \alpha_2 x + \alpha_3 y \\ \alpha_4 + \alpha_5 x + \alpha_6 y \end{Bmatrix} = \begin{bmatrix} 1 & x & y & 0 & 0 & 0 \\ 0 & 0 & 0 & 1 & x & y \end{bmatrix} \begin{Bmatrix} \alpha_1 \\ \alpha_2 \\ \alpha_3 \\ \alpha_4 \\ \alpha_5 \\ \alpha_6 \end{Bmatrix} = [\boldsymbol{g}]\{\boldsymbol{\alpha}\} \tag{5.2}$$

b） 節点変位と未定係数

式 (5.2) を三角形要素の 3 頂点に適用します．

$$\{\boldsymbol{h_n}\} = \begin{Bmatrix} u_i \\ v_i \\ u_j \\ v_j \\ u_k \\ v_k \end{Bmatrix} = \begin{bmatrix} 1 & x_i & y_i & 0 & 0 & 0 \\ 0 & 0 & 0 & 1 & x_i & y_i \\ 1 & x_j & y_j & 0 & 0 & 0 \\ 0 & 0 & 0 & 1 & x_j & y_j \\ 1 & x_k & y_k & 0 & 0 & 0 \\ 0 & 0 & 0 & 1 & x_k & y_k \end{bmatrix} \begin{Bmatrix} \alpha_i \\ \alpha_i \\ \alpha_j \\ \alpha_j \\ \alpha_k \\ \alpha_k \end{Bmatrix} = [\boldsymbol{G}]\{\boldsymbol{\alpha_n}\} \tag{5.3}$$

c） 任意点の変位と節点変位

式 (5.2), (5.3) から，三角形要素内部の任意の点における変位 $\{\boldsymbol{u^e}\}$（**図 5.4**）を頂点座標変位 $\{\boldsymbol{h_n}\}$（図 5.3）で表示します．

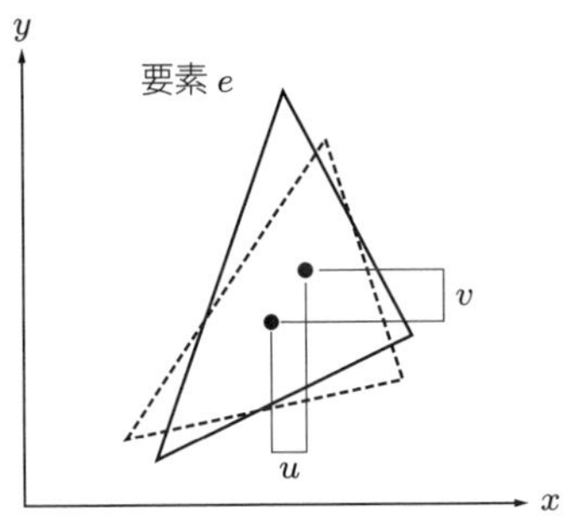

図 5.4 要素の変位図

$$\begin{aligned} \{\boldsymbol{u^e}\} &= \begin{Bmatrix} u \\ v \end{Bmatrix} = [\boldsymbol{g}]\{\boldsymbol{\alpha_n}\} = [\boldsymbol{g}][\boldsymbol{G}]^{-1}\{\boldsymbol{h_n}\} \\ &= \begin{bmatrix} N_i^{(e)} & 0 & N_j^{(e)} & 0 & N_k^{(e)} & 0 \\ 0 & N_i^{(e)} & 0 & N_j^{(e)} & 0 & N_k^{(e)} \end{bmatrix} \{\boldsymbol{h_n}\} = [\boldsymbol{N}]\{\boldsymbol{h_n}\} \end{aligned}$$

ここで，

$$\begin{aligned} N_i^{(e)} &= \frac{1}{2\Delta}\{(x_j y_k - x_k y_j) + (y_j - y_k)x + (x_k - x_j)y\} \\ N_j^{(e)} &= \frac{1}{2\Delta}\{(x_k y_i - x_i y_k) + (y_k - y_i)x + (x_i - x_k)y\} \\ N_k^{(e)} &= \frac{1}{2\Delta}\{(x_i y_j - x_j y_i) + (y_i - y_j)x + (x_j - x_i)y\} \end{aligned} \tag{5.4}$$

であり，$[\boldsymbol{N}]$ は形状関数といいます．また，Δ は

$$\varDelta = \mathrm{abs}\left(\frac{1}{2}\begin{vmatrix} 1 & x_i & y_i \\ 1 & x_j & y_j \\ 1 & x_k & y_k \end{vmatrix}\right)$$

です．あるいは，$2\varDelta = \mathrm{abs}(x_j y_k + x_k y_i + x_i y_j - x_i y_k - x_j y_i - x_k y_j)$ です．ここで，abs は () 内の絶対値を表します．$\varDelta$ は三角形要素の面積を表しています．

d）要素ひずみ－節点変位関係

要素剛性方程式はエネルギー式を利用して導けますが，その前段階として，ひずみを節点変位で表します．ひずみは，式 (5.4) を偏微分することにより，以下のように表すことができます．

$$\{\varepsilon\} = \begin{Bmatrix} \varepsilon_x \\ \varepsilon_y \\ \gamma_{xy} \end{Bmatrix} = \begin{Bmatrix} \dfrac{\partial u}{\partial x} \\ \dfrac{\partial v}{\partial y} \\ \dfrac{\partial v}{\partial x} + \dfrac{\partial u}{\partial y} \end{Bmatrix}$$

$$= \frac{1}{2\varDelta}\begin{bmatrix} y_j - y_k & 0 & y_k - y_i & 0 & y_i - y_j & 0 \\ 0 & x_k - x_j & 0 & x_i - x_k & 0 & x_j - x_i \\ x_k - x_j & y_j - y_k & x_i - x_k & y_k - y_i & x_j - x_i & y_i - y_j \end{bmatrix}\begin{Bmatrix} u_i \\ v_i \\ u_j \\ v_j \\ u_k \\ v_k \end{Bmatrix} = [\boldsymbol{B}]\{\boldsymbol{h_n}\} \tag{5.5}$$

ここで，

$$[\boldsymbol{B}] = \frac{1}{2\varDelta}\begin{bmatrix} y_j - y_k & 0 & y_k - y_i & 0 & y_i - y_j & 0 \\ 0 & x_k - x_j & 0 & x_i - x_k & 0 & x_j - x_i \\ x_k - x_j & y_j - y_k & x_i - x_k & y_k - y_i & x_j - x_i & y_i - y_j \end{bmatrix}$$
$$= \frac{1}{2\varDelta}\begin{bmatrix} b_i & 0 & b_j & 0 & b_k & 0 \\ 0 & c_i & 0 & c_j & 0 & c_k \\ c_i & b_i & c_j & b_j & c_k & b_k \end{bmatrix} \tag{5.6}$$

となります．

e）応力－ひずみ関係

次に，応力をひずみの関数で表します．

$$\{\boldsymbol{\sigma}\} = \begin{Bmatrix} \sigma_x \\ \sigma_y \\ \tau_{xy} \end{Bmatrix} = \frac{E}{1-\nu^2}\begin{bmatrix} 1 & \nu & 0 \\ \nu & 1 & 0 \\ 0 & 0 & (1-\nu)/2 \end{bmatrix}\begin{Bmatrix} \varepsilon_x \\ \varepsilon_y \\ \gamma_{xy} \end{Bmatrix} = [\boldsymbol{D}]\{\boldsymbol{\varepsilon}\} \tag{5.7}$$

応力を変位で表すために，式 (5.5) を式 (5.7) に代入すると，

$$\{\boldsymbol{\sigma}\} = [\boldsymbol{D}]\{\boldsymbol{\varepsilon}\} = [\boldsymbol{D}][\boldsymbol{B}]\{\boldsymbol{h_n}\} \tag{5.8}$$

となります．

5.2.2 要素剛性方程式

2.1 節の発展で紹介したエネルギー法を用いて，要素剛性方程式を導きます．トラス材の場合のエネルギーは，$U = \dfrac{1}{2}\displaystyle\int_V \sigma_x \varepsilon_x dv$ でした．同様に，2 次元である三角形要素に適用すると，ひずみエネルギーは

$$\begin{aligned} U &= \frac{h}{2}\iint_S (\sigma_x\varepsilon_x + \sigma_y\varepsilon_y + \tau_{xy}\gamma_{xy})dxdy = \frac{h}{2}\iint_S \{\boldsymbol{\varepsilon}\}^T\{\boldsymbol{\sigma}\}dxdy \\ &= \frac{h}{2}\iint_S ([\boldsymbol{B}]^T\{\boldsymbol{h_n}\}^T)([\boldsymbol{D}][\boldsymbol{B}]\{\boldsymbol{h_n}\})dxdy \\ &= \frac{h}{2}\int_V ([\boldsymbol{B}]^T\{\boldsymbol{h_n}\}^T)([\boldsymbol{D}][\boldsymbol{B}]\{\boldsymbol{h_n}\})dv \end{aligned} \tag{5.9}$$

となります．ここで，h は要素の厚さ，S は領域を示します．

次に，外力によるポテンシャルエネルギー V を考えます．まず，各節点の x, y 方向に作用する外力を $\{\boldsymbol{F_n}\}$ とします．

$$\{\boldsymbol{F_n}\} = \begin{Bmatrix} X_i \\ Y_i \\ X_j \\ Y_j \\ X_k \\ Y_k \end{Bmatrix} \tag{5.10}$$

とすると，ポテンシャルエネルギー V も 2.1 節と同様に考えて，

$$V = -\{\boldsymbol{h_n}\}^T\{\boldsymbol{F_n}\} \tag{5.11}$$

となり，要素の全ポテンシャルエネルギー $\mathit{\Pi}$ は，外力により要素に生じるひずみエネルギーと，外力によるエネルギー W を足し合わせて，

$$\begin{aligned} \mathit{\Pi} = U + W &= \frac{h}{2}\int_V ([\boldsymbol{B}]^T\{\boldsymbol{h_n}\}^T)([\boldsymbol{D}][\boldsymbol{B}]\{\boldsymbol{h_n}\})dv - \{\boldsymbol{h_n}\}^T\{\boldsymbol{F_n}\} \\ &= \{\boldsymbol{h_n}\}^T\left(\frac{h}{2}\int_V [\boldsymbol{B}]^T[\boldsymbol{D}][\boldsymbol{B}]\{\boldsymbol{h_n}\}dv - \{\boldsymbol{F_n}\}\right) \end{aligned} \tag{5.12}$$

となります．これを変位について偏微分し，最小ポテンシャルエネルギーの原理を適用すると，

$$\frac{\partial \mathit{\Pi}}{\partial h_n} = \left(\frac{h}{2}\int_V [\boldsymbol{B}]^T[\boldsymbol{D}][\boldsymbol{B}]\{\boldsymbol{h_n}\}dv - \{\boldsymbol{F_n}\}\right) = 0 \tag{5.13}$$

となります．この式が任意の変位について成立するためには，

$$\{\boldsymbol{F_n}\} = \left(\frac{h}{2}\int_V [\boldsymbol{B}]^T[\boldsymbol{D}][\boldsymbol{B}]dv\right)\{\boldsymbol{h_n}\} = ([\boldsymbol{B}]^T[\boldsymbol{D}][\boldsymbol{B}])\{\boldsymbol{h_n}\} = [\boldsymbol{K}]\{\boldsymbol{h_n}\} \tag{5.14}$$

が成り立つことが必要です．すなわち，これが剛性方程式となります．これより，剛性マトリクスは

$$[\boldsymbol{K}] = h[\boldsymbol{B}]^T[\boldsymbol{D}][\boldsymbol{B}]\Delta \tag{5.15}$$

となります．ここで，h と Δ はそれぞれ要素の厚さと面積を表します．

例題 5.1

図 5.5 に示す厚さ 0.10 m，断面 1.0 m × 2.0 m の片持ち柱に，水平力が 10 kN 作用しているときの変位を求めてください．なお，ヤング係数 $E = 2.0 \times 10^2$ kN/mm^2，ポアソン比 $\nu = 0.30$ とします．

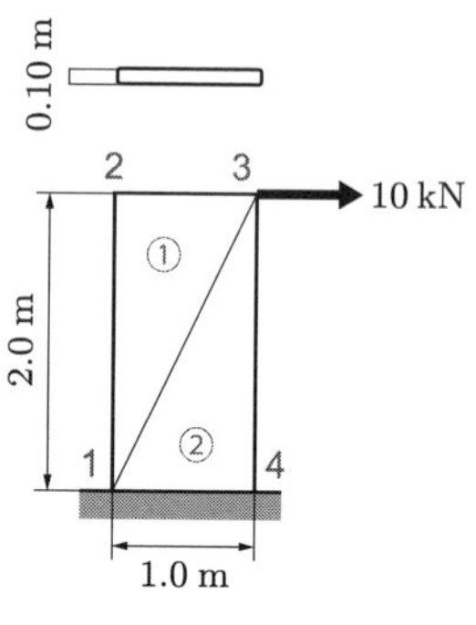

図 5.5　片持ち柱

解　答

① 要素分割：要素数 2，節点数 4

ここでは解法を理解しやすくするために要素 ①，② の 2 分割としていますが，実際には，必要に応じて要素分割を細かくする必要があります．要素分割を細かくすると求めたい部分の応力がより精確に求められます．しかし，当然ながら計算に要する時間が増大します．

② 節点座標

図 5.5 より，各節点の座標は表のとおりになります．

節点番号	x [m]	y [m]
1	0	0
2	0	2.0
3	1.0	2.0
4	1.0	0.0

③ 節点対応表と各種定数

要素 ① と ② それぞれについて $[\boldsymbol{B}]$（式 (5.6)）の要素を計算します．

$$[\boldsymbol{B}] = \frac{1}{2\Delta}\begin{bmatrix} b_i & 0 & b_j & 0 & b_k & 0 \\ 0 & c_i & 0 & c_j & 0 & c_k \\ c_i & b_i & c_j & b_j & c_k & b_k \end{bmatrix}, \qquad \Delta = \mathrm{abs}\left(\frac{1}{2}\begin{vmatrix} 1 & x_i & y_i \\ 1 & x_j & y_j \\ 1 & x_k & y_k \end{vmatrix}\right)$$

	2Δ	$b_i = y_j - y_k$	$b_j = y_k - y_i$	$b_k = y_i - y_j$	$c_i = x_k - x_j$	$c_j = x_i - x_k$	$c_k = x_j - x_i$
要素 ①	2	0	2	−2	1	−1	0
要素 ②	2	2	0	−2	0	−1	1

$$[\boldsymbol{B_1}] = \frac{1}{2}\begin{bmatrix} 0 & 0 & 2 & 0 & -2 & 0 \\ 0 & 1 & 0 & -1 & 0 & 0 \\ 1 & 0 & -1 & 2 & 0 & -2 \end{bmatrix}, \qquad [\boldsymbol{B_2}] = \frac{1}{2}\begin{bmatrix} 2 & 0 & 0 & 0 & -2 & 0 \\ 0 & 0 & 0 & -1 & 0 & 1 \\ 0 & 2 & -1 & 0 & 1 & -2 \end{bmatrix}$$

次に，式 (5.7) より $[\boldsymbol{D}]$ を求めます．

$$[\boldsymbol{D}] = \frac{E}{1-\nu^2}\begin{bmatrix} 1 & \nu & 0 \\ \nu & 1 & 0 \\ 0 & 0 & (1-\nu)/2 \end{bmatrix} = \frac{2.0\times 10^8}{1-0.30^2}\begin{bmatrix} 1 & 0.30 & 0 \\ 0.30 & 1 & 0 \\ 0 & 0 & (1-0.30)/2 \end{bmatrix}$$

④ 要素剛性マトリクス

上記で $[\boldsymbol{B}]$, $[\boldsymbol{D}]$ が求められたので，式 (5.15) の $[\boldsymbol{K}] = h[\boldsymbol{B}]^T[\boldsymbol{D}][\boldsymbol{B}]\Delta$ より，以下のように要素剛性マトリクスを求めます．求めた剛性マトリクスは，重ね合わせにより全体剛性マトリクスを間違いなく作成するために，8×8 のマトリクスに拡張しておきます．

1) 要素 ①（h は要素の厚さ (0.10 m) です．）

$$[\boldsymbol{K}]_1 = h[\boldsymbol{B_1}]^T[\boldsymbol{D}][\boldsymbol{B_1}]\Delta$$

$$= 0.10\left(\frac{2.0\times 10^8}{1-0.30^2}\right)\times 1\times \begin{array}{c} \begin{matrix} u_1 & v_1 & u_2 & v_2 & u_3 & v_3 \end{matrix} \\ \begin{bmatrix} 0.088 & 0 & -0.088 & 0.175 & 0 & -0.175 \\ 0 & 0.250 & 0.150 & -0.250 & -0.150 & 0 \\ -0.088 & 0.150 & 1.088 & -0.325 & -1.000 & 0.175 \\ 0.175 & -0.250 & -0.325 & 0.600 & 0.150 & -0.350 \\ 0 & -0.150 & -1.000 & 0.150 & 1.000 & 0 \\ -0.175 & 0 & 0.175 & -0.350 & 0 & 0.350 \end{bmatrix} \end{array} \begin{matrix} u_1 \\ v_1 \\ u_2 \\ v_2 \\ u_3 \\ v_3 \end{matrix}$$

$$= 2.2\times 10^7 \begin{array}{c} \begin{matrix} u_1 & v_1 & u_2 & v_2 & u_3 & v_3 & u_4 & v_4 \end{matrix} \\ \begin{bmatrix} 0.088 & 0 & -0.088 & 0.175 & 0 & -0.175 & & \\ 0 & 0.250 & 0.150 & -0.250 & -0.150 & 0 & & \\ -0.088 & 0.150 & 1.088 & -0.325 & -1.000 & 0.175 & & \\ 0.175 & -0.250 & -0.325 & 0.600 & 0.150 & -0.350 & & \\ 0 & -0.150 & -1.000 & 0.150 & 1.000 & 0 & & \\ -0.175 & 0 & 0.175 & -0.350 & 0 & 0.350 & & \\ & & & & & & & \\ & & & & & & & \end{bmatrix} \end{array} \begin{matrix} u_1 \\ v_1 \\ u_2 \\ v_2 \\ u_3 \\ v_3 \\ u_4 \\ v_4 \end{matrix}$$

2) 要素 ②

$$[\boldsymbol{K}]_2 = h[\boldsymbol{B_2}]^T[\boldsymbol{D}][\boldsymbol{B_2}]\Delta$$

$$= 0.10\left(\frac{2.0\times 10^8}{1-0.3^2}\right)\times 1\times \begin{array}{c} \begin{matrix} u_1 & v_1 & u_3 & v_3 & u_4 & v_4 \end{matrix} \\ \begin{bmatrix} 1.00 & 0 & 0 & -0.15 & -1.00 & 0.15 \\ 0 & 0.35 & -0.18 & 0 & 0.18 & -0.35 \\ 0 & -0.18 & 0.09 & 0 & -0.09 & 0.18 \\ -0.15 & 0 & 0 & 0.25 & 0.15 & -0.25 \\ -1.00 & 0.18 & -0.09 & 0.15 & 1.09 & -0.33 \\ 0.15 & -0.35 & 0.18 & -0.25 & -0.33 & 0.60 \end{bmatrix} \end{array} \begin{matrix} u_1 \\ v_1 \\ u_3 \\ v_3 \\ u_4 \\ v_4 \end{matrix}$$

$$= 2.2\times 10^7 \begin{array}{c} \begin{matrix} u_1 & v_1 & u_2 & v_2 & u_3 & v_3 & u_4 & v_4 \end{matrix} \\ \begin{bmatrix} 1.00 & 0 & & & 0 & -0.15 & -1.00 & 0.15 \\ 0 & 0.35 & & & -0.18 & 0 & 0.18 & -0.35 \\ & & & & & & & \\ & & & & & & & \\ 0 & -0.18 & & & 0.09 & 0 & -0.09 & 0.18 \\ -0.15 & 0 & & & 0 & 0.25 & 0.15 & -0.25 \\ -1.00 & 0.18 & & & -0.09 & 0.15 & 1.09 & -0.33 \\ 0.15 & -0.35 & & & 0.18 & -0.25 & -0.33 & 0.60 \end{bmatrix} \end{array} \begin{matrix} u_1 \\ v_1 \\ u_2 \\ v_2 \\ u_3 \\ v_3 \\ u_4 \\ v_4 \end{matrix}$$

⑤ 全体剛性マトリクス

全体剛性マトリクスはそれぞれの要素の剛性マトリクス $[\boldsymbol{K}]_1$ と $[\boldsymbol{K}]_2$ を足し合わせ,

$$[\boldsymbol{K}] = [\boldsymbol{K}]_1 + [\boldsymbol{K}]_2$$

$$= 2.2\times 10^7 \begin{array}{c} \begin{matrix} u_1 & v_1 & u_2 & v_2 & u_3 & v_3 & u_4 & v_4 \end{matrix} \\ \begin{bmatrix} 1.09 & 0 & -0.09 & 0.18 & 0 & -0.33 & -1.00 & 0.15 \\ 0 & 0.60 & 0.15 & -0.25 & -0.33 & 0 & 0.18 & -0.35 \\ -0.09 & 0.15 & 1.09 & -0.33 & -1.00 & 0.18 & 0 & 0 \\ 0.18 & -0.25 & -0.33 & 0.60 & 0.15 & -0.35 & 0 & 0 \\ 0 & -0.33 & -1.00 & 0.15 & 1.09 & 0 & -0.09 & 0.18 \\ -0.33 & 0 & 0.18 & -0.35 & 0 & 0.60 & 0.15 & -0.25 \\ -1.00 & 0.18 & 0 & 0 & -0.09 & 0.15 & 1.09 & -0.33 \\ 0.15 & -0.35 & 0 & 0 & 0.18 & -0.25 & -0.33 & 0.60 \end{bmatrix} \end{array} \begin{matrix} u_1 \\ v_1 \\ u_2 \\ v_2 \\ u_3 \\ v_3 \\ u_4 \\ v_4 \end{matrix}$$

となります.

⑥ 境界条件

支持点（節点 1 と 4）の x, y 方向変位は 0 です. 節点は 2 と 3 は x, y 方向共自由なので未知数です. 荷重は節点 3 に水平に 10 kN 右方向に作用しているので $f_3 = 10$ です.

$$\begin{Bmatrix} u_1 \\ v_1 \\ u_2 \\ v_2 \\ u_3 \\ v_3 \\ u_4 \\ v_4 \end{Bmatrix} = \begin{Bmatrix} 0 \\ 0 \\ u_2 \\ v_2 \\ u_3 \\ v_3 \\ 0 \\ 0 \end{Bmatrix}, \qquad \begin{Bmatrix} f_1 \\ g_1 \\ f_2 \\ g_2 \\ f_3 \\ g_3 \\ f_4 \\ g_4 \end{Bmatrix} = \begin{Bmatrix} f_1 \\ g_1 \\ 0 \\ 0 \\ 10 \\ 0 \\ f_4 \\ g_4 \end{Bmatrix}$$

$[\boldsymbol{K}]$ の拘束箇所はグレーのアミの部分です.

$$
2.2\times10^{7}
\begin{array}{c}
\begin{array}{cccccccc} u_1 & v_1 & u_2 & v_2 & u_3 & v_3 & u_4 & v_4 \end{array} \\
\left[\begin{array}{cccccccc}
1.088 & 0 & -0.088 & 0.175 & 0 & -0.325 & -1.000 & 0.150 \\
0 & 0.600 & 0.150 & -0.250 & -0.325 & 0 & 0.175 & -0.350 \\
-0.088 & 0.150 & 1.088 & -0.325 & -1.000 & 0.175 & 0 & 0 \\
0.175 & -0.250 & -0.325 & 0.600 & 0.150 & -0.350 & 0 & 0 \\
0 & -0.325 & -1.000 & 0.150 & 1.088 & 0 & -0.088 & 0.175 \\
-0.325 & 0 & 0.175 & -0.350 & 0 & 0.600 & 0.150 & -0.250 \\
-1.000 & 0.175 & 0 & 0 & -0.088 & 0.150 & 1.088 & -0.325 \\
0.150 & -0.350 & 0 & 0 & 0.175 & -0.250 & -0.325 & 0.600
\end{array}\right]
\end{array}
\begin{array}{c} u_1 \\ v_1 \\ u_2 \\ v_2 \\ u_3 \\ v_3 \\ u_4 \\ v_4 \end{array}
$$

このあとは，例題 4.3 で示した手順と同様に，拘束条件を考慮してマトリクスを展開します．

$$
\begin{Bmatrix} 0 \\ 0 \\ 10 \\ 0 \\ f_1 \\ g_1 \\ f_4 \\ g_4 \end{Bmatrix}
= 2.2\times10^{7}
\begin{array}{c}
\begin{array}{cccccccc} u_2 & v_2 & u_3 & v_3 & u_1 & v_1 & u_4 & v_4 \end{array} \\
\left[\begin{array}{cccccccc}
1.088 & -0.325 & -1.000 & 0.175 & -0.088 & 0.150 & 0 & 0 \\
-0.325 & 0.600 & 0.150 & -0.350 & 0.175 & -0.250 & 0 & 0 \\
-1.000 & 0.150 & 1.088 & 0 & 0 & -0.325 & -0.088 & 0.175 \\
0.175 & -0.350 & 0 & 0.600 & -0.325 & 0 & 0.150 & -0.250 \\
-0.088 & 0.175 & 0 & -0.325 & 1.088 & 0 & -1.000 & 0.150 \\
0.150 & -0.250 & -0.325 & 0 & 0 & 0.600 & -0.175 & -0.350 \\
0 & 0 & -0.088 & 0.150 & -1.000 & 0.175 & 1.088 & -0.325 \\
0 & 0 & 0.175 & -0.250 & 0.150 & -0.350 & -0.325 & 0.600
\end{array}\right]
\end{array}
\begin{Bmatrix} u_2 \\ v_2 \\ u_3 \\ v_3 \\ 0 \\ 0 \\ 0 \\ 0 \end{Bmatrix}
\begin{array}{c} u_2 \\ v_2 \\ u_3 \\ v_3 \\ u_1 \\ v_1 \\ u_4 \\ v_4 \end{array}
$$

ここで，式 (2.46) より

$$
\begin{Bmatrix} u_2 \\ v_2 \\ u_3 \\ v_3 \end{Bmatrix}
= [\boldsymbol{K_{\alpha\alpha}}]^{-1}\{\boldsymbol{P_\alpha}\}
= \frac{1}{2.2\times10^{7}}
\begin{bmatrix}
1.088 & -0.325 & -1.000 & 0.175 \\
-0.325 & 0.600 & 0.150 & -0.350 \\
-1.000 & 0.150 & 1.088 & 0 \\
0.175 & -0.350 & 0 & 0.600
\end{bmatrix}^{-1}
\begin{Bmatrix} 0 \\ 0 \\ 10 \\ 0 \end{Bmatrix}
$$

$$
\fallingdotseq \begin{Bmatrix} 4.1\times10^{-6} \\ 7.7\times10^{-7} \\ 4.1\times10^{-6} \\ -7.6\times10^{-7} \end{Bmatrix} \text{m}
$$

と求められます．以上で，節点 2 と 3 の変位が求められました．図で表すと，**図 5.6** のようになります．

複雑な形状の構造物や 3 次元構造物についても，要素分割が細かく多数になるだけで，基本的な考え方は以上と同じものです．

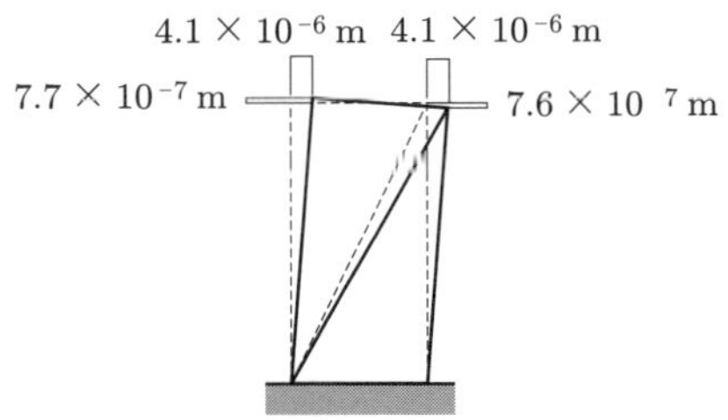

図 5.6　変位図

付録 A 構造解析プログラムの操作

本書では，トラスとラーメンの剛性マトリクス法による解析方法を説明しました．この方法に基づいて作成したExcel VBAの2次元汎用解析プログラムを，森北出版のホームページよりダウンロードすることができます (https://www.morikita.co.jp/books/mid/052631)．本章では，山形ラーメンとブレース付きラーメン，3ヒンジラーメンの3モデルを例にとり，プログラムの使用方法を説明します．手軽に応力解析ができるので，力学の学習の一助になることと思います．

A.1 操作準備

操作準備としてマクロを有効にします（以下の手順は，office2016のものです）．

①エクセルのファイルを開きます．

②オプションを開き，セキュリティセンター，セキュリティセンターの設定を開きます．

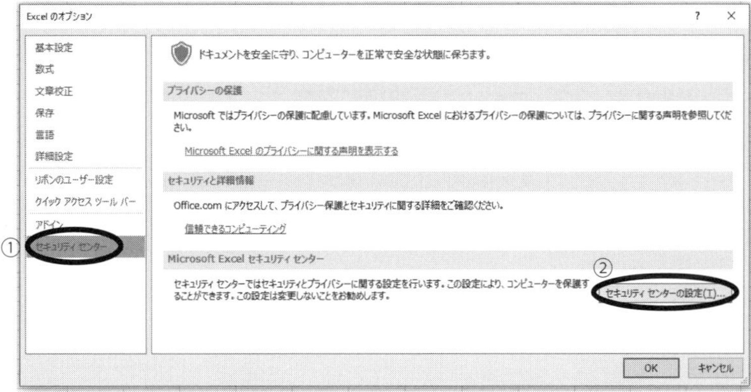

③マクロの設定を開き，「すべてのマクロを有効にする」を選択します．

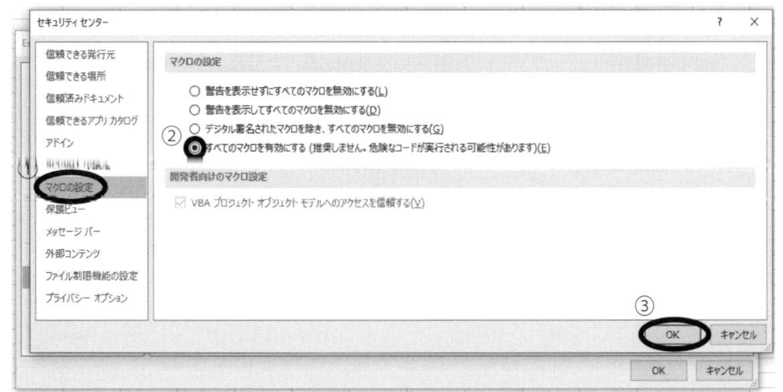

④セキュリティセンターの画面の右下の OK を押します．

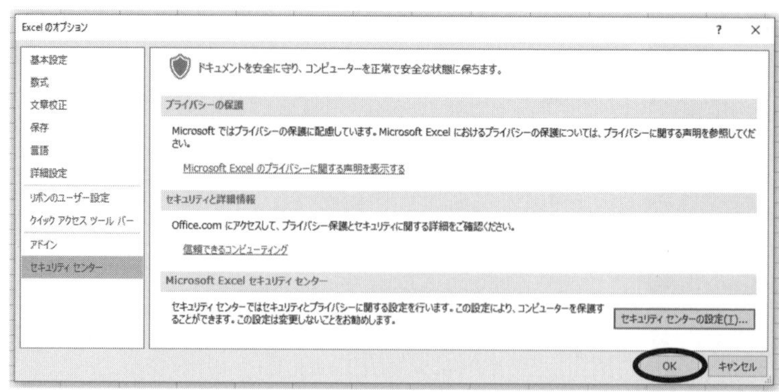

これでマクロが有効になりました．

A.2 操作方法

これまで説明をしてきた剛性マトリクス法に従って，Excel VBA で作成した応力解析ソフトが構造解析 book.xls です．本ソフトは，トラスとラーメンのほか，ブレース付きラーメンなどの応力も解析ができるようになっています．ここでは，山形ラーメンとブレース付きラーメン，3 ヒンジラーメンを例にとり，応力解析のための入力方法を紹介します．

A.2.1 山形ラーメン

解析モデルは下図に示すとおりです．節点番号は図に示すように振っていますが，どのように設定しても問題はありません．解析は以下のとおりです．

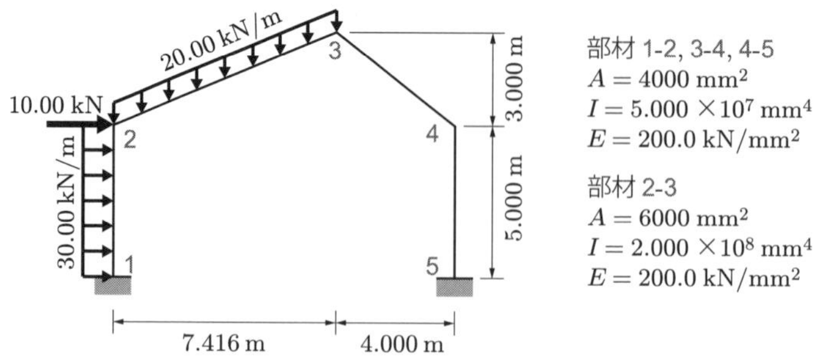

①構造解析 book を開き，start シートを開きます．

②以下の画面が出てきます．節点数，部材数，ラーメンとトラスの選択を入力し「次へ」を押します．

	A	B	C	D	E
1					
2		節点数			
3		部材数			
4		◉ラーメン	○トラス	次へ	
5					
6					

	A	B	C	D	E
1					
2		節点数	5		
3		部材数	4		
4		◉ラーメン	○トラス	次へ	
5					
6					

③シートがクリアされ，次の画面の node（節点）シートに移動します．

④node シートに節点の情報（位置，荷重，支点）を入力し「次へ」を押します．

拘束箇所には「0」を入力します．ここでは，支点 1 と 5 が固定なので，以下のように入力します．使用する単位は解析者が決定します．本例においては長さは mm，力は kN としました．

Caution：位置座標だけは空欄を作らないでください．

	A	B	C	D	E	F	G	H	I	J	K	L
1												
2		節点	x座標	y座標	x荷重	y荷重	m荷重	x支点	y支点	m支点		
3		1	0	0							"": 自由	
4		2									0: 拘束	
5		3										
6		4										
7		5										
8											次へ	
9												
10												

	A	B	C	D	E	F	G	H	I	J	K	L
1							※モーメントは時計回り					
2		節点	x座標	y座標	x荷重	y荷重	m荷重	x支点	y支点	m支点		
3		1	0	0				0	0	0	"": 自由	
4		2	0	5000	10						0: 拘束	
5		3	7416.2	8000								
6		4	11416.2	5000								
7		5	11416.2	0				0	0	0		
8											次へ	
9												

output | element | node | start

準備完了 再計算

⑤入力が終わり「次へ」を押すと，以下の画面のような element（部材）シートに移動します．

部材No	ヤング係数	断面積	断面2次モーメント
1	200	4000	5.00E+07
2			
3			
4			

節点A	節点B	部材No	分布荷重 Ax	Bx	Ay	By
1	2					
1	3					
1	4					
1	5					
2	3					
2	4					
2	5					
3	4					
3	5					
4	5					

X軸分布荷重例　Bx　B　Ax　A

Y軸分布荷重例　By　B　Ay　A

次へ

仮描画

⑥部材の情報（ヤング係数，断面積，節点間の部材 No.）を入力します．

左側の表では，使用する部材の諸元を定義します．今回は 2 種類の部材を使用しているので，部材 No.2 まで入力します．ヤング係数はどちらも 200.0 kN/mm^2 で，断面積が 4000, 6000 mm^2，断面二次モーメントは 5.000×10^7, 2.000×10^8 mm^4 です．右の表では，部材の配置と分布荷重条件を設定します．部材の存在する節点間のみ，左の表で定義した部材 No. で，使用される部材を入力します．分布荷重は柱（節点 1–2 間）とはり（節点 2–3 間）にそれぞれ 0.03, 0.02 kN/mm 作用しています．

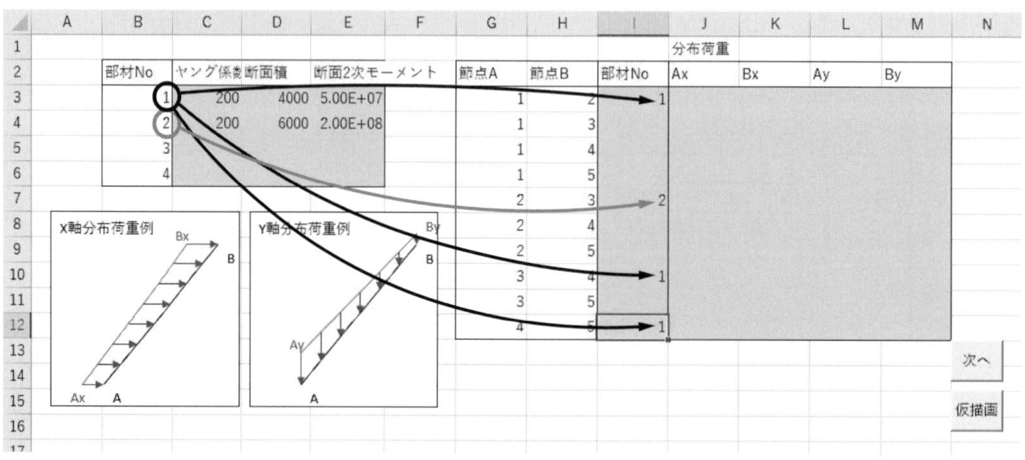

部材No	ヤング係数	断面積	断面2次モーメント
1	200	4000	5.00E+07
2	200	6000	2.00E+08
3			
4			

節点A	節点B	部材No	分布荷重 Ax	Bx	Ay	By
1	2	1				
1	3					
1	4					
1	5					
2	3	2				
2	4					
2	5					
3	4	1				
3	5					
4	5	1				

Point：「仮描画」をする．

「仮描画」をすると，以下の画面のように図面を作成できます．

求めたいモデルの構造，荷重条件が適切に入力されているか，ここで確認しておきましょう．

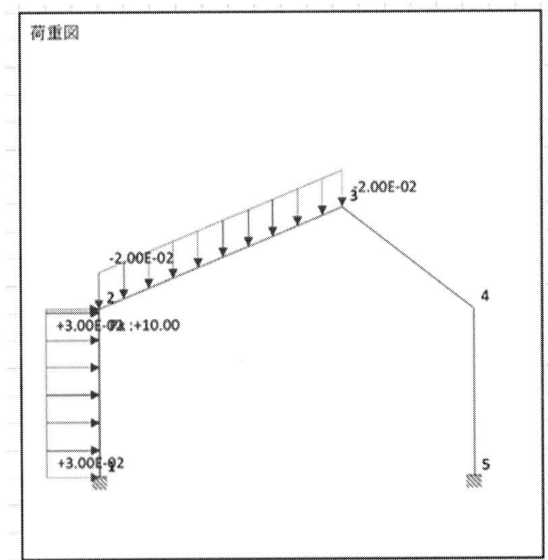

⑦ 入力に問題がなければ,「次へ」を押します.解析結果が以下の画面のように出ます.

	変位			応力		
	x	y	θ	材軸方向	せん断方向	モーメント
1	0	0	0	-99.1717	112.5557	-180417
2	69.15492	-0.61982	-0.01201	-99.1717	-37.4443	7361.65
2	69.15492	-0.61982	-0.01201	-81.1715	74.14303	7361.65
3	73.02185	-11.0888	0.00922	-21.1715	-74.181	7209.869
3	73.02185	-11.0888	0.00922	-74.4524	-20.1961	7209.869
4	80.47169	-0.38018	-0.01242	-74.4524	-20.1961	-93770.4
4	80.47169	-0.38018	-0.01242	-60.8283	47.44432	-93770.4
5	0	0	0	-60.8283	47.44432	143451.2

	反力		
	x	y	モーメント
1	-112.556	99.17172	-180417
2			
3			
4			
5	-47.4443	60.82831	-143451

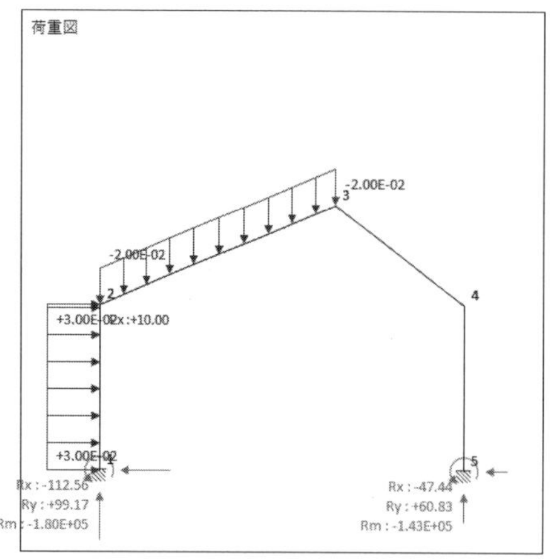

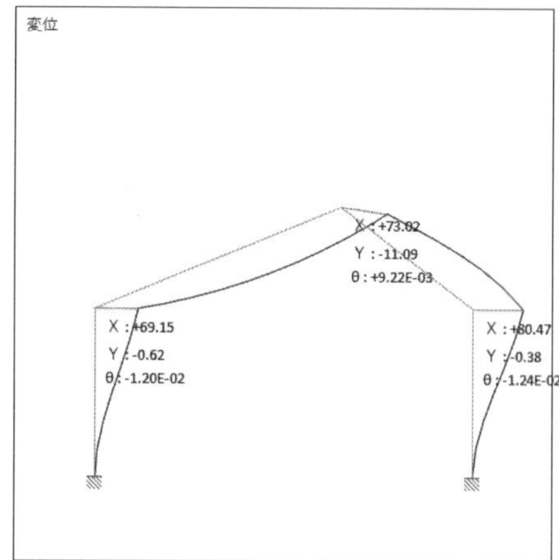

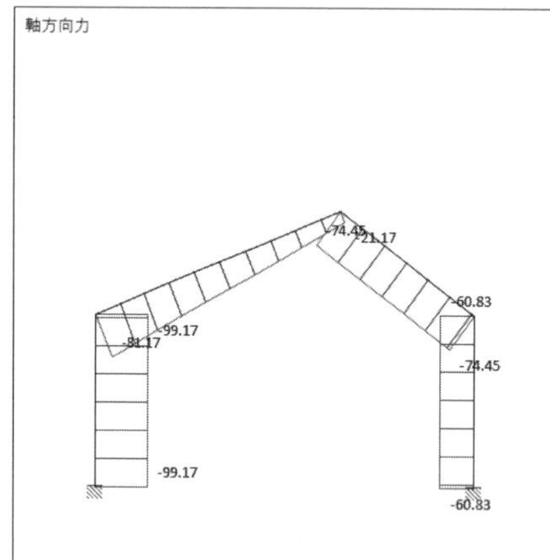

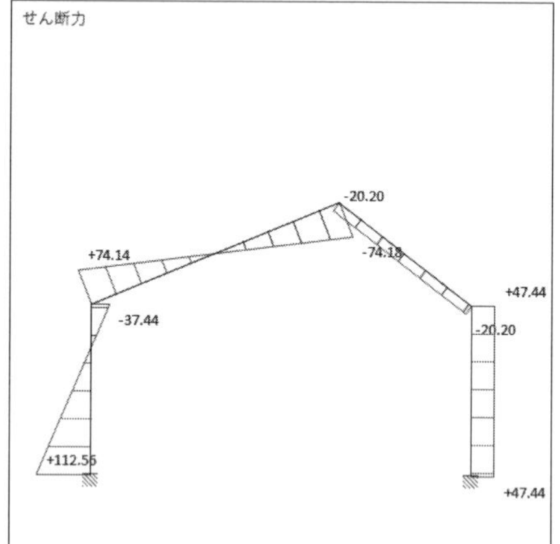

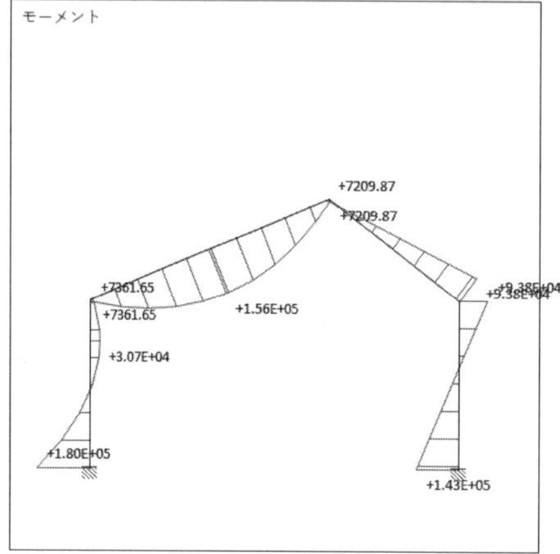

1：画面上では，応力は赤が＋，青が－で表示されます．
2：せん断力は，小さい節点番号を左としたときの上側を＋としています．

A.2.2 ブレース付きラーメン

ここでは，下図のようなブレース付きラーメンの解析について説明します．ブレース両端の取り付き部分がピンになっています．このようなピン接合の部分は，曲げ剛性が小さく部材長が短い部材として考えます．具体的には，以下のように入力します．

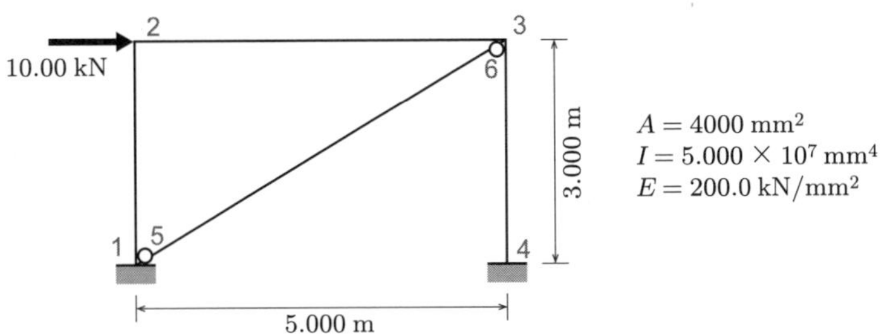

① 前項同様，start シートに節点数，部材数，ラーメンとトラスの選択を入力し，「次へ」を押します．

ヒンジは部材長が短い一つの部材とみなして節点を設けます．ここでは，節点 1–5 と節点 3–6 がヒンジ用の部材となります．そのため節点数は 6，部材数は 6 となります．

	A	B	C	D	E
1					
2		節点数	6		
3		部材数	6		
4		◉ ラーメン	○ トラス	次へ	
5					
6					

② node シートに節点の情報（位置，荷重，支点）を入力し，「次へ」を押します．

本例も長さは mm，荷重は kN とします．ここで重要なのがヒンジ部材の設定です．**ヒンジ長さは十分短く（節点 5 参照），また，曲げの影響を生じさせないように，ヒンジ部材の勾配はブレース軸勾配（3/5）と等しく**なるように設定しなければなりません．ブレース軸の端となる節点 3 の座標は（5000,3000）です．今回は，ヒンジの長さの影響を無視できるようにヒンジの長さを，ブレース全体の長さ（節点 1–3）に 10^{-8} をかけた大きさとして考え，ブレース軸勾配に従って節点座標を設定しました．そのため，節点 6 は 5000, 3000 の表示になっていますが，入力値はヒンジの長さを差し引いた 4999.99995, 2999.99997 です．

	節点	x座標	y座標	x荷重	y荷重	m荷重	x支点	y支点	m支点	
						※モーメントは時計回り				
	1	0	0				0	0	0	"": 自由
	2	0	3000	10						0: 拘束
	3	5000	3000							
	4	5000	0				0	0	0	
	5	0.00005	0.00003							
	6	5000	3000							次へ

output　element　node　start

準備完了　再計算

③ 部材の諸元（ヤング係数，断面積，節点間の部材 No.）を入力します．

柱梁のヤング係数と断面積はそれぞれ 200.0 kN/mm^2 と 4000 mm^2 です．ブレース両端部におけるヒンジを解析上で再現するため，断面二次モーメントを十分小さくした部材 No.2 を設定します．断面積はブレースと同じ値に設定します．

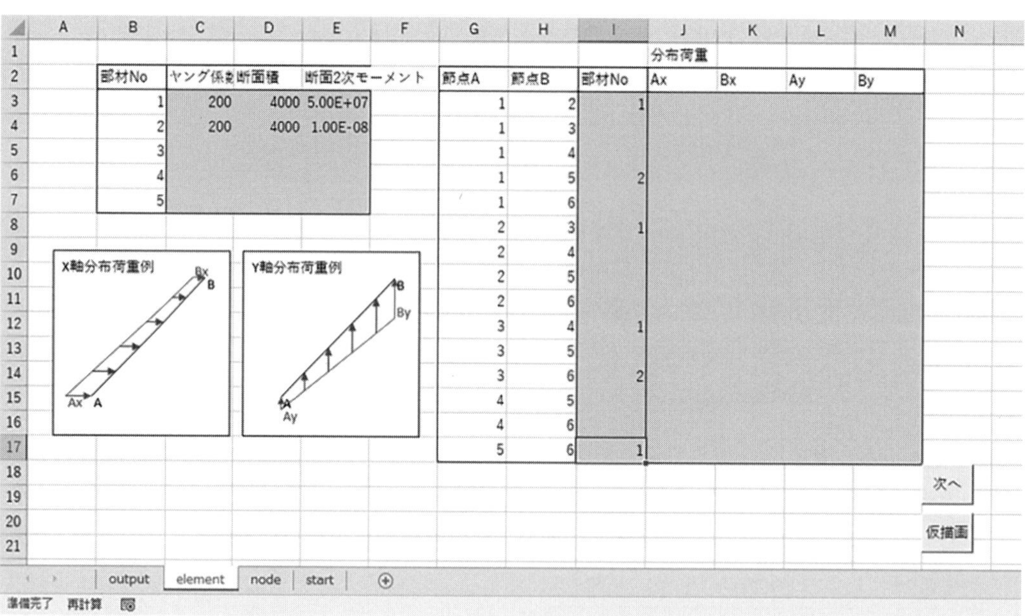

部材No	ヤング係数	断面積	断面2次モーメント
1	200	4000	5.00E+07
2	200	4000	1.00E-08
3			
4			
5			

節点A	節点B	部材No	分布荷重 Ax	Bx	Ay	By
1	2	1				
1	3					
1	4					
1	5	2				
1	6					
2	3	1				
2	4					
2	5					
2	6					
3	4	1				
3	5					
3	6	2				
4	5					
4	6					
5	6	1				

④ 入力を確認するために「仮描画」を押すと，以下の画面が作成されます．

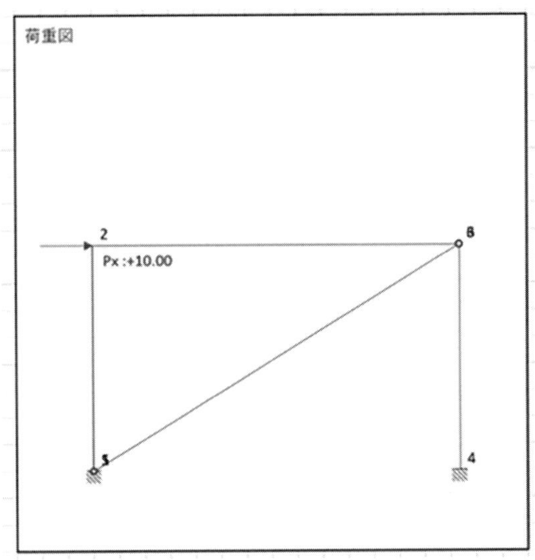

⑤ 問題がなければ，「次へ」を押すと解析終了です．応力一覧結果は以下のとおりで，ブレースに生じるせん断力と曲げモーメントはほぼ無視できます．また，ヒンジとした部材に生じるせん断力とモーメントも同様です．

	変位			応力		
	x	y	θ	材軸方向	せん断方向	モーメント
1	0	0	0	0.159469	0.405818	-772.657
2	0.165077	0.000598	-4.9E-05	0.159469	0.405818	444.7979
1	0	0	0	10.84687	-7.3E-12	-4.3E-07
5	8.65E-10	9.58E-11	-1.2E-05	10.84687	-7.3E-12	-4.3E-07
2	0.165077	0.000598	-4.9E-05	-9.59418	-0.15947	444.7979
3	0.105114	-0.02153	-2.6E-05	-9.59418	-0.15947	-352.546
3	0.105114	-0.02153	-2.6E-05	-5.74014	0.293066	-352.546
4	0	0	0	-5.74014	0.293066	526.6521
3	0.105114	-0.02153	-2.6E-05	10.84687	5.64E-08	4.69E-07
6	0.105114	-0.02153	-1.2E-05	10.84687	5.64E-08	4.69E-07
5	8.65E-10	9.58E-11	-1.2E-05	10.84687	-7.3E-12	-4.3E-07
6	0.105114	-0.02153	-1.2E-05	10.84687	-7.3E-12	-4.7E-07

	反力		
	x	y	モーメント
1	-9.70693	-5.74014	-772.657
2			
3			
4	-0.29307	5.740138	-526.652
5			
6			

⑥応力図は以下のとおりです.

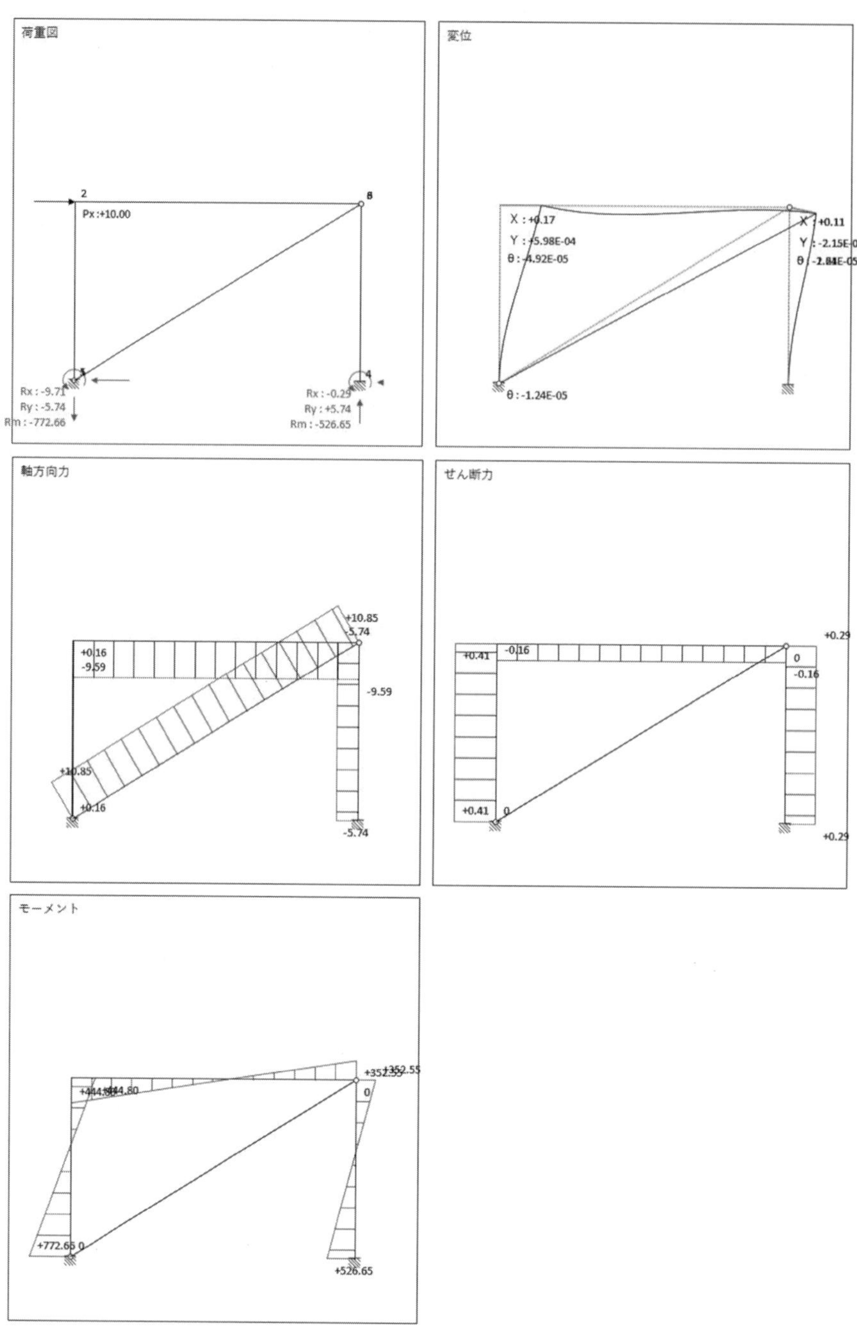

A.2.3 3ヒンジラーメン

次のような3ヒンジラーメンの解析方法を説明します．ヒンジの取り扱いは前例と同じです．

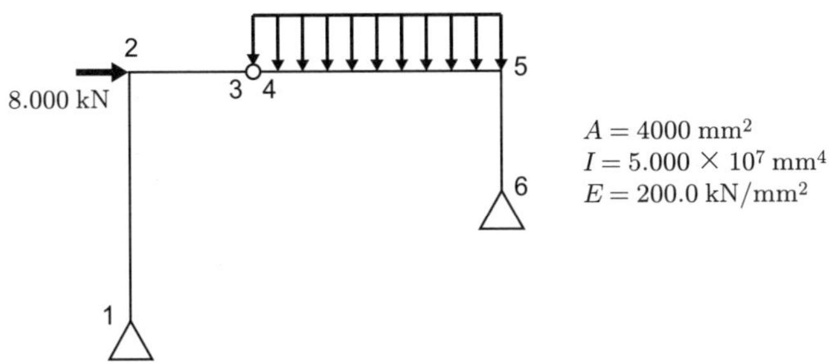

①start シートに節点数，部材数，ラーメンとトラスの選択を入力し，「次へ」を押します．ヒンジを短い部材と考えるので，節点数は6，部材数は5となります．

	A	B	C	D	E
1					
2		節点数	6		
3		部材数	5		
4		◉ ラーメン	○ トラス	次へ	
5					
6					

②node シートに節点の情報（位置，荷重，支点）を入力し，「次へ」を押します．ヒンジ材長は十分小さく仮定します．今回は，ヒンジ材長を0.001 m としました．なお，本例では長さの単位は m，荷重は kN とします．水平荷重は節点2に8.000 kN，支点1と6はピン支持とします．

B	C	D	E	F	G	H	I	J	K
					※モーメントは時計回り				
節点	x座標	y座標	x荷重	y荷重	m荷重	x支点	y支点	m支点	
1	0	0				0	0		"": 自由
2	0	4	8						0: 拘束
3	2	4							
4	2.001	4							
5	6	4							
6	6	2				0	0		
									次へ

③部材の諸元（ヤング係数，断面積，節点間の部材 No.）を入力します．ヒンジ部材の断面二次モーメントは十分小さくします．「仮描画」を押し，入力を確認します．

部材No	ヤング係数	断面積	断面2次モーメント
1	200	4000	5.00E+07
2	200	4000	1.00E-08
3			
4			
5			

X軸分布荷重例

Y軸分布荷重例

節点A	節点B	部材No	分布荷重 Ax	Bx	Ay	By
1	2	1				
1	3					
1	4					
1	5					
1	6					
2	3	1				
2	4					
2	5					
2	6					
3	4	2				
3	5					
3	6					
4	5	1			-2	-2
4	6					
5	6	1				

次へ

仮描画

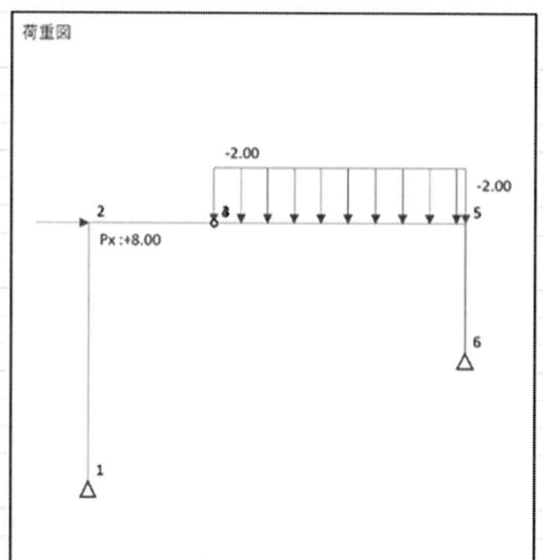

④問題がなければ,「次へ」を押します．解析結果の一覧と応力図は以下のとおりです．

	変位 x	y	θ	応力 材軸方向	せん断方向	モーメント
1	0	0	-2.2E-05	0.0016	0.0008	0
2	8.8E-05	8E-09	-2.2E-05	0.0016	0.0008	0.003201
2	8.8E-05	8E-09	-2.2E-05	-7.9992	-0.0016	0.003201
3	6.8E-05	-4.4E-05	-2.2E-05	-7.9992	-0.0016	8.56E-07
3	6.8E-05	-4.4E-05	-2.2E-05	-7.9992	-0.0016	8.56E-07
4	2.8E-05	-4.4E-05	5.99E-06	-7.9992	-0.0016	-7.4E-07
4	2.8E-05	-4.4E-05	5.99E-06	-7.9992	-0.0016	-7.4E-07
5	-1.2E-05	-2E-05	5.98E-06	-7.9992	-7.9996	-15.9984
5	-1.2E-05	-2E-05	5.98E-06	-7.9996	7.9992	-15.9984
6	0	0	5.98E-06	-7.9996	7.9992	2.04E-10

	反力 x	y	モーメント
1	-0.0008	-0.0016	
2			
3			
4			
5			
6	-7.9992	7.9996	

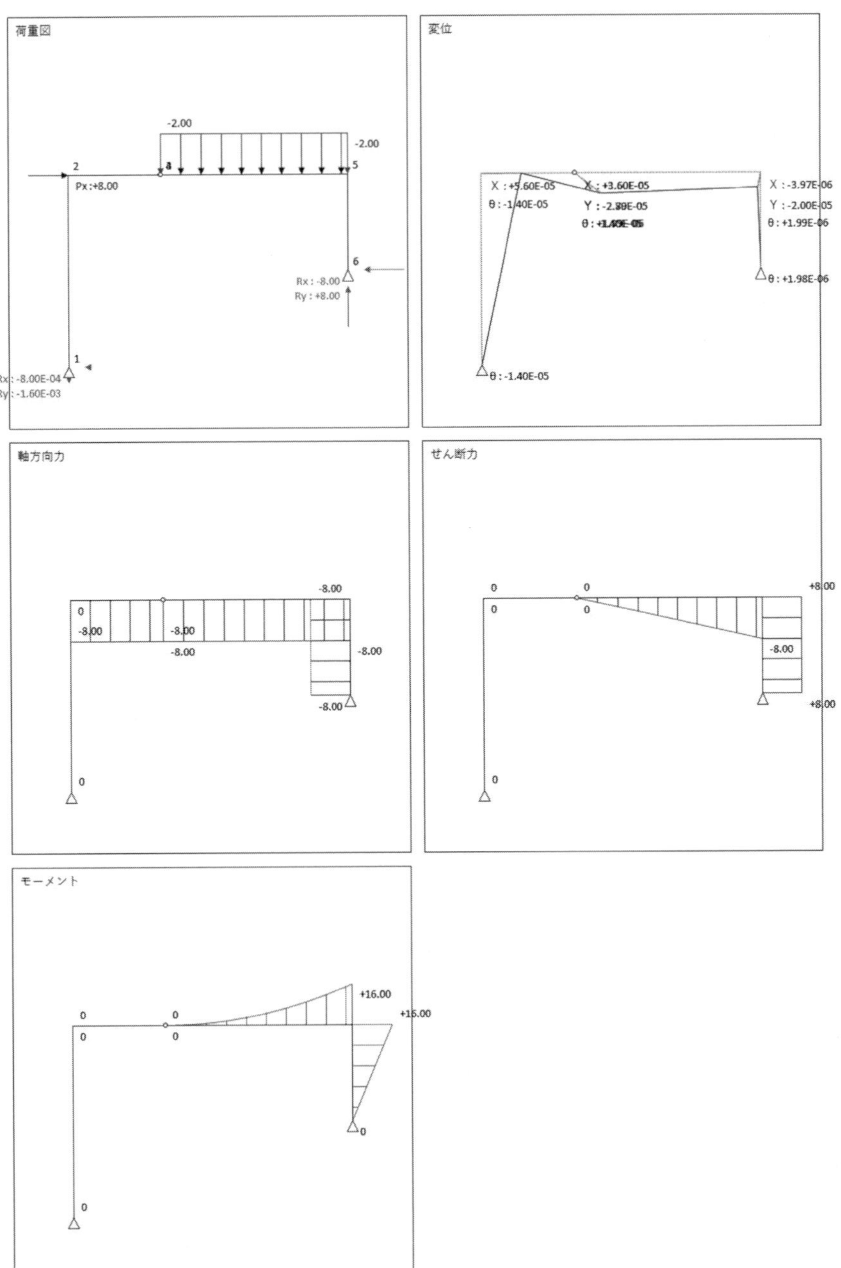
荷重図
-2.00
-2.00
2
5
Px:+8.00
6
Rx : -8.00
Ry : +8.00
1
Rx : -8.00E-04
Ry : -1.60E-03
変位
X : +5.60E-05
θ : -1.40E-05
X : +3.60E-05
X : -3.97E-06
Y : -2.00E-05
θ : +1.99E-06
θ : +1.98E-06
θ : -1.40E-05
軸方向力
-8.00
0
-8.00
-8.00
-8.00
-8.00
-8.00
0
せん断力
0
0
+8.00
0
0
-8.00
+8.00
0
モーメント
0
0
+16.00
+16.00
0
0
0
0

A.3 操作方法の応用

前節では，剛性マトリクス法解析ソフトの基本的な入力操作方法を説明しました．本節では，その応用として，出力表示の変更方法を紹介します．

A.3.1 新規の book でマクロを使う

「構造解析 book」を複製することなく，新規の book で解析を行うことができます．以下にその手順を紹介します．

① はじめに「構造解析 book」を開きます．

② 新規の book を作成するために，Excel バーの「表示」→「マクロ」→「マクロの表示」を押します．

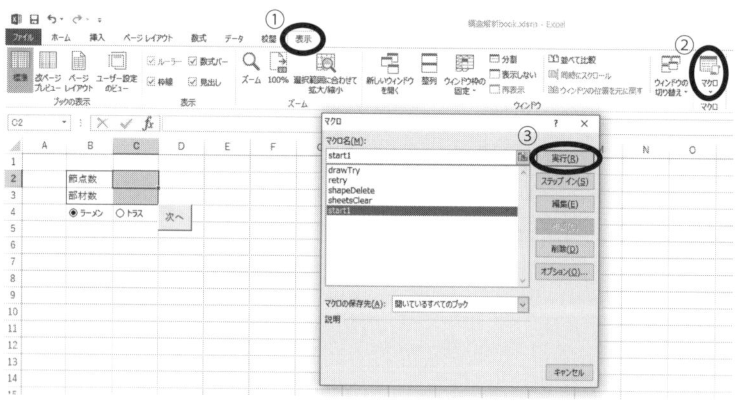

③ マクロ start1 を実行します．

A.3.2 シートの保護を解除して，部材の節点を指定する

element シートでは，存在する節点のすべての組み合わせが，節点 A, B として表示されます．一方，シートの保護を解除することで，大量にある部材の節点のなかから，必要なもののみ表示することができます．さらに，マクロ側で保護をしない設定にすれば全部のシートの保護ができないようにすることも可能です．

①element シートを右クリックし，シートの保護を解除する．
②節点 A, B に任意の番号を指定する．

Caution：節点 A, B は番号が若い順に入力してください．

A.3.3 ヒンジを入れる

A.2.2, A.2.3 項で説明したように，対象構造に含まれるヒンジは，断面二次モーメント I を 0 に近づけた小さな部材に置き換えて解析することができます．

Point：ヒンジの入れ方例

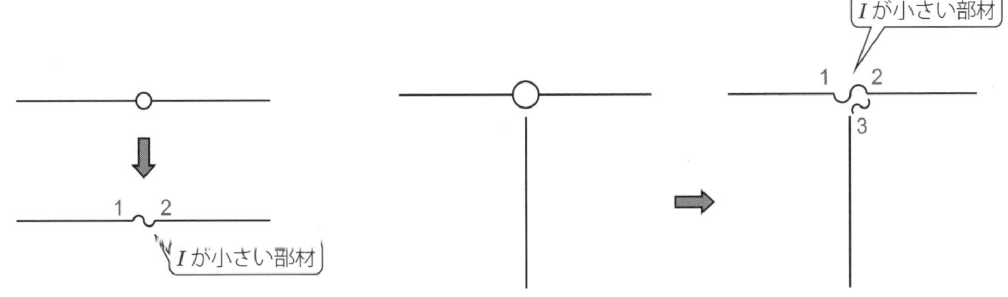

①ヒンジを一つの部材として数え，start シートで節点数，部材数を入力する．
②node シートでヒンジのある場所に短い部材として座標を入力する．
③element シートで断面二次モーメントを 0 に近づけた部材を入力する．

Point：部材はヒンジ長さ L に対して，$I/L < 1 < (I/L^2)$ かつ，$10^{-4} \times$ 全体長さ $> L$ の範囲で計算します．ここで全体長さとは，架構の高さと架構の幅としています．

（例）$I = 1.0 \times 10^{-8}$, $L = 0.0001$

④③の部材を②の節点間に入力する．

A.3.4 結果で表示される図の大きさなどを変更する

このマクロでは，結果で表示される図の大きさを 1 マス（セル）を基準として変更することができます．output シートの荷重図の裏に入力されている数値を変更することで，目の大きさを変更します．数値の意味は下記のとおりです．

w/h：セルの縦と横の比（デフォルト：0.13）

モデル倍率/マス：解析モデルの最大大きさ（14）

解析倍率/マス：解析した値（荷重図の荷重や変位，応力図の応力などを示す線）の最大大きさ（2）

解析幅/マス：解析する dx 幅（応力図を描画する幅）(1)

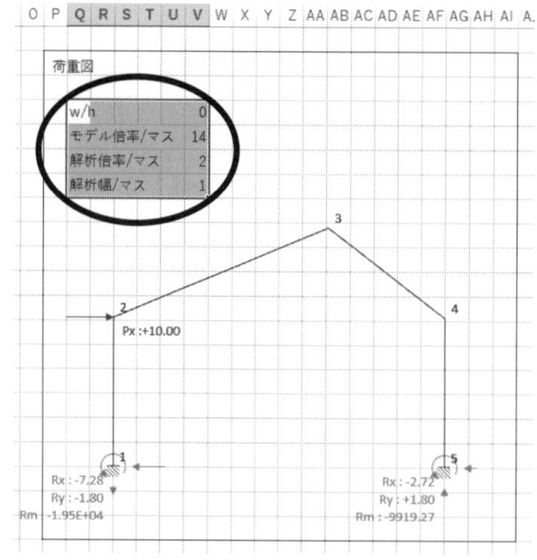

さらに，retry マクロ（A.3.7 項参照）を実行すれば解析図の更新も可能です（2 回目以降はボタンが実装されます）．

A.3.5 シートを表示させる

デフォルトで表示されているシート以外にも，n->e, T^TKT, matrix1, matrix2, m->e といった非表示に設定されているシートがあります．しかし，以下の方法によれば，マクロ側で表示可能となります．

そのためには Unity モジュール sheetCheck マクロを変更する必要があります．このシートの表示方法は以下のとおりです.

①Excel バーの「表示」→「マクロ」→「マクロの表示」を押し，下の画面の「編集」を押します.

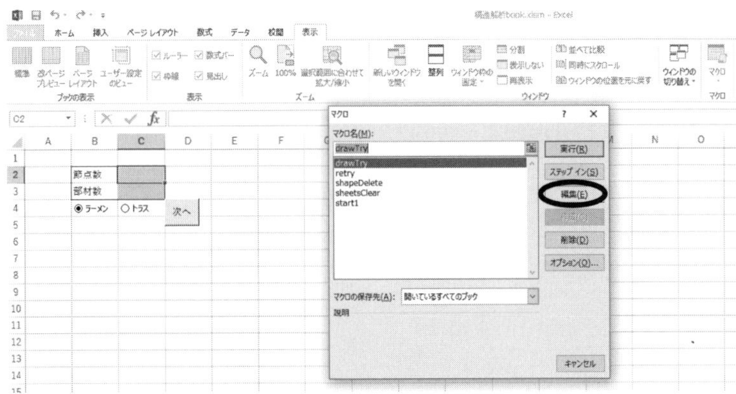

②下の画面の最後から 2 行目を以下のように変更します.

【変更前】

```
      Worksheets(Nam).Visible = Visi
' Worksheets(Nam).Visible = True
```

【変更後】

```
' Worksheets(Nam).Visible = Visi
      Worksheets(Nam).Visible = True
```

これにより，非表示のシートが表示されます.

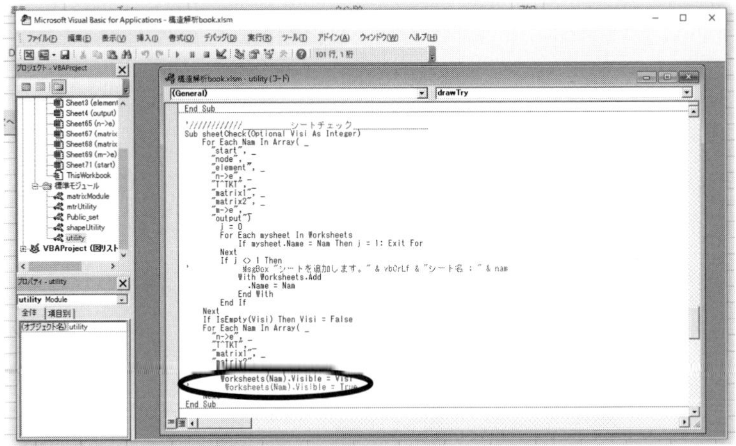

A.3.6 解析に時間がかかる場合

解析の回数によっては時間がかかる場合があります．その場合は，数式の計算方法を手動に切り替えて試してください．また，解析の途中で止める場合は，エスケープキーを押してマクロを止めてください．

A.3.7 実行できるマクロの説明

前項で見た「マクロの表示」から実行できるマクロは，以下のとおりです．

drowTry：仮描画する（シート：element）

retry：結果図を描く（シート：output）

shapeDelete：シート内の図形を消す

sheetsClear：シートをクリアする

start1：最初のシートを作る

なお，シート指定のあるものは，そのシートでなければ動きません．

付録 B　プログラムの詳細

ここでは，付録 A で使用したプログラムの作成方法とコードの概説を行います．本書では 2 次元応力解析を対象としていますが，興味のある方は 3 次元応力解析に発展させることも可能です．また，VBA の学習教材としても役立つかと思います．

B.1 プログラムの作成方法

B.1.1 開発タブをリボンに表示する

マクロを作成するにあたって，VBA を使いやすくします．そのためには，開発タブを表示する必要があります．

①Excel を開きます．

②リボンを右クリックして，リボンのユーザー設定を開きます．

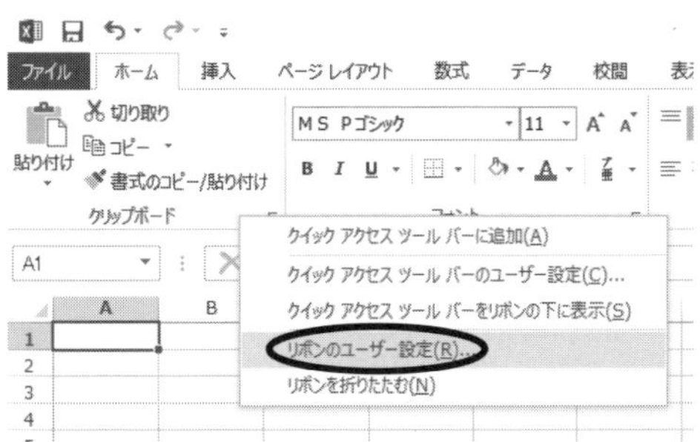

③「開発」にチェックを入れ OK を押します．

④ 開発タブが表示されます．

B.1.2 VBA を開き，標準モジュールを作る

次に，VBA のプログラムを入力するために標準モジュールを作ります．

① 開発タブを開き，Visual Basic Editor を起動します．

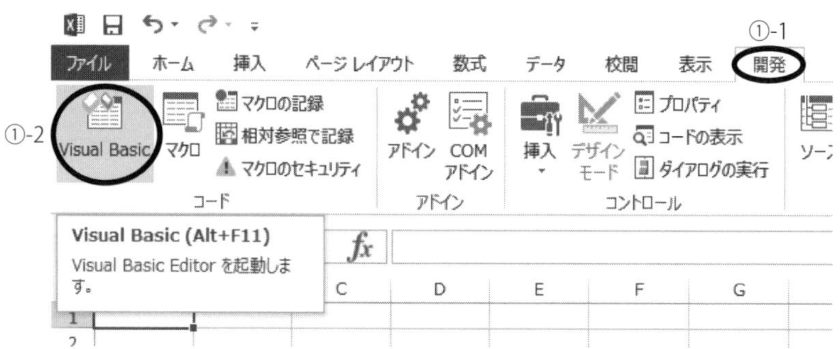

②起動したら，プロジェクトウインドウを右クリックして，挿入，標準モジュールを押します（左下図）．

③標準モジュールが挿入されました（右下図）．

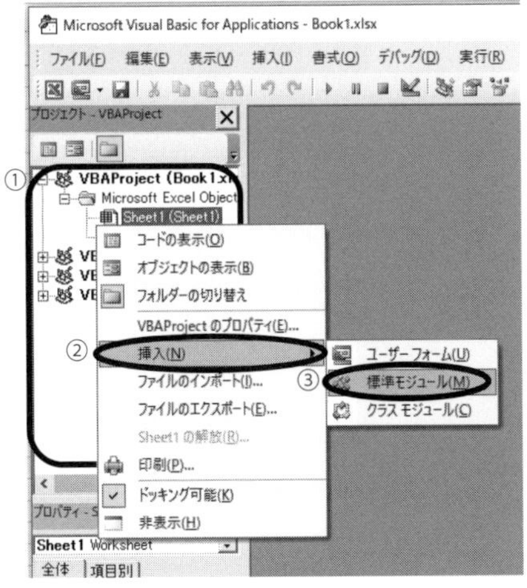

B.1.3 マクロを実行する

準備ができたので，実際にプログラムを作ってマクロを実行させます．今回は簡単な全体剛性マトリクスをマクロで作ります．順序は，

①数値の入力の確認（入力されていなかったらエラーを出す）
②節点間の要素剛性マトリクスを作る
③要素剛性マトリクスを重ね合わせて全体剛性マトリクスを作る

のようにします．なお，今回のシートの入力例は次のとおりです．シートを二つ (sheet2, sheet3) 追加しておいてください．

	A	B	C	D	E	F	G
1							
2		節点	x座標		ヤング係数	断面積	
3		1	0		200	4000	
4		2	100				
5		3	300				

①数値の入力の確認

まずは，数値の入力の確認をします．文字の宣言，`Do While` と `If - Then` を利用します．

1) **実例 1**

```
1  Sub macro1()
2      j = 0
3      i = 0
4      With Worksheets("Sheet1").Range("B3")
5        Do While .Offset(i, 0) <> ""
6            If .Offset(i, 1) = "" Then
7                j = j + 1
8                Exit Do
9            End If
10           i = i + 1
11       Loop
12     End With
13     If j = 0 Then
14        MsgBox "入力されています"
15     Else
16        MsgBox "入力されていません"
17     End If
18 End Sub
```

2) 文字の宣言（今回は使用しません）

VBA では文字の宣言はしなくてもいいのですが，宣言をしておくと計算処理が速くなります．VBA の宣言には `Dim` や `Public` などがあり，使用できる場所に制限があります．`Dim` は宣言されたモジュール，マクロ内でしかできませんが，`Public` はエクセルの book 内で使うことができます．

3) `Do While(条件)`（実例 1 の 5～8 行目）

`Do While` とは，条件が成立している間，`Loop` までを繰り返す文です．繰り返し処理には，このほかに `For i = 0 to 3` などもあります．

4) `If(条件)Then`（実例 1 の 9～13 行目）

`If(条件)Then` とは，条件が成立しているときだけ `End If` までを実行する文です．さらに，`Else` を使うと，条件が成立していない場合も別の文を実行することができます．

5) そのほかのよく使うコマンド

i) `Sub～End Sub`（1～18 行目）

マクロを呼び出すときに実行する文を指定します．

ii) `With～End With`（4～12 行目）

`With` を使うと，`End With` までオブジェクト名（ここでは Sheet1.B3）を省略することができ，実際に省略されているものはピリオド「`.`」から始めることができます．

iii) `Worksheets("Sheet1").Range("B3")`（4 行目）

ワークシート名 Sheet1 の B3 セルを指定します．

iv) `Range("B3").Offset(2, 3)`（5, 6 行目）

B3 セルから下へ 2，右へ 3 移動します．

v) 条件 `A Or` 条件 `B`（今回は使用しません）

条件 A と条件 B のどちらかが正の値ならば正の値を返します．

vi) `i=i+1`（7, 10 行目）

　　`i` に 1 を加算するにはこのようにしなければなりません．

vii) `Exit Do`（8 行目）

　　`Do While` の繰り返しから出ることができます．

viii) `MsgBox "文章"`（14, 16 行目）

　　文章を表示させます．

6) 実際に動作させる

　動作の確認は，開発タブ→マクロ→実行したいマクロ→実行で行うことができます．

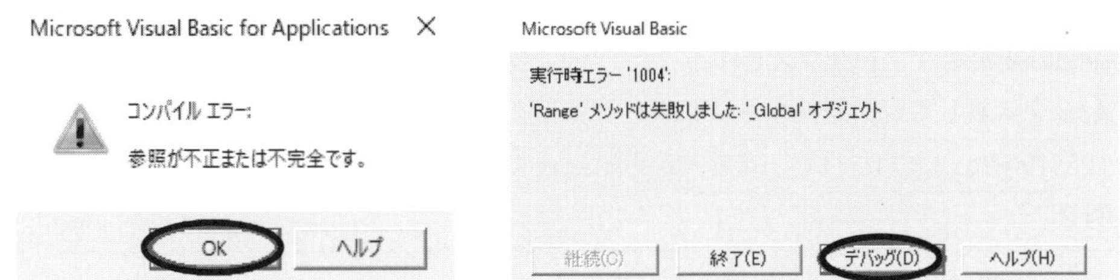

　上記のようなエラーが出ることもあります．左図の場合は OK を，右図の場合はデバッグをクリックしてください．そうするとエラーと思われる場所（コンパイルエラーの場合は `Sub` プロシージャ）が下図のように黄色で網掛けされるので，その場所を修正してください．修正し終えたら，実行（右向きの三角，F5 でも可．下図の黒丸部）を押してください．リセットする場合はリセット（青い四角．下図のグレー丸部）を押してください．

　これらが行われなければ，再びマクロを実行することができません．

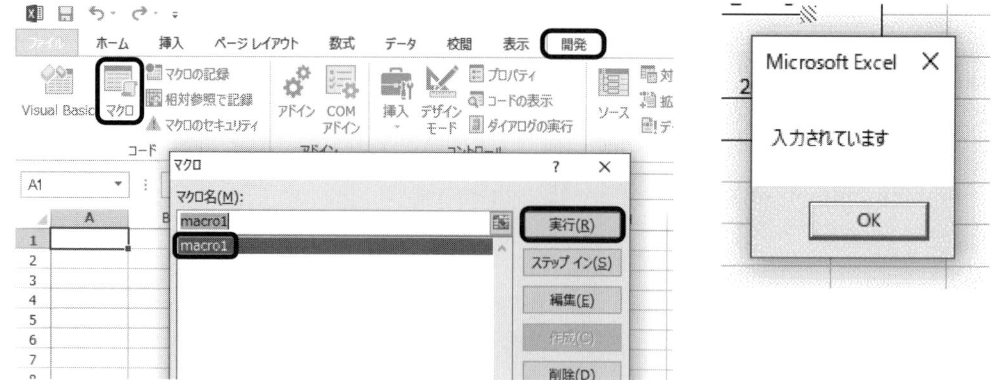

② 節点間の要素剛性マトリクスを作る

EA/L を計算して要素剛性マトリクスを計算します．マクロを呼び出すために，実例 1 の 14 行目を MsgBox"入力されています" から macro2 に変えます．

実例 2

```
1    Sub macro2(Optional dmy As Integer)
2            Set R = Worksheets("Sheet2").Range("B2")
3            Set wsR = Worksheets("Sheet1").Range("B2")
4            R.Offset(-1, 0).Value = "K"
5            EA = wsR.Offset(1, 3).Value * wsR.Offset(1, 4).Value
6            i = 0
7            Do While wsR.Offset(i + 2, 0) <> ""
8                R.Offset(i * 3 + 0, -1).Value = wsR.Offset(i + 1, 0)
9                R.Offset(i * 3 + 1, -1).Value = wsR.Offset(i + 2, 0)
10               setL = wsR.Offset(i + 2, 1) - wsR.Offset(i + 1, 1)
11
12               Range( _
13                 R.Offset(i * 3 + 0, 1), _
14                 R.Offset(i * 3 + 1, 0)).FormulaArray = _
15                   "=" & EA & "/" & setL & "*" & "{1,-1;-1,1}"
16
17               i = i + 1
18           Loop
19           macro3
20   End Sub
```

1) macro2（1〜20 行目）

引数がない場合は macro2 のように実行することができます．引数がある場合は Call を使ってほかのマクロを実行することもできます．

2) Set R = Worksheets("Sheet2").Range("B2")（2 行目）

Set wsR = Worksheets("Sheet1").Range("B2")（3 行目）

R または wsR にオブジェクト名を代入します．Range や Worksheet などのオブジェクトを格納するには，Set を始めにつけなければいけません．

これをすれば R.Offset(-1, 3).Value = "K" のようにオブジェクト名を短縮できます．

3) _（アンダーバー）（12〜14 行目）

文の途中で改行がしたい場合は"_"を使います．

4) `Range(Range("A1"), Range("C3"))`（12 行目）

`Range` は引数を二つ選択することで，その二つを両端とする範囲を選択することができます．

5) `Range(省略).FormulaArray`（14〜15 行目）

行列を含む数式を使う場合には `FormulaArray` を使用します．

③要素剛性マトリクスを重ね合わせて全体剛性マトリクスを作る

最後に，②で計算した要素剛性マトリクスを重ね合わせて全体剛性マトリクスを計算します．実例 2 の macro3 の呼び出しから始めます．

実例 3

```
Sub macro3(Optional dmy As Integer)
        Set R = Worksheets("Sheet3").Range("B2")
        Set wsR = Worksheets("Sheet1").Range("B2")

        For i = 1 To wsR.End(xlDown)
            R.Offset(i, 0).Value = i
            R.Offset(0, i).Value = i
        Next i

' 0行列
        For i = 1 To wsR.End(xlDown)
        For j = 1 To wsR.End(xlDown)
            R.Offset(i, j).Value = "=0"
        Next j
        Next i

        Set wsR = Worksheets("Sheet2").Range("B2")

        i = 0
        j = 1
        Do While wsR.Offset(i, -1) <> ""
            For Ro = 0 To 1
            For Co = 0 To 1
                R.Offset(Ro + j, Co + j).Formula = _
                  R.Offset(Ro + j, Co + j).Formula & "+'Sheet2'!" & _
                  wsR.Offset(Ro + i, Co).Address
            Next Co
            Next Ro
            j = j + 1
            i = i + 3
        Loop

End Sub
```

1) `For Ro = 0 To 1`

繰り返し処理に `Do While` がありましたが，こちらは変数 (`Ro`) が目標の値 (`1`) になるまで繰り返す処理です．

2) `Range("A1").Formula`（24, 25 行目）

指定されたセルの数式を参照、代入することができます．

3) `Range ("A1").Address`（26 行目）

指定されたセルの場所（`"$A$1"`）を参照することができます．

4) `'`（ダッシュ）（10 行目）

ダッシュ (`'`) 記号を入力した行はコメントとして扱われ，プログラムの動作には影響しません．

B.1.4 実行結果

前項の結果，以下のように数値が入力されればプログラムは成功です．

	A	B	C	D	E	F
1						
2			1	2	3	
3		1	8000	-8000	0	
4		2	-8000	12000	-4000	
5		3	0	-4000	4000	
6						

B.2 プログラムリスト

B.2.1 節点から部材へ（シート：n->e）

剛性マトリクスを作成するにはまず，部材のパラメーター（ヤング係数 E，断面積 A，断面二次モーメント I，長さ L，部材の角度の $\sin\theta$, $\cos\theta$, E/L，部材間の分布荷重）を計算しなければなりません．以下のプログラムで，

①element シートの右表（節点間）をコピーし n->e シートに貼り付け
②分布荷重を所定のセルに移動
③部材 No. から対応するヤング係数 E，断面積 A，断面二次モーメント I を取り出し
④node シートから節点間の長さ L，部材の角度の $\sin\theta, \cos\theta$ を算出
⑤E/L を算出

という手順で求めています．

```
Sub matrix3(Optional dmy As Integer)
    Set R = Range("B2")
    Set wsR = Worksheets("element").Range("B2")
' 節点間のコピー
    Range(wsR.Offset(0, 5), wsR.Offset(0, 6).End(xlDown).Offset(0, 5)).Copy
    R.Offset(0, 0).Select
    ActiveSheet.Paste
    Application.CutCopyMode = False

    Range(R.Offset(1, 3), R.End(xlDown).Offset(0, 8)).Insert _
      Shift:=xlToRight, _
      CopyOrigin:=xlFormatFromLeftOrAbove

'___文字表記_________________________________
    R.Offset(0, 2).Value = "E"
    R.Offset(0, 3).Value = "A"
    R.Offset(0, 4).Value = "I"
    R.Offset(0, 5).Value = "L"
    R.Offset(0, 6).Value = "cos θ"
    R.Offset(0, 7).Value = "sin θ"
    R.Offset(0, 8).Value = "係数 (E/L)"
    R.Offset(0, 9).Value = "Ax"
    R.Offset(0, 10).Value = "Bx"
    R.Offset(0, 11).Value = "Ay"
    R.Offset(0, 12).Value = "By"

    i = 1
' 節点 1−2代入ループ
    Do While R.Offset(i, 1) <> ""
        j = 1
        Do While wsR.Offset(j, 0) <> ""
' 節点間と部材No が同じ場合
            If R.Offset(i, 2) = wsR.Offset(j, 0) Then
                R.Offset(i, 2).Value = wsR.Offset(j, 1)
                R.Offset(i, 3).Value = wsR.Offset(j, 2)
' トラスの場合
                If Worksheets("start").Range("C4").Value = 2 Then
                    R.Offset(i, 4).Value = 0#
                Else ' トラスでない場合
                    R.Offset(i, 4).Value = wsR.Offset(j, 3)
                End If
                Exit Do
            End If
            j = j + 1
        Loop
        i = i + 1
    Loop

    Set wsR = Worksheets("node").Range("B2")

    i = 1
    Dim setX As Double, _
        setY As Double
' 節点 1-2間長さ，正弦，余弦計算ループ
    Do While R.Offset(i, 1) <> ""
```

```
        If R.Offset(i, 2) <> "" Then
            setX = wsR.Offset(R.Offset(i, 1).Value, 1) _
              - wsR.Offset(R.Offset(i, 0).Value, 1)
            setY = wsR.Offset(R.Offset(i, 1).Value, 2) _
              - wsR.Offset(R.Offset(i, 0).Value, 2)
            R.Offset(i, 5).Value = (setX ^ 2 + setY ^ 2) ^ 0.5 ' 長さ
            R.Offset(i, 6).Value = setX / R.Offset(i, 5).Value ' 余弦
            R.Offset(i, 7).Value = setY / R.Offset(i, 5).Value ' 正弦
        End If
        i = i + 1
    Loop

    i = 1
' 節点1-2E/L計算ループ
    Do While R.Offset(i, 1) <> ""
        If R.Offset(i, 2) <> "" Then
            R.Offset(i, 8).Value = R.Offset(i, 2).Value _
              / R.Offset(i, 5).Value
        End If
        i = i + 1
    Loop

End Sub
```

B.2.2 要素剛性マトリクス（シート：T^TKT）

次に，要素剛性マトリクスを計算します．局所座標における要素剛性マトリクス $[\boldsymbol{K}]$ を求めたあと，$[\boldsymbol{T}]^T$, $[\boldsymbol{K}]$, $[\boldsymbol{T}]$ を算出してかけ合わせます．プログラム上では，それぞれ T^T, K, T と表します．そして，分布荷重も集中荷重に変換します．Wxy, Wuv, Cxy, Cuv はそれぞれ分布荷重（基準座標），分布荷重（局所座標），集中荷重（基準座標），集中荷重（局所座標）です．以下のプログラムでは，

①T^T を TMtr1 により計算
②K を KMtr1 により計算
③T を TMtr1 により計算
④T^TKT を ①～③ をかけて算出
⑤分布荷重を局所座標に変えて WMtr より集中荷重にし，基準座標に戻す

のように計算しています．

```
Sub matrix4(Optional dmy As Integer)
    Set R = Range("B2")
    Set wsR = Worksheets("n->e").Range("B2")
    R.Offset(0, 0).Value = "T^TKT"
    R.Offset(0, 7).Value = "T^T"
    R.Offset(0, 14).Value = "K"
    R.Offset(0, 21).Value = "T"
    R.Offset(0, 28).Value = "Wxy"
    R.Offset(0, 30).Value = "Wuv"
```

```
    R.Offset(0, 32).Value = "Cuv"
    R.Offset(0, 34).Value = "Cxy"
    i = 1
    j = 1
' 節点 1-2行列計算ループ
    Do While wsR.Offset(i, 0) <> ""
        If wsR.Offset(i, 2) <> "" Then
            ' 要素マトリクス
            R.Offset(j, -1) = wsR.Offset(i, 0)
            R.Offset(j + 1, -1) = wsR.Offset(i, 1)
            Call TMtr1(R.Offset(j, 7), wsR.Offset(i, 6), wsR.Offset(i, 7))
            Call KMtr1( _
              R.Offset(j, 14), _
              wsR.Offset(i, 3), wsR.Offset(i, 4), wsR.Offset(i, 5), wsR.Offset(i, 8))
            Call TMtr1(R.Offset(j, 21), wsR.Offset(i, 6), -wsR.Offset(i, 7))
            Range(R.Offset(j, 0), R.Offset(j + 5, 5)).FormulaArray = "=MMult(MMult(" & _
              Range(R.Offset(j, 7), R.Offset(j + 5, 12)).Address & "," & _
              Range(R.Offset(j, 14), R.Offset(j + 5, 19)).Address & ")," & _
              Range(R.Offset(j, 21), R.Offset(j + 5, 26)).Address & ")"
            ' 分布荷重
            If wsR.Offset(i, 9) <> "" Or _
                wsR.Offset(i, 10) <> "" Or _
                wsR.Offset(i, 11) <> "" Or _
                wsR.Offset(i, 12) <> "" Then
                R.Offset(j + 0, 28) = wsR.Offset(i, 9) + 0#
                R.Offset(j + 1, 28) = wsR.Offset(i, 11) + 0#
                R.Offset(j + 2, 28) = 1
                R.Offset(j + 3, 28) = wsR.Offset(i, 10) + 0#
                R.Offset(j + 4, 28) = wsR.Offset(i, 12) + 0#
                R.Offset(j + 5, 28) = 1
                Range(R.Offset(j, 30), R.Offset(j + 5, 30)).FormulaArray = "=MMult(" & _
                  Range(R.Offset(j, 21), R.Offset(j + 5, 26)).Address & "," & _
                  Range(R.Offset(j, 28), R.Offset(j + 5, 28)).Address & ")"
                Call WMtr( _
                  R.Offset(j + 0, 32), wsR.Offset(i, 5), _
                  R.Offset(j + 0, 30), R.Offset(j + 1, 30), _
                  R.Offset(j + 3, 30), R.Offset(j + 4, 30))
                Range(R.Offset(j, 34), R.Offset(j + 5, 34)).FormulaArray = "=MMult(" & _
                  Range(R.Offset(j, 7), R.Offset(j + 5, 12)).Address & "," & _
                  Range(R.Offset(j, 32), R.Offset(j + 5, 32)).Address & ")"
            Else
                Range(R.Offset(j + 0, 28), R.Offset(j + 5, 28)).Value = 0
            End If
            j = j + 8
        End If
        i = i + 1
    Loop
End Sub

'////////////___________k 行列___________________________
Sub KMtr1(sR As Range, aa As Double, ii As Double, LL As Double, EpL As Double)
    KAry = Array( _
        aa, 0, 0, _
        -aa, 0, 0, _
        0, 12# * ii / LL ^ 2, 6# * ii / LL, _
        0, -12# * ii / LL ^ 2, 6# * ii / LL, _
```

```
            0, 6# * ii / LL, 4# * ii, _
            0, -6# * ii / LL, 2# * ii, _
            -aa, 0, 0, _
            aa, 0, 0, _
            0, -12# * ii / LL ^ 2, -6# * ii / LL, _
            0, 12# * ii / LL ^ 2, -6# * ii / LL, _
            0, 6# * ii / LL, 2# * ii, _
            0, -6# * ii / LL, 4# * ii)
        For Ro = 0 To 5
        For Co = 0 To 5
            sR.Offset(Ro, Co) = EpL * KAry(Ro + 6 * Co)
        Next Co
        Next Ro
    End Sub
    '////////////__________T 行列________________________
    Sub TMtr1(sR As Range, cosO As Double, sinO As Double)
        TAry = Array( _
            cosO, sinO, 0, 0, 0, 0, _
            -sinO, cosO, 0, 0, 0, 0, _
            0, 0, 1, 0, 0, 0, _
            0, 0, 0, cosO, sinO, 0, _
            0, 0, 0, -sinO, cosO, 0, _
            0, 0, 0, 0, 0, 1)
        For Ro = 0 To 5
        For Co = 0 To 5
            sR.Offset(Ro, Co) = TAry(Ro + 6 * Co)
        Next Co
        Next Ro
    End Sub
    '////////////__________分布行列____________________
    Sub WMtr(sR As Range, LL As Double, Wx1 As Double, _
      Wy1 As Double, Wx2 As Double, Wy2 As Double)
        sR.Offset(0, 0) = LL / 6# * (2# * Wx1 + Wx2)
        sR.Offset(1, 0) = LL / 20# * (7# * Wy1 + 3# * Wy2)
        sR.Offset(2, 0) = LL ^ 2 / 60# * (3# * Wy1 + 2# * Wy2)
        sR.Offset(3, 0) = LL / 6# * (Wx1 + 2# * Wx2)
        sR.Offset(4, 0) = LL / 20# * (3# * Wy1 + 7# * Wy2)
        sR.Offset(5, 0) = -LL ^ 2 / 60# * (2# * Wy1 + 3# * Wy2)
    End Sub
```

B.2.3 全体剛性マトリクス（シート：matrix1）

要素剛性マトリクスが作成できたので，それらを足し合わせて，全体剛性マトリクスを作成します．そして，剛性方程式を解きやすくするため，支点が 0（u = 0）でないものを左上にもっていきます．以下のプログラムでは，

①節点－位置ごとに名前を付ける
②p に集中荷重，u に支点固定を入れる
③節点番号のセル位置に要素剛性マトリクス，分布荷重を加算
④u セルが空欄の場合，一番下にもっていく

という手順で作成します.

```
Sub matrix5(Optional dmy As Integer)
    Set R = Range("B2")
    Set wsR = Worksheets("node").Range("B2")
    R.Offset(0, 0).Value = "p"
    R.Offset(0, 1).Value = "u"

' 縦方向xym
    For i = 1 To wsR.End(xlDown)
        R.Offset(3 * i - 2, 2).Value = Right("00" & i & "a", 4)
        R.Offset(3 * i - 1, 2).Value = Right("00" & i & "b", 4)
        R.Offset(3 * i - 0, 2).Value = Right("00" & i & "c", 4)
    Next i
' 横方向xym
    For i = 1 To wsR.End(xlDown)
        R.Offset(0, 3 * i + 0).Value = Right("00" & i & "a", 4)
        R.Offset(0, 3 * i + 1).Value = Right("00" & i & "b", 4)
        R.Offset(0, 3 * i + 2).Value = Right("00" & i & "c", 4)
    Next i
' 0行列
    For i = 0 To wsR.End(xlDown) * 3 - 1
    For j = 0 To wsR.End(xlDown) * 3 - 1
        R.Offset(i + 1, j + 3).Value = "=0"
    Next j
    Next i

    i = 1
' 行列pu ループ
    Do While wsR.Offset(i, 0) <> ""
        R.Offset(i * 3 - 2, 0).Value = 0
        R.Offset(i * 3 - 1, 0).Value = 0
        R.Offset(i * 3 - 0, 0).Value = 0
        If wsR.Offset(i, 6) <> "" Then ' X 支点
            R.Offset(i * 3 - 2, 0).Value = ""
            R.Offset(i * 3 - 2, 1).Value = wsR.Offset(i, 6) + 0
        End If
        If wsR.Offset(i, 7) <> "" Then ' Y 支点
            R.Offset(i * 3 - 1, 0).Value = ""
            R.Offset(i * 3 - 1, 1).Value = wsR.Offset(i, 7) + 0
        End If
        If Worksheets("start").Range("C4").Value = 2 Then ' トラスM 支点
            R.Offset(i * 3, 0).Value = ""
            R.Offset(i * 3, 1).Value = 0
        Else
            If wsR.Offset(i, 8) <> "" Then ' M 支点
                R.Offset(i * 3, 0).Value = ""
                R.Offset(i * 3, 1).Value = wsR.Offset(i, 8) + 0
            End If
        End If
        If wsR.Offset(i, 3) <> "" Or _
            wsR.Offset(i, 4) <> "" Then ' X,Y 集中荷重
            R.Offset(i * 3 - 2, 0).Value = wsR.Offset(i, 3) + 0
            R.Offset(i * 3 - 1, 0).Value = wsR.Offset(i, 4) + 0
        End If
        If wsR.Offset(i, 5) <> "" Then ' M 荷重
```

```
            R.Offset(i * 3, 0).Value = -wsR.Offset(i, 5)
         End If
         i = i + 1
      Loop

      Set wsR = Worksheets("T^TKT").Range("B2")

      i = 1
      Dim wRi As Integer, _
         wRj As Integer
   ' 行列合成ループ
      Do While wsR.Offset(i, -1) <> ""
         wRi = wsR.Offset(i + 0, -1).Value
         wRj = wsR.Offset(i + 1, -1).Value - wRi
         Call mathMtr(wRi - 1, wRj, 0, 0) ' A,A
         Call mathMtr(wRi - 1, wRj, 0, 1) ' A,B
         Call mathMtr(wRi - 1, wRj, 1, 0) ' B,A
         Call mathMtr(wRi - 1, wRj, 1, 1) ' B,B
         ' 分布荷重
         If wsR.Offset(i + 0, 34).Value <> "" Then
            R.Offset(wRi * 3 - 2, 0) = R.Offset(wRi * 3 - 2, 0).Value _
              + wsR.Offset(i + 0, 34).Value
            R.Offset(wRi * 3 - 1, 0) = R.Offset(wRi * 3 - 1, 0).Value _
              + wsR.Offset(i + 1, 34).Value
            R.Offset(wRi * 3 - 0, 0) = R.Offset(wRi * 3 - 0, 0).Value _
              + wsR.Offset(i + 2, 34).Value
            R.Offset(wRj * 3 - 2, 0) = R.Offset(wRj * 3 - 2, 0).Value _
              + wsR.Offset(i + 3, 34).Value
            R.Offset(wRj * 3 - 1, 0) = R.Offset(wRj * 3 - 1, 0).Value _
              + wsR.Offset(i + 4, 34).Value
            R.Offset(wRj * 3 - 0, 0) = R.Offset(wRj * 3 - 0, 0).Value _
              + wsR.Offset(i + 5, 34).Value
         End If
         i = i + 8
      Loop

      Set wsR = R.Offset(1, 2).End(xlDown).End(xlToRight).Offset(1, 1)
      Ro = wsR.Row
      Co = wsR.Column
      i = 1
      j = 0
   ' 行列空欄ピックループ
      For i = 1 To Range(R.Offset(1, 2), R.Offset(1, 2).End(xlDown)).Count
         If R.Offset(i + j, 1) <> "" Then
            Rows(R.Offset(i + j, 1).Row).Cut Destination:=Rows(Ro)
            Rows(R.Offset(i + j, 1).Row).Delete Shift:=xlUp
            Columns(R.Offset(0, i + j + 2).Column).Cut Destination:=Columns(Co)
            Columns(R.Offset(0, i + j + 2).Column).Delete Shift:=xlToLeft
            Application.CutCopyMode = False
            j = j - 1
         End If
      Next i
   End Sub

   '///////////__________合成行列______________________
   Sub mathMtr(Apin As Integer, Bpin As Integer, sR As Integer, sC As Integer)
```

```
    For Ro = 0 To 2
    For Co = 0 To 2
        R.Offset( _
          Ro + Apin * 3 + sR * Bpin * 3 + 1, _
          Co + Apin * 3 + sC * Bpin * 3 + 3) = _
            R.Offset( _
            Ro + Apin * 3 + sR * Bpin * 3 + 1, _
            Co + Apin * 3 + sC * Bpin * 3 + 3).Formula & "+'" & _
            wsR.Parent.Name & "'!" & _
            wsR.Offset(Ro + sR * 3 + i, Co + sC * 3).Address
    Next Co
    Next Ro
End Sub
```

B.2.4 変形した全体剛性マトリクスで全体剛性方程式を解く（シート：matrix2）

前項で変形させた全体剛性マトリクスを matrix2 シートに移し，全体剛性方程式を解いて matrix1 シートをもとに戻します．以下のプログラムでは，

①matrix1 シートを matrix2 シートにコピー・貼り付けする
②matrix2 シートの u を解く
③matrix1 シートに答えを入れる
④matrix1 シートを整列する
⑤matrix1 シートの p を解く

のように計算していきます．

```
Sub matrix6(Optional dmy As Integer)
    Set R = Range("B2")
    Set wsR = Worksheets("matrix1").Range("B2")
    Range(wsR, wsR.Offset(1, 3).End(xlToRight).End(xlDown)).Copy
    R.Offset(0, 0).Select
    ActiveSheet.Paste
    Application.CutCopyMode = False
    i = 1
' i に範囲を代入
    Do While R.Offset(i, 2) <> ""
        If R.Offset(i, 1) <> "" Then: Exit Do
        i = i + 1
    Loop
    i = i - 1
    If i > 0 Then
' 逆行列
        Range(R.Offset(1, 3), R.Offset(i, i + 2)).FormulaArray = _
            "=MINVERSE('" & _
            wsR.Parent.Name & "'!" & _
            Range( _
                wsR.Offset(1, 3), _
                wsR.Offset(i, i + 2) _
            ).Address & ")"
```

```
' かけ算
        Range(R.Offset(1, 1), R.Offset(i, 1)).FormulaArray = _
            "=MMULT(" & _
            Range( _
                R.Offset(1, 3), _
                R.Offset(i, i + 2) _
            ).Address & "," & _
            Range( _
                R.Offset(1, 0), _
                R.Offset(i, 0) _
            ).Address & ")"
' 代入
        For j = 1 To i
            wsR.Offset(j, 1).Value = R.Offset(j, 1).Value
        Next j
' 数値化
        Range(R.Offset(1, 3), R.Offset(i, i + 2)).Select
        Selection.Copy
        Selection.PasteSpecial _
            Paste:=xlPasteValues, _
            Operation:=xlNone, _
            SkipBlanks:=False, _
            Transpose:=False
        Application.CutCopyMode = False
' 整列
        ActiveWorkbook.Worksheets("matrix1").Sort.SortFields.Clear
        ActiveWorkbook.Worksheets("matrix1").Sort.SortFields.Add2 _
            Key:=wsR.Offset(1, 2), _
            SortOn:=xlSortOnValues, _
            Order:=xlAscending, _
            DataOption:=xlSortNormal
        With ActiveWorkbook.Worksheets("matrix1").Sort
            .SetRange Range(wsR.Offset(1, 1), _
              wsR.Offset(1, 3).End(xlToRight).End(xlDown))
            .Header = xlNo
            .MatchCase = False
            .Orientation = xlSortColumns
            .SortMethod = xlPinYin
            .Apply
        End With
        ActiveWorkbook.Worksheets("matrix1").Sort.SortFields.Clear
        ActiveWorkbook.Worksheets("matrix1").Sort.SortFields.Add2 _
            Key:=wsR.Offset(0, 3), _
            SortOn:=xlSortOnValues, _
            Order:=xlAscending, _
            DataOption:=xlSortNormal
        With ActiveWorkbook.Worksheets("matrix1").Sort
            .SetRange Range(wsR.Offset(0, 3), _
              wsR.Offset(1, 3).End(xlToRight).End(xlDown))
            .Header = xlNo
            .MatchCase = False
            .Orientation = xlSortRows
            .SortMethod = xlPinYin
            .Apply
        End With
        ActiveWorkbook.Worksheets("matrix1").Sort.SortFields.Clear
```

```
' 全体のかけ算
        Range(wsR.Offset(1, 0), _
          wsR.Offset(1, 3).End(xlDown).Offset(0, -3)).FormulaArray = _
            "=MMULT(" & _
            Range( _
                wsR.Offset(1, 3), _
                wsR.Offset(1, 3).End(xlDown).End(xlToRight) _
            ).Address & "," & _
            Range( _
                wsR.Offset(1, 1), _
                wsR.Offset(1, 1).End(xlDown) _
            ).Address & ")"
    End If
End Sub
```

B.2.5 全体剛性マトリクスから要素を求める（シート：m->e）

次に，全体剛性方程式の解である u と T^TKT シートの要素剛性マトリクス T^TKT を用い，分布荷重の影響を考慮して，応力を算出します．以下のプログラムでは，

①T^TKT シートの節点番号を m->e シートに写す
②matrix1 シートの u 列を m->e シートの節点番号に対応するセルに写す
③Fg（応力（基準座標））を u と T^TKT の積，分布荷重 Cxy で計算する
④Fl（応力（局所座標））を Fg と T を使って計算し，本来の応力に直す

のように計算していきます．

```
Sub matrix7(Optional dmy As Integer)
    Worksheets("m->e").Select
    Set R = Range("B2")
    Set wsR = Worksheets("T^TKT").Range("B2")
    Dim Aint As Integer, _
        Bint As Integer
    R.Offset(0, 0).Value = "u"
    R.Offset(0, 1).Value = "Fg"
    R.Offset(0, 2).Value = "Fl"
    i = 1
' 全ループ
    Do While wsR.Offset(i, -1) <> ""
        R.Offset(i + 0, -1).Value = wsR.Offset(i + 0, -1)
        R.Offset(i + 1, -1).Value = wsR.Offset(i + 1, -1)
' matrix1==>m->e
        With Worksheets("matrix1").Range("B2")
          R.Offset(i + 0, 0) = .Offset(Aint - 2, 1)
          R.Offset(i + 1, 0) = .Offset(Aint - 1, 1)
          R.Offset(i + 2, 0) = .Offset(Aint - 0, 1)
          R.Offset(i + 3, 0) = .Offset(Bint - 2, 1)
          R.Offset(i + 4, 0) = .Offset(Bint - 1, 1)
          R.Offset(i + 5, 0) = .Offset(Bint - 0, 1)
        End With
' 行列計算ループ
```

```
        Range(R.Offset(i, 1), R.Offset(i + 5, 1)).FormulaArray = "=MMult('" & _
          wsR.Parent.Name & "'!" & _
          Range(wsR.Offset(i, 0), wsR.Offset(i + 5, 5)).Address & "," & _
          Range(R.Offset(i, 0), R.Offset(i + 5, 0)).Address & ")-'" & _
          wsR.Parent.Name & "'!" & _
          Range(wsR.Offset(i, 34), wsR.Offset(i + 5, 34)).Address
        Range(R.Offset(i, 2), R.Offset(i + 5, 2)).FormulaArray = _
          "=MMULT({" & _
          "-1,0,0,0,0,0;" & _
          "0,1,0,0,0,0;" & _
          "0,0,-1,0,0,0;" & _
          "0,0,0,1,0,0;" & _
          "0,0,0,0,-1,0;" & _
          "0,0,0,0,0,1},MMult('" & _
          wsR.Parent.Name & "'!" & _
          Range(wsR.Offset(i, 21), wsR.Offset(i + 5, 26)).Address & "," & _
          Range(R.Offset(i, 1), R.Offset(i + 5, 1)).Address & "))"
        i = i + 8
    Loop
End Sub
```

B.2.6 変位，応力，反力の表を使って，グラフィック表示の素を作る（シート：n->e）

図形表示をするための数値を計算します．計算する項目は，分布荷重，変位，軸力，せん断力，曲げモーメントのそれぞれの数値です．以下のプログラムでは，

① Wuv を T^TKT シートから取り出す
② 部材両端の節点の xy，部材間の長さ L, cos θ, sin θ，極値用の判別式 D を求める
③ 変位計算用の L マトリクスを作成する
④ 部材間の微小長さ dx ずつ L を計算し，Wx, Wy, UV, NQM をその長さの場合で計算する

のように計算していきます．

```
Sub matrix8(Optional dmy As Integer)
    Worksheets("m->e").Select
    Set R = Range("B2")
    Set wsR = Worksheets("node").Range("B2")
    Dim setX As Double, _
        setY As Double, _
        beL As Double, _
        Ustr As String, _
        Nstr As String, _
        Qstr As String, _
        Mstr As String, _
        Wuas As String, _
        Wvas As String, _
        Wubs As String, _
        Wvbs As String, _
        Tmtr As String, _
        Wxys As String, _
        Lstr As String, _
```

```
            Sist As String, _
            Cost As String, _
            Dstr As String, _
            Lmts As String, _
            Dxst As String, _
            Lmxs As String

        R.Offset(0, 4).Value = "Wuv"
        R.Offset(0, 5).Value = "x"
        R.Offset(0, 6).Value = "y"
        R.Offset(0, 7).Value = "L"
        'modelMax
        With WorksheetFunction
          minX = .Min(Range(wsR.Offset(1, 1), wsR.Offset(1, 1).End(xlDown)))
          minY = .Min(Range(wsR.Offset(1, 2), wsR.Offset(1, 2).End(xlDown)))
          moMax = _
            .Max( _
              .Max(Range(wsR.Offset(1, 1), wsR.Offset(1, 1).End(xlDown))) - minX, _
              .Max(Range(wsR.Offset(1, 2), wsR.Offset(1, 2).End(xlDown))) - minY _
            )
        End With
        i = 1
        Do While R.Offset(i, 0) <> ""
            R.Offset(i + 2, 5).Value = "L"
            R.Offset(i + 3, 5).Value = "cos θ"
            R.Offset(i + 4, 5).Value = "sin θ"
            R.Offset(i + 5, 5).Value = "D"

            R.Offset(i + 0, 14).Value = "dx"
            R.Offset(i + 1, 14).Value = "Wx"
            R.Offset(i + 2, 14).Value = "Wy"
            R.Offset(i + 3, 14).Value = "U"
            R.Offset(i + 4, 14).Value = "V"
            R.Offset(i + 5, 14).Value = "N"
            R.Offset(i + 6, 14).Value = "Q"
            R.Offset(i + 7, 14).Value = "M"
            R.Offset(i + 0, 15).Value = "max1"
            R.Offset(i + 0, 16).Value = "point1"
            R.Offset(i + 0, 17).Value = "max2"
            R.Offset(i + 0, 18).Value = "point2"

            Ustr = Range(R.Offset(i, 0), R.Offset(i + 5, 0)).Address
            Nstr = R.Offset(i + 0, 2).Address
            Qstr = R.Offset(i + 1, 2).Address
            Mstr = R.Offset(i + 2, 2).Address

            Wuas = R.Offset(i + 0, 4).Address
            Wvas = R.Offset(i + 1, 4).Address
            Wubs = R.Offset(i + 3, 4).Address
            Wvbs = R.Offset(i + 4, 4).Address

            Wxys = "'T^TKT'!" & Range(R.Offset(i, 28), R.Offset(i + 5, 28)).Address
            Tmtr = "'T^TKT'!" & Range(R.Offset(i, 21), R.Offset(i + 5, 26)).Address

            Lstr = R.Offset(i + 2, 6).Address
            Sist = R.Offset(i + 3, 6).Address
```

```
        Cost = R.Offset(i + 4, 6).Address
        Dstr = R.Offset(i + 5, 6).Address

        Lmts = Range(R.Offset(i, 7), R.Offset(i + 5, 12)).Address

        If Worksheets("start").Range("C4") = 1 Then

            '分布荷重
            Range(R.Offset(i, 4), R.Offset(i + 5, 4)).FormulaArray = _
              "='T^TKT'!" & Range(R.Offset(i, 30), R.Offset(i + 5, 30)).Address
            'X1Y1X1Y2,L,cos,sin
            R.Offset(i + 0, 5).Value = wsR.Offset(R.Offset(i + 0, -1).Value, 1)
            R.Offset(i + 0, 6).Value = wsR.Offset(R.Offset(i + 0, -1).Value, 2)
            R.Offset(i + 1, 5).Value = wsR.Offset(R.Offset(i + 1, -1).Value, 1)
            R.Offset(i + 1, 6).Value = wsR.Offset(R.Offset(i + 1, -1).Value, 2)
            setX = wsR.Offset(R.Offset(i + 1, -1).Value, 1) _
              - wsR.Offset(R.Offset(i + 0, -1).Value, 1)
            setY = wsR.Offset(R.Offset(i + 1, -1).Value, 2) _
              - wsR.Offset(R.Offset(i + 0, -1).Value, 2)
            beL = (setX ^ 2 + setY ^ 2) ^ 0.5
            R.Offset(i + 2, 6).Value = beL
            R.Offset(i + 3, 6).Value = setX / beL
            R.Offset(i + 4, 6).Value = setY / beL
            'D= Wv1 ^ 2 -( Wv2 - Wv1 ) * 2 * Q / L
            R.Offset(i + 5, 6).Formula = _
              "=" & Wvas & "^2" & "-(" & Wvbs & "-" & Wvas & ")*2*" & Qstr & "/" & Lstr
            'Lmtr
            With R.Offset(i, 7)
              Range(.Offset(0, 0), .Offset(5, 5)).Value = 0
              .Offset(0, 0).Value = 1
              .Offset(1, 1).Value = 1
              .Offset(2, 2).Value = 1
              .Offset(3, 0).Formula = "=-1/" & Lstr
              .Offset(3, 3).Formula = "=1/" & Lstr
              .Offset(4, 1).Formula = "=-3/" & Lstr & "^2"
              .Offset(4, 2).Formula = "=-2/" & Lstr
              .Offset(4, 4).Formula = "=3/" & Lstr & "^2"
              .Offset(4, 5).Formula = "=-1/" & Lstr
              .Offset(5, 1).Formula = "=2/" & Lstr & "^3"
              .Offset(5, 2).Formula = "=1/" & Lstr & "^2"
              .Offset(5, 4).Formula = "=-2/" & Lstr & "^3"
              .Offset(5, 5).Formula = "=1/" & Lstr & "^2"
            End With

            With R.Offset(i + 1, 15)
              Range(.Offset(0, 0), .Offset(6, 3)).Value = -1E-32
              Lmxs = .Offset(4, 1).Address
              'N
              .Offset(4, 0).Formula = _
                "=IF(" & _
                  "AND(" & Lstr & ">" & Lmxs & "," & Lmxs & ">0)," & _
                  "-(" & Wubs & "-" & Wuas & ")/2*" & Lmxs & "^2/" & Lstr & _
                  "-" & Wuas & "*" & Lmxs & _
                  "+" & Nstr & _
                ",-1E-32)"
              .Offset(4, 1).Formula = _
```

```
            "=IF(" & Wuas & "<>" & Wubs & "," & _
              "-(" & Wuas & "*" & Lstr & _
              "/(" & Wubs & "-" & Wuas & "))" & _
            ",-1E-32)"
          Lmxs = .Offset(5, 1).Address
          'Q
          .Offset(5, 0).Formula = _
            "=IF(" & _
              "AND(" & Lstr & ">" & Lmxs & "," & Lmxs & ">0)," & _
              "(" & Wvbs & "-" & Wvas & ")/2*" & Lmxs & "^2/" & Lstr & _
              "+" & Wvas & "*" & Lmxs & _
              "+" & Qstr & _
            ",-1E-32)"
          .Offset(5, 1).Formula = _
            "=IF(" & Wvas & "<>" & Wvbs & "," & _
              "-(" & Wvas & "*" & Lstr & _
              "/(" & Wvbs & "-" & Wvas & "))" & _
            ",-1E-32)"
          Lmxs = .Offset(6, 1).Address
          'M1
          .Offset(6, 0).Formula = _
            "=IF(" & _
              "AND(" & Lstr & ">" & Lmxs & "," & Lmxs & ">0)," & _
              "(" & Wvbs & "-" & Wvas & ")/6*" & Lmxs & "^3/" & Lstr & _
              "+" & Wvas & "/2*" & Lmxs & "^2" & _
              "+" & Qstr & "*" & Lmxs & _
              "+" & Mstr & _
            ",-1E-32)"
          .Offset(6, 1).Formula = _
            "=IFS(" & Wvas & "<>" & Wvbs & "," & _
              "IF(" & Dstr & ">0," & _
                "(-" & Wvas & "-" & Dstr & "^0.5)*" & Lstr & _
                "/(" & Wvbs & "-" & Wvas & ")" & _
              ",-1E-32)," & _
              Wvas & "<>0," & _
                "-" & Qstr & "/" & Wvas & _
            ",TRUE,-1E-32)"
          Lmxs = .Offset(6, 3).Address
          'M2
          .Offset(6, 2).Formula = _
            "=IF(" & _
              "AND(" & Lstr & ">" & Lmxs & "," & Lmxs & ">0)," & _
              "(" & Wvbs & "-" & Wvas & ")/6*" & Lmxs & "^3/" & Lstr & _
              "+" & Wvas & "/2*" & Lmxs & "^2" & _
              "+" & Qstr & "*" & Lmxs & _
              "+" & Mstr & _
            ",-1E-32)"
          Offset(6, 3).Formula =
            "=IF(" & _
              "AND(" & Wvas & "<>" & Wvbs & "," & Dstr & ">0)," & _
              "(-" & Wvas & "+" & Dstr & "^0.5)*" & Lstr & "/(" & Wvbs & _
              "-" & Wvas & _
            "),-1E-32)"
        End With

        With R.Offset(i, 19)
```

```
            For j = 0 To beL * mPm / dPm / moMax + 1
                Dxst = .Offset(0, j).Address
                If .Offset(0, j - 1).Value = beL Then Exit For
                If beL > j * dPm * moMax / mPm Then
                    .Offset(0, j).Value = j * dPm * moMax / mPm
                Else
                    .Offset(0, j).Value = beL
                End If
                'W
                Range(.Offset(1, j), .Offset(2, j)).FormulaArray = _
                  "=MMULT(" & _
                    "(" & _
                      "{1,0,0,0,0,0;0,1,0,0,0,0}" & _
                      "+" & Dxst & "/" & Lstr & _
                      "*{-1,0,0,1,0,0;0,-1,0,0,1,0})," & _
                    Wxys & _
                  ")"
                'UV
                Range(.Offset(3, j), .Offset(4, j)).FormulaArray = _
                  "=MMULT(" & _
                    Sist & "*{1,0;0,1}+" & _
                    Cost & "*{0,-1;1,0}," & _
                    "MMULT(" & _
                      "MMULT(" & _
                        "({1,0,0,0,0,0;0,1,0,0,0,0}+" & _
                        Dxst & "*{0,0,0,1,0,0;0,0,1,0,0,0}+" & _
                        Dxst & "^2*{0,0,0,0,0,0;0,0,0,0,1,0}+" & _
                        Dxst & "^3*{0,0,0,0,0,0;0,0,0,0,0,1})," & _
                      Lmts & ")," & _
                      "MMULT(" & _
                        Tmtr & "," & _
                        Ustr & _
                  ")))"
                'N
                .Offset(5, j).Formula = _
                  "=-(" & Wubs & "-" & Wuas & ")/2*" & Dxst & "^2/" & Lstr & _
                  "-" & Wuas & "*" & Dxst & _
                  "+" & Nstr
                'Q
                .Offset(6, j).Formula = _
                  "=(" & Wvbs & "-" & Wvas & ")/2*" & Dxst & "^2/" & Lstr & _
                  "+" & Wvas & "*" & Dxst & _
                  "+" & Qstr
                'M
                .Offset(7, j).Formula = _
                  "=(" & Wvbs & "-" & Wvas & ")/6*" & Dxst & "^3/" & Lstr & _
                  "+" & Wvas & "/2*" & Dxst & "^2" & _
                  "+" & Qstr & "*" & Dxst & _
                  "+" & Mstr
            Next j
          End With
      Else 'truss

          '分布荷重
          Range(R.Offset(i, 4), R.Offset(i + 5, 4)).Value = "0"
          'X1Y1X1Y2,L,cos,sin
```

```
            R.Offset(i + 0, 5).Value = wsR.Offset(R.Offset(i + 0, -1).Value, 1)
            R.Offset(i + 0, 6).Value = wsR.Offset(R.Offset(i + 0, -1).Value, 2)
            R.Offset(i + 1, 5).Value = wsR.Offset(R.Offset(i + 1, -1).Value, 1)
            R.Offset(i + 1, 6).Value = wsR.Offset(R.Offset(i + 1, -1).Value, 2)
            setX = wsR.Offset(R.Offset(i + 1, -1).Value, 1) _
              - wsR.Offset(R.Offset(i + 0, -1).Value, 1)
            setY = wsR.Offset(R.Offset(i + 1, -1).Value, 2) _
              - wsR.Offset(R.Offset(i + 0, -1).Value, 2)
            beL = (setX ^ 2 + setY ^ 2) ^ 0.5
            R.Offset(i + 2, 6).Value = beL
            R.Offset(i + 3, 6).Value = setX / beL
            R.Offset(i + 4, 6).Value = setY / beL
            'D
            R.Offset(i + 5, 6).Value = "0"
            'Lmtr
            Range(R.Offset(i, 7), R.Offset(i + 5, 12)).Value = 0

            Range(R.Offset(i + 1, 15), R.Offset(i + 7, 18)).Value = -1E-32

            With R.Offset(i, 19)
              For j = 0 To beL * mPm / dPm / moMax + 1
                  If .Offset(0, j - 1).Value = beL Then Exit For
                  If beL > j * dPm * moMax / mPm Then
                      .Offset(0, j).Value = j * dPm * moMax / mPm
                  Else
                      .Offset(0, j).Value = beL
                  End If
                  'W
                  Range(.Offset(1, j), .Offset(2, j)).Value = "0"
                  'UV
                  Range(.Offset(3, j), .Offset(4, j)).FormulaArray = _
                    "=MMULT(" & _
                      "{1,0,0,0,0,0;0,1,0,0,0,0}" & _
                      "+" & .Offset(0, j).Address & "/" & Lstr & _
                      "*{-1,0,0,1,0,0;0,-1,0,0,1,0}," & _
                    Ustr & ")"
                  'N
                  .Offset(5, j).Formula = "=" & Nstr
                  'Q
                  .Offset(6, j).Value = "0"
                  'M
                  .Offset(7, j).Value = "0"
              Next j
            End With
        End If
        i = i + 8
    Loop
End Sub
```

B.2.7 変位，応力，反力の表作成（シート：output）

次に，m->e シートの変位，応力を整理して，Fg の合計で反力を計算します．以下のプログラムでは，

①m->e シートの変位，応力を output シートに転記する

②節点番号と反力の有無を node シートからコピーし貼り付ける

③m->e シートの節点ごとに Fg の合計を計算する

のように計算していきます．

```
Sub matrix9(Optional dmy As Integer)
    Worksheets("output").Select
    Set R = Range("B3")
    Set wsR = Worksheets("m->e").Range("B2")
    R.Offset(0, 1).Value = "x"
    R.Offset(0, 2).Value = "y"
    R.Offset(0, 3).Value = "θ"
    R.Offset(0, 4).Value = "材軸方向"
    R.Offset(0, 5).Value = "せん断方向"
    R.Offset(0, 6).Value = "モーメント"
    R.Offset(0, 9).Value = "x"
    R.Offset(0, 10).Value = "y"
    R.Offset(0, 11).Value = "モーメント"
    R.Offset(-1, 1).Value = "変位"
    R.Offset(-1, 4).Value = "応力"
    R.Offset(-1, 9).Value = "反力"
' 表 1表示
    i = 1
    j = 1
    Do While wsR.Offset(i, -1) <> ""
        R.Offset(j + 0, 0) = wsR.Offset(i + 0, -1)
        R.Offset(j + 1, 0) = wsR.Offset(i + 1, -1)
        Call C_R(R.Offset(j, 1).Address, wsR.Offset(i, 0).Address)
        Call C_R(R.Offset(j, 4).Address, wsR.Offset(i, 2).Address)
        Call C_R(R.Offset(j + 1, 1).Address, wsR.Offset(i + 3, 0).Address)
        Call C_R(R.Offset(j + 1, 4).Address, wsR.Offset(i + 3, 2).Address)
        Call setBorders(Range(R.Offset(j, 0), R.Offset(j + 1, 6)))
        i = i + 8
        j = j + 2
    Loop
' 表 2表示
    Set wsR = Worksheets("node").Range("B2")
    Range(wsR.Offset(1, 0), wsR.End(xlDown)).Copy
    R.Offset(1, 8).Select
    ActiveSheet.Paste
    Range(wsR.Offset(1, 6), wsR.End(xlDown).Offset(0, 8)).Copy
    R.Offset(1, 9).Select
    ActiveSheet.Paste
    Application.CutCopyMode = False
    i = 1
    Do While R.Offset(i, 8) <> ""
        If R.Offset(i, 9) <> "" Then Call RSol(R.Offset(i, 9).Address, "m->e", 0, "+")
        If R.Offset(i, 10) <> "" Then Call RSol(R.Offset(i, 10).Address, "m->e", 1, "+")
        If R.Offset(i, 11) <> "" Then Call RSol(R.Offset(i, 11).Address, "m->e", 2, "-")
        i = i + 1
    Loop
    Call setBorders(Range(R.Offset(-1, 0), R.Offset(1, 0).End(xlDown)))
    Call setBorders(Range(R.Offset(-1, 0), R.Offset(1, 3).End(xlDown)))
```

```
        Call setBorders(Range(R.Offset(-1, 0), R.Offset(1, 6).End(xlDown)))
        Call setBorders(Range(R.Offset(-1, 8), R.Offset(1, 8).End(xlDown)))
        Call setBorders(Range(R.Offset(-1, 8), R.Offset(0, 11)))
        Call setBorders(Range(R.Offset(-1, 8), R.Offset(1, 8).End(xlDown).Offset(0, 3)))
        Application.ScreenUpdating = True

        With Worksheets("output").Range("Q4")
          .Offset(0, 0).Value = "w/h"
          .Offset(1, 0).Value = "モデル倍率/マス"
          .Offset(2, 0).Value = "解析倍率/マス"
          .Offset(3, 0).Value = "解析幅/マス"
          .Offset(0, 5).Value = wPh
          .Offset(1, 5).Value = mPm
          .Offset(2, 5).Value = hPm
          .Offset(3, 5).Value = dPm
        End With
    End Sub

    '///////////__________行列転置____________________
    Sub C_R(sR As String, swR As String)
        R.Parent.Range(sR).Offset(0, 0).Value = wsR.Parent.Range(swR).Offset(0, 0)
        R.Parent.Range(sR).Offset(0, 1).Value = wsR.Parent.Range(swR).Offset(1, 0)
        R.Parent.Range(sR).Offset(0, 2).Value = wsR.Parent.Range(swR).Offset(2, 0)
    End Sub
    '///////////__________反力合成____________________
    Sub RSol(sR As String, soS As String, ofInt As Integer, ofPM As String)
        With Worksheets(soS).Range("B2")
            R.Parent.Range(sR).Formula = "=0"
            j = 1
            Do While .Offset(j, -1) <> ""
                If .Offset(j + 0, -1) = i Then _
                  R.Parent.Range(sR).Formula = _
                    R.Parent.Range(sR).Formula & ofPM & "'" & _
                    soS & "'!" & .Offset(j + 0 + ofInt, 1).Address
                If .Offset(j + 1, -1) = i Then _
                  R.Parent.Range(sR).Formula = _
                    R.Parent.Range(sR).Formula & ofPM & "'" & _
                    soS & "'!" & .Offset(j + 3 + ofInt, 1).Address
                j = j + 8
            Loop
        End With
    End Sub
```

VBA による 2 次元汎用解析プログラムの説明は以上です．これをきっかけにプログラミングに興味をもたれた方は，他の図書を参考に，さらに高度な解析に進んでください．

参考文献

[1] 望月重：建築工学のための数学，鹿島出版会，1975

[2] 日本機械学会：JSME テキストシリーズ　材料力学，日本機械学会，2007

[3] William McGuire and Richard H. Gallagher：Material Structural Analysis, John Wiley & Sons, 1979

[4] Kurt H. Gerstle：Basic Structural Analysis, Prentice-Hall, 1974

[5] 藤井大地：Excel で解く構造力学，丸善出版，2003

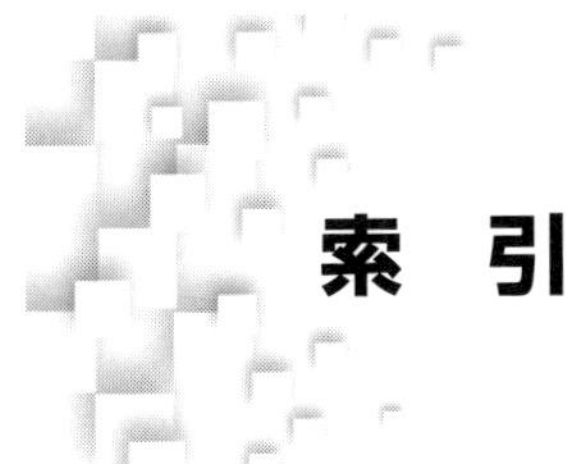

索　引

著 者 略 歴

吉田　競人（よしだ・けいと）
1990 年　University of Colorado at Boulder Graduate School　卒業
1998 年　鹿児島大学大学院工学研究科博士後期課程　修了
2020 年　名古屋女子大学家政学部生活環境学科　教授
現在に至る

編集担当　佐藤令菜・宮地亮介（森北出版）
編集責任　上村紗帆（森北出版）
組　　版　藤原印刷
印　　刷　　同
製　　本　　同

よくわかる剛性マトリクス法
—Excel による構造解析入門—

2022 年 4 月 18 日　第 1 版第 1 刷発行

著　　者　吉田競人
発 行 者　森北博巳
発 行 所　**森北出版株式会社**
東京都千代田区富士見 1-4-11（〒 102-0071）
電話 03-3265-8341 ／ FAX 03-3264-8709
https://www.morikita.co.jp/
日本書籍出版協会・自然科学書協会　会員
JCOPY ＜（一社）出版者著作権管理機構 委託出版物＞

落丁・乱丁本はお取替えいたします．

Printed in Japan ／ ISBN978-4-627-52631-0